复旦卓越·管理学系列

创业营销

李建军　主　编
李　莅　副主编

MANAGEMENT

复旦大学出版社

内 容 提 要

　　创业营销重在引导创业者发现创业新理念并转换旧理念，培养不同创业机会所必需的竞争力、方法技能，帮助创业者解决创业营销实践中遇到的各种实际问题。

　　本书是在编者十多年来的教学经验和创业相关理论研究的基础上，结合对50多家创业型企业的实地考察与调研，经过两年的时间写成的，是团队合作的成果；具有启发性强、时代感强和实用性强等特点，旨在让读者了解创办新企业必须思考的营销问题和创业营销的整体逻辑框架。主要内容包括：创业营销概论、创业者自我营销、创业市场环境分析、创业市场机会寻找、商业模式的设计与构建、创业企业的营销战略、创业企业营销组合策略运用以及创业营销伦理。本书适合经管类专业的本科生，也可作为MBA和经管类专业硕士生的参考书。

目 录

- 前言 ·· 001

- 第一章　创业营销概论 ··· 001
  - 第一节　创业营销核心概念 ··· 002
  - 第二节　创业营销主体分析 ··· 007
  - 第三节　创业营销目标与原则 ·· 016
  - 第四节　创业营销阶段分析 ··· 019

- 第二章　创业者自我营销 ·· 025
  - 第一节　创业者自我营销概述 ·· 027
  - 第二节　创业者个人形象塑造 ·· 030
  - 第三节　创业者个人 IP 营销 ··· 032
  - 第四节　创业者自我营销策略 ·· 035

- 第三章　创业市场环境分析 ··· 041
  - 第一节　创业市场宏观环境分析 ··· 042
  - 第二节　创业市场微观环境分析 ··· 046
  - 第三节　创业技术环境分析 ··· 054

- 第四章　创业市场机会寻找 ··· 059
  - 第一节　创业市场机会概述 ··· 060
  - 第二节　创业市场机会类型 ··· 062
  - 第三节　创业市场机会识别 ··· 065

第四节　创业市场机会评估 …………………………………………… 071

- **第五章　商业模式的设计与构建** ……………………………………………… 081
  - 第一节　商业模式概述 ………………………………………………… 082
  - 第二节　商业模式要素分析 …………………………………………… 086
  - 第三节　商业模式设计与选择 ………………………………………… 089
  - 第四节　商业模式创新及发展趋势 …………………………………… 097

- **第六章　创业企业的营销战略** ………………………………………………… 106
  - 第一节　创业企业的定位战略 ………………………………………… 107
  - 第二节　创业企业的竞争战略 ………………………………………… 119
  - 第三节　创业企业的品牌战略 ………………………………………… 124
  - 第四节　创业企业的顾客战略 ………………………………………… 132

- **第七章　创业企业的产品策略** ………………………………………………… 142
  - 第一节　创业企业的产品特征 ………………………………………… 143
  - 第二节　创业企业的产品选择 ………………………………………… 146
  - 第三节　创业企业的产品差异化 ……………………………………… 151
  - 第四节　创业企业的产品设计 ………………………………………… 156

- **第八章　创业企业的定价策略** ………………………………………………… 162
  - 第一节　定价的魔力 …………………………………………………… 163
  - 第二节　创业企业产品定价的影响因素 ……………………………… 165
  - 第三节　创业企业产品定价方法 ……………………………………… 168
  - 第四节　创业企业的调价策略 ………………………………………… 170

- **第九章　创业企业的渠道策略** ………………………………………………… 176
  - 第一节　创业企业的渠道概述 ………………………………………… 177
  - 第二节　创业企业的线上渠道策略 …………………………………… 182
  - 第三节　创业企业的线下渠道策略 …………………………………… 189
  - 第四节　创业企业的渠道整合策略 …………………………………… 194

第十章　创业企业的传播策略 …… 199

第一节　创业企业的整合营销传播 …… 200

第二节　创业企业的传统媒体传播 …… 202

第三节　创业企业的新媒体传播 …… 205

第四节　创业企业的全域流量运营 …… 209

第十一章　创业营销伦理 …… 214

第一节　营销伦理概述 …… 215

第二节　创业营销伦理理论 …… 218

第三节　创业企业的社会责任营销 …… 221

第四节　创业企业的ESG营销 …… 225

前　言

创新是一个民族进步的灵魂，是一个国家兴旺发达的不竭动力。创新已经成为这个时代的象征和旗帜，而创业教育是推动国家民族创新发展的重要保证。创业教育，为创业者种下梦想与实践的种子，成为培养未来企业家的重要推动力。它不仅传授商业知识，更激发创新思维与提升市场洞察力。教育是走出贫困的唯一途径，对创业者而言，教育的力量更在于引导他们理解顾客需求、设计创新产品、构建商业模式，为创业成功实施打下坚实基础。

长期以来，我国传统的教育观念认为大学生毕业面临的选择是就业、考研、出国，大学人才培养的目标也仅局限于研究型、应用型，现有教育仍缺乏对学生创新精神与创业意识的培养教育。尽管我国也有很多的成功创业者，小米的雷军、字节跳动的张一鸣等都是青年人心中崇拜的偶像；但是，清华大学创业中心的一项调查报告显示，在创业教育上，中国的平均水平低于全球创业观察（GEM）统计的平均水平。我国大学生创业比例不到毕业生总数的1％，而发达国家一般占20％～30％。

创业并不难，但要创业成功却比较难。为什么有些创业者屡创屡败，而有些创业者无论涉入什么行业，成功总是伴随左右？个中原因各异，通过剖析创业成功案例并进行归纳发现创业成功的一个重要共同点就是：创业成功者普遍善于营销。营销不仅是一种理念和思维方式，更是一种行为方式和生活方式。其实，创业过程就是一个全方位的营销实践活动。因此，创业营销这门课程在整个创业活动管理中具有重要的地位；如果说创业者的事业心和创新精神是创业企业的发动机，那么创业营销就是传动装置和车轮。对于大多数年轻的创业者来说，既缺乏资金和商业经验，又缺乏社会关系，所拥有的只是创业激情以及对某种新产品、新模式的原始构思和对某种新技术的初步设想。要想取得成功,除了勇气、勤奋和毅力外,还必须依赖于有效的创业营销来获得创业所需的各种资源。

本书是在总结十多年来我校"培养具有'诚信、宽容、博学、务实'品格,富有创新精神、创业素质和能力的应用型人才"的教学经验和创业相关理论研究的基础上,结合对50多家创业型企业的实地考察与调研,经过两年的时间写成的,是团队合作的成果。

本书具有启发性强、时代感强和实用性强等特点,旨在让读者了解创办新企业必须思考的营销问题和创业营销的整体逻辑框架。其目的就是激发思考,使读者通过思考来开启智慧,通过思考来放飞梦想。思考是个人的行为,而思想则是公众的趋向,当个人的思考幻化为思想,成为人所公认的指引时,它便凝结成了智慧。创业营销重在引导创业者发现创业新理念并转换旧理念,培养不同创业机会所必需的竞争力、方法技能,帮助创业者解决创业营销实践中遇到的各种实际问题。

本书结构大纲由李建军设计,李莅、蔺欣桐、裴芷毓、刘昕彧、欧阳子瑜等参与大纲的讨论。李建军和李莅承担了教材的审稿工作。各章的编撰分工是:李建军(第一、二章),李莅(第六、十一章),蔺欣桐、李建军(第三、十章),刘昕彧、李建军(第四、七章),裴芷毓(第五章),李建军、欧阳子瑜(第八、九章),最后由李建军总纂定稿。本教材主要为经济类、管理类专业的本科学生编写,也可作为MBA和经济管理类专业硕士研究生的教学参考书。由于本书时代感强,信息量大,案例丰富,因此它也是一本适合广大创业者们的实用参考书。

在本书的编写过程中,得到了很多同事和朋友的大力帮助。本书的编写得到了上海对外经贸大学南泰品牌研究院的资助,得到姜秀珍教授、王朝晖教授、杨浩教授、左鹏教授以及杨军敏、蔡会明、戴永辉和史楠等老师的大力帮助和支持。文化产业管理系的胡月、陈琪、段明明、程鹏璠、张安淇、胡亚飞等老师帮助我们梳理和完善了很多概念。晋江赛菲奴鞋业科技有限公司的汤武先董事长从企业经营和品牌营销方面给我们提出了许多宝贵的意见。

一本教材的诞生离不开认真负责的编辑,他们也是价值的共同创造者,在此笔者要对出版社的领导和编辑表示真诚的谢意!是他们的热情指导和辛勤劳动才使本书顺利地与读者见面。本书写作过程中也参阅了国内外许多专家的论著、教材、期刊和研究文献等,在此一并表示感谢。最后要感谢正在阅读的您——亲爱的读者,谢谢您阅读本书,但愿这本凝聚我们智慧与心血的《创业营销》能给您裨益和启发,同时也真诚地希望您不吝赐教。

  鉴于作者水平有限,加之时间仓促,书中不当之处在所难免,敬请读者批评指正,本人不胜感激!

编 者

2024年8月7日于上海

第一章　创业营销概论

学习目的

通过学习本章内容,应该掌握:

1. 创业营销核心概念的含义
2. 创业营销主体的内涵及类型
3. 创业营销目标及原则
4. 创业营销的发展阶段

【开篇故事】

三只鸟的不同命运

很久以前,有三只小鸟,它们一起出生,一起长大,等到羽翼丰满的时候,一起寻找成家立业的地方。

它们飞过了很多高山、河流和丛林,飞到一座小山上。一只小鸟落到一棵树上说:"这里真好,真高。你们看,那成群的鸡鸭牛羊,甚至大名鼎鼎的千里马都在羡慕地向我们仰望呢。能够生活在这里,我们应该满足了。"它决定在这里停留,不再往前飞了。另外两只小鸟却失望地摇了摇头说:"你既然满足,就留在这里吧,我们还想到更高的地方去看看。"

这两只小鸟继续飞行,它们的翅膀变得更强壮了,终于飞到了五彩斑斓的云彩里。其中一只陶醉了,情不自禁地引吭高歌起来,它沾沾自喜地说:"我不想再飞了,这辈子能飞上云端,便是最大的成就了,你不觉得已经十分了不起了吗?"另一只鸟很难过地说:"不,我坚信一定还有更高的境界。遗憾的是,现在我只能独自去追求了。"

说完,它振翅翱翔,向着云霄,向着太阳,执着地飞去……

最后,落在树上的小鸟成了麻雀,留在云端的成了大雁,飞向太阳的成了雄鹰。麻雀、大雁和雄鹰,它们的命运为什么不同呢?

资料来源：

https://mp.weixin.qq.com/s/mBSVQCiEfAwHbGDN-8bQRg.

营销感悟：

对自我的要求不同，命运就不同。麻雀满足于树梢，所以它的世界只有几丈之高；大雁满足于云层，所以它永远都飞不出层层云雾的缠绕；雄鹰则不懈追求，力求最高，所以它的世界阔及宇宙。创业之路艰难坎坷，希望每一位读者都能犹如第三只小鸟一般，坚定理想目标，飞得更高更远。

第一节 创业营销核心概念

一、创业

"创业"一词由"创"和"业"组成。"创"一般指创建、创新、创立、创造、创意；《现代汉语成语辞典》对"业"有学业、专业、就业、事业、家业、企业等解释，可见"业"的内涵也极为丰富。从词义上看，创业为"开创事业"或"创立企业"之意，《辞海》的解释是"创立基业"。中国古代典籍对创业的表述有："君子创业垂直，可继也"（见《孟子·梁惠王》）；"先帝创业未半，而中道崩殂"（见诸葛亮《出师表》）。古人所谓的"业"是广义上的创业，是指"事业的基础、根基"，既可以是"帝王之业""霸王之业"，也可以是百姓家业、家产和个人事业。

"创业"一词在英文中有三种表达方式，一是"Venture"，二是"Entrepreneurship"，三是"Startup"。"Venture"一词的最初的意思是冒险，在创业领域，它的意思是冒险创建企业。"Entrepreneurship"则主要用于表达静态的创业状态或创业活动，是从企业家、创业家的角度来理解创业。"Startup"就是创建新企业。清华大学高建、姜彦福等专家认为，在国内，将"Entrepreneurship"译为创业、创业活动可能更加合适些，而"Entrepreneur"可译为创业者。

国内外学者站在不同的角度对"创业"的含义有不同的界定，但至今还没有一个被普遍接受的定义。一般而言，创业有狭义和广义之分。葛建新在其《创业学》一书中，将创业的定义分为三个层次：狭义的创业、次广义的创业和广义的创业。杨安等学者对创业的定义进行了整理，把狭义的创业定义为"创建一个新企业的过程"；把广义的创业定义为"创造新的事业的过程"，换句话说，所有创造新的事业的过程都是创业；把次广义的创业定义为"通过企业创造新事业的过程"，包括创建新企业、企业内创业和社会创业三个层次的内容，其结构关系如图1-1所示。全球创业观察（GEM）把创业定义为：依靠个人、团体或一个现有企业来建立一个新企业的过程,如自我创业、一个新业务组织的成立或一个现有企业的扩张。

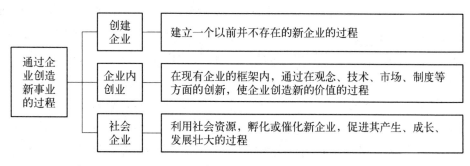

图 1-1 次广义创业的三个层次

二、市场营销

市场营销,英文为 Marketing,包含两种含义:一种是动词,指企业的具体活动或行为,这时称为市场营销或市场经营;另一种是名词,指研究企业的市场营销活动或行为的学科,称为市场营销学、营销学或市场学等。

对于营销含义的界定有多种。麦卡锡(E. J. Mccarthy)也对微观市场营销下了定义:市场营销是企业经营活动的职责,它将产品及劳务从生产者直接引向消费者或使用者以便满足顾客需求及实现公司利润,同时也是一种社会经济活动过程,其目的在于满足社会或人类需要,实现社会目标(《基础市场学》1960 年版)。美国市场营销协会(American Marketing Association,AMA)的定义为:市场营销是创造、沟通与传送价值给顾客,及经营顾客关系以便让组织与其利益关系人受益的一种组织功能与程序。菲利普·科特勒(Philip Kotler)的定义强调了营销的价值导向:市场营销是个人和集体通过创造并同他人交换产品和价值以满足需求和欲望的一种社会和管理过程。

随着对营销研究的日益深入,对营销的认识也朝着更深刻更广泛的方向发展。综合以往学者对营销的认识和界定,我们把营销的含义归纳为:营销是一种创造性地满足顾客需求的活动,是一种信息传递运动,是一种对顾客的思想教育运动,是一种形象与品牌的塑造运动,是一种高品质的沟通方式,是一种高品质的生活方式。

三、创业营销

关于创业营销的含义,目前学术界也没有确切的界定,不同的学者根据自身的理解和认识有不同的看法。

李蔚和牛永革在《创业市场营销》(2005 年版)中认为,所谓创业营销,是指一个新创业企业或第二次创业企业把自己的新产品推向新市场的营销。在这个概念里包含几个子概念:营销主体、营销客体、营销对象。首先,创业营销主体是指创业型企业,包括新创业企业和二次创业的企业。其次，创业营销客体是新产品，一般企业营销虽然包括新产品营销，但更多的是老产品营销，如可口可乐的营销做了 100 多年，销的始终是可口可乐，它的全面营销策略仅仅在于市场占有率的巩固和扩展，属于巩固型营销和扩张型营销。而创业营销的产品一定是全新的产品，它的营销既不是市场巩固，也不是市场扩张，而是市场进入，属于市场导入型营销，它所要做的核心工作是让市场认识、喜爱、接受和消费新产品。最后，创业营销对象是新市场。无论是新创企业还是二次创业企业，其产品所面对的市场一定都是一个全新的市场。一个新产品进入老市场营销，在战略模式上属于产品开发战略，而不是一种创业型活动，只有一个企业开发了一个全新的产品，并且进入一个并不熟悉的全新市场，需要企业做出重大的转型调整时，才谈得上是创业营销。结合上述概念，既然创业营销是一个新产品进入一个全新的市场，那就没有成熟的经验可以借鉴，也没有足够的资源可以依靠，企业就会面临巨大的市场风险，所以创业营销一定是一个面向新市场的风险性营销，企业要有足够的风险控制能力，才能够保证营销成功。

一些学者认为，创业营销是创业者为了创建新企业而开展的系列营销活动的总和，如创业项目选择、创业计划策划、创业资金融通、创业团队组建等活动中所开展的所有营销活动。还有学者认为，创业营销就是创业企业家凭借创业精神、创业团队、创业计划和创新成果，获取企业生存发展所必需的各种资源的过程，它实际上是一种崭新的创业模式。今天，对于大多数年轻的创业者来说，既缺乏资金和社会关系，又缺乏商业经验，所拥有的只是创业激情和某种新产品的原始构思或某种新技术的初步设想。要想获得成功，除了勇气、勤奋和毅力外，还必须依赖有效的创业营销来获得创业所需的各种资源。

我们认为，创业营销其实包括两个组成部分：一是企业创立前的营销活动，二是企业创立后的营销活动。创业营销就是创业企业家为创立企业和使新创企业健康快速发展而开展的所有营销活动的总和。创业企业家为创立企业开展的营销活动主要有创业者自我营销、创业团队构建、创业项目营销、创业资金融通等，新创企业的营销活动主要有新创企业产品营销、新创企业品牌营销、新创企业形象塑造、新创企业渠道管理和新创企业的传播推广等营销活动。

四、创业团队

所谓创业团队，是指两个或两个以上的具有一定利益关系的个人，为获得经济或社会等收益，基于分享认知和合作行为共同创建企业和共同承担企业责任，而组建的有效工作群体。研究表明，创业团队对于创业成功率、初创企业的生存及发展潜力具有非常重要的影响。俗话说："三个臭皮匠顶个诸葛亮。"创业团队对创业具有重要作用：第一，机会识别能力较强。创业团队能够获得更为科学的机会评价标准，具有更大的可能性认知创业机会。第二，机会开发能力较强。创业团队可以比较不同的开发方案，从而避免失误，团队成员的社会联系可以使其有效获得开发机会所需要的资源，团队成员的经验积累可以增加开发成功的可能性。第三，机会利用能力较强。创业机会的利用有两种方式，一是自己利用,二是出售。创业团队在自己利用机会方面有优势,具体表现为在思考重大决策和企业战略的时间上有保证,团队成员可以共商创业大计,可以避免个人臆断、确保创业方案稳定。

依据不同逻辑组建创业团队既可能带来优势,也可能带来障碍,对后续创业活动会带来潜在影响。

(1) 基于理性逻辑创建的创业团队。创业过程中会涉及一些关键任务和关键资源,一旦欠缺这些资源,创业活动就难以开展,在自己不掌控的情况下,借助别人获取这些资源是一种解决之道。有些创业者会理性地分析创业所需要的资源和能力,并将其与自己所拥有的资源和能力相比较,将组建创业团队视为弥补自身空缺的一种方式,目的是整合优秀的资源来推动创业成功。例如,太阳微系统公司(Sun Microsystems)创业初期就由维诺德·科尔斯勒确立了多用途开放工作站的概念,他找了乔和贝托尔斯海姆两位分别在软件和硬件领域的专家,以及一位具有实际制造经验和人际技巧的麦克尼里。

(2) 基于非理性逻辑创建的创业团队。在创业初期,团队成员的凝聚力非常重要。在大多数情况下,成功并不是因为团队结构有多么优秀,而是因为团队成员之间齐心协力;失败也并不是因为团队结构的缺陷,而在于团队成员之间的内部争斗。在一些情况下,创业者会遵循非理性逻辑来组建创业团队,他们看重的并不是团队成员拥有什么资源和能力,而是看重团队成员对自身的人际吸引力,比如,是否具有共同的兴趣,是否具有相似的工作背景,是否具有共同的创业理想,等等。其目的是强化创业团队成员之间的信任和感觉,更倾向于找那些志趣相投而不是技能互补的人入伙。硅谷天使投资界的思想家、贝宝(PayPal)创始人彼得·蒂尔(Peter Thiel)在他的《从0到1》一书中表示,寻找合伙人最好是在彼此熟悉的好友中找。腾讯的5位创始人在创业前最主要的关系也是同学和同事。马化腾认为:"这样的关系心态上会好很多,可以相互吵架不记仇,相对于此,在外面萍水相逢的,遇到争执的话很容易出问题。"

基于大量企业合伙人团队构成的实证研究,我们发现基于创始人的同学、同事、同志(好友)、同行、同乡亲密关系的"五同圈子"寻找合适伙人是最靠谱、最高效的方式。如果基于亲密关系的圈子都不能合伙创业,那么公开寻找的陌生人更难组成能共渡难关的合伙人团队,并且在创业前期,寻找到优秀的陌生人的成本也是非常高的。当然,也不是所有的同学、同事、同志、同行都可以做合伙人。电影《中国合伙人》中有句广为传播的台词:"千万别和最好的朋友合伙开公司。"基于非理性逻辑创建的创业团队一旦在情感、信任等方面出现危机,就可能爆发更多问题。

实际上,选择理性逻辑和非理性逻辑创建团队的差异主要在于创业者看重的是创业的客观要求(技能和资源)还是创业者的主观偏好(志同道合)。很难说清楚依据哪种逻辑组建的创业团队更好,但创业机会特征是在创业者组建创业团队时必须考虑的重要因素。

如果创业机会所蕴含的不确定性较高,价值创造潜力较大,往往就意味着创业过程中面临的任务越复杂,也就越具有挑战性,此时采用理性逻辑来组建创业团队可能会更好地应对创业过程中的复杂任务，有助于创业成功。例如，在高技术领域，大部分创业者依据理性逻辑来组建创业团队，强调团队成员之间在技术、营销、财务等职能经验领域的互补性。而如果创业机会所蕴含的不确定性较低，价值创造潜力一般，在这样的条件下，创业团队成员之间的齐心协力和信任感更加关键，采用非理性逻辑组建的创业团队就更可能成功。例如，在服装、零售、餐饮等传统行业，大多数创业者是依据非理性逻辑组建创业团队，夫妻店、兄弟店、父子店比比皆是。

因此，基于理性与非理性逻辑组建的创业团队各有优劣势，在组建过程中要扬长避短，在后续的团队经营管理中创业者会有不同的侧重点。针对理性逻辑组建的创业团队，创业者的管理重点在于沟通和协调、信任感培养、成员特长的整合，可采取的方式包括制定明文的分工协定和决策程序、以利益为中心的团队凝聚力培养、以信任为中心的团队沟通管理等。针对非理性逻辑组建的创业团队，创业者的管理重点在于外部资源整合、避免决策一致性倾向、信任感维持，可采取的方式包括招募并维持核心员工、聘用外部专业顾问、以利益分配为中心的团队凝聚力管理等。

五、创业精神

创业精神是创业者在创业实践中表现出来的有利于创业成功的思想、观念和方法。创业精神总是与一定的创业者及其创业实践紧密相连，它不是孤立的。那种仅仅停留在人们头脑中而被认同的有关创业的思想观念和方法并不能被称为创业精神。创业精神必须通过创业者的创业实践表现出来，成为创业者在创业实践中的一种基本态度。

创业精神还具有以下 4 方面特征：(1) 高度的综合性。创业精神是由多种精神特质综合作用而成的，如创新精神、拼搏精神、进取精神、合作精神等。(2) 三维整体性。无论是创业精神的产生、形成和内化，还是创业精神的外显、展现和外化，都是由哲学层次的创业思想和创业观念、心理学层次的创业个性和创业意志、行为学层次的创业作风和创业品质三个层面所构成的整体，缺少其中任何一个层面，都无法构成创业精神。(3) 超越历史的先进性。创业精神的最终体现就是开创前无古人的事业，创业精神本身必然具有超越历史的先进性，想前人之不敢想，做前人之不敢做。(4) 鲜明的时代特征。不同时代的人们面对不同的物质生活和精神生活条件，创业精神的物质基础、精神营养和具体内涵也就不同。创业精神对创业实践有重要意义，它是创业理想产生的原动力，是创业成功的重要保证。

在英语表达中，创业精神和企业家精神是同一个词汇——Entrepreneurship，但企业家精神所包含的内容并不足以概括创业精神的全部。创业精神这个概念最早出现于 18 世纪，其含义一直在不断演化。很多人仅把它等同于创办个人工商企业。但大多数经济学家认为，创业精神的含义要广泛得多。20 世纪的经济学家约瑟夫·熊彼特（Joseph Schumpeter，1883—1950）专门研究了创业者创新和追求进步的积极性所导致的动荡和变化。熊彼特将创业精神看作一股"创造性的破坏"力量，创业者采用"新组合"使旧产业遭到淘汰，原有的经营方式被新的、更好的方式所摧毁。霍华德·史蒂文森（Howard Stevenson）作为哈佛商学院创业研究领域的教父，将创业精神定义为"追寻现有资源范围之外的机遇"。"追寻"指绝对专注的态度。"机遇"指在以下一个或多个方面有所作为：(1) 推出创新产品；(2) 设计全新商业模式；(3) 改进已有产品，使其质更优、价更廉；(4) 发掘新客户群。"现有资源范围之外"指突破资源限制。今天绝大多数经济学家认为，创业精神是各类社会中刺激经济增长和创造就业机会的一个必要因素。

作为一种奋发向上、积极进取、追求成功的精神状态，一般认为：创业精神是指在创业者的主观世界中，那些具有开创性的思想、观念、个性、意志、作风和品质等。创业精神有三个层面的内涵：(1) 哲学层次的创业思想和创业观念，是人们对于创业的理性认识；(2) 心理学层次的创业个性和创业意志，是人们创业的心理基础；(3) 行为学层次的创业作风和创业品质，是人们创业的行为模式。由此可见，创业精神的定义包括三个重要的主题：一是对机会的追求。创业精神是追求环境的趋势和变化，而且往往是尚未被人们注意的趋势和变化。二是创新。创业精神包含了变革、革新、转换和引入新方法——新产品、新服务或者是做生意的新方式。三是增长。创业者追求增长，他们不满足于停留在小规模或现有的规模上，而希望他们的企业能够尽可能地增长，员工能够拼命工作。因为他们在不断寻找新趋势和机会，不断地创新，不断地推出新产品和新的经营方式。

第二节　创业营销主体分析

一、创业者的含义及特征

创业者对应的英文单词是"entrepreneur"，它有两层基本含义：一是指企业家，即我们日常理解的在一个成熟的企业中负责经营和决策的领导者，准确地说是指那些具有诸如创新、承担风险、超前行动、积极参与竞争等创业特征的领导者；二是指企业创始人，即我们平时所说的即将创办新企业或者刚刚创办新企业的领导者。需要强调的是，企业创始人是创业者，企业家在本质上也是创业者，企业家是那些在现有企业中具有创新精神和创业行为的领袖型人物。但在特定的研究环境下，当着重研究新创企业或新业务的发动者时，更多地使用"创业者"这一称呼；当泛指具有创新精神和创业行为的商业行为人时，一般使用"企业家"这一称呼。对于一个新创企业而言，伴随着企业的成长，创业者所扮演的角色毫无疑问会发生变化，创业者会逐步成长为企业家。从企业生命周期看，当一个企业步入成熟期时，如果不能持续创新就会走向衰退，因此，即便创业者成功转变为企业家，仍然需要保持旺盛的创业精神。

"创业者"一词最早由法国经济学家理查德·坎蒂隆（Richard Cantillon）于1755年引入经济学，他认为创业者就是承担风险并可能适当分配利润的人；1880年，法国经济学家让·巴蒂斯特·萨伊(Jean-Baptiste Say)首次给出了创业者的定义,他将创业者描述为将经济资源从生产率较低的区域转移到生产率较高的区域的人,并认为创业者是经济活动过程中的代理人,与承担风险和不确定性的资本家不同;著名经济学家约瑟夫·熊彼特(Joseph Schumpeter,1934)则认为创业者应为创新者;中国香港创业学院院长张世平认为,创业者是一种主导劳动方式的领导人,是一种需要具有使命、荣誉、责任能力的人,是一种组织运用服务、技术、器物作业的人,是一种具有思考、推理、判断的人,是一种能使人追随并在追随的过程中获得利益的人,是一种具有完全权利能力和行为能力的人。

目前国内外学者将创业者的定义分为狭义和广义两种。狭义的创业者是指参与创业活动的核心人员。该定义避免采用领导者或组织者的概念。因为在当今的创业活动中,技术的含量越来越大,离开了核心的技术专家,很多创业无法进行,核心的技术专家理应成为创业者。事实上,很多创业活动最早是由拥有某项特定成果的技术专家发起的。广义的创业者是指参与创业活动的全部人员。在创业过程中,狭义的创业者将比广义的创业者承担更多的风险,也会获得更多的收益。

创业者的关键词包括:风险承担、组织协调、不确定性决策、创新、权威、创业者警觉、信息判断性决策。因此,我们将创业者定义为:具有敏锐的市场洞察力、对各种信息和不确定性做出决策、组织协调企业生产活动并承担风险的权威创新者。

由上述可知,创业者的特征包括以下5个方面:

(1)创业者是创新者。这种创新有五种类型:引入新产品、引入新的生产方法、开辟新的市场、夺取原材料或半成品的新供应来源和创立新的组织。

(2)创业者是风险承担者。承担和控制风险的能力是创业者成功的关键。创业者往往在资源高度约束的情况下开展创业活动,不管是否愿意,他们毫无疑问要承担一定的甚至很大的风险。

(3)创业者是不确定性决策者。市场信息瞬息万变,创业者所面临的不确定性越来越强,因此创业者必须做出理性决策。

(4)创业者具有创业者警觉。创业者警觉是指创业者所固有的具有能够发现对其有用的信息的能力或行为倾向。这种警觉包括对已变化了的条件或环境的警觉、对忽略的可能性的警觉、对即将到来的机会的警觉、对未来的警觉、对有用信息的警觉,以及避开不利因素的本能反应等。

(5)创业者是组织协调者。创业者担负着组织创业资源(如人力资源、财力资源、物力资源)进行生产活动的重任。

二、创业者分类

从不同角度,对创业者分类也不同。从创业者来源可分为农民工创业者、下岗工人创业者、大学生创业者、海归派创业者、退伍军人创业者、公职人员创业者等。按照创业者的主观能动性来分,可以分为主动式创业者、被动式创业者和中性创业者等。本书主要从创业动机和创业优势来对创业者分类。

(一) 根据创业动机分类

1. 生存型创业者

生存型创业者大多为下岗工人、失去土地或因为种种原因不愿困守乡村的农民,以及刚刚毕业找不到工作的大学生。清华大学的调查报告说,这一类型的创业者占中国创业者总数的90%。其中许多人创业是为了谋生。创业范围一般局限于商业贸易,即使有少数从事实业,也基本是小打小闹的加工业。当然也有因为机遇成长为大中型企业的,但数量极少,因为现在国内市场已经不像40多年前,像刘永好兄弟、鲁冠球、南存辉他们那个创业时代,经济短缺,机制混乱,机遇遍地。如今这个时代,多的是每天一睁眼就满世界找钱的创业者,少的是赚钱的机会,用句俗话来说,就是狼多肉少。仅仅想依靠机遇成就大业,早已经是不切实际的幻想了。

2. 变现型创业者

这类创业者就是过去在行政、事业等单位掌握一定权力,或者在国企、民营企业当经理人期间聚拢了大量资源的人,在机会适当的时候下海,开公司办企业,实际是将过去的权力、优势资源和市场关系采取合规的方式进行变现,将无形资源变现为有形的货币。

3. 主动型创业者

此类创业者可分为两种:一种是盲动型创业者,一种是冷静型创业者。前一种创业者大多极为自信,做事冲动。有人说,这种类型的创业者,大多是博彩爱好者,喜欢买彩票,喜欢赌,而不太喜欢研究成功概率。这样的创业者很容易失败,但一旦成功,往往就是一番大事业。冷静型创业者是创业者中的精英,其特点是谋定而后动,不打无准备之仗,或是掌握资源,或是拥有技术,一旦行动,成功概率通常就很高。

4. 赚钱型创业者

世界经理人网站在调查中发现,有一种奇怪类型的创业者,除了赚钱,没有什么明确的目标,就是喜欢创业,喜欢做老板的感觉。他们不计较自己能做什么,会做什么。可能今天在做着这样一件事,明天又在做着那样一件事,他们做的事情之间可以完全不相干。其中有一些人,甚至连对赚钱都没有明显的兴趣,也从来不考虑自己创业的成败得失。奇怪的是,这一类创业者中赚钱的并不少,创业失败的概率也并不比那些兢兢业业、勤勤恳恳的创业者高,而且,这一类创业者大多过得很快乐。

(二) 根据创业优势分类

1. 销售型创业者

这类创业者个人具有很强的销售能力,个性强,善于和客户打交道。他们创业前基本是产品和服务的销售或者代理,在这个行业积累了广泛的客户基础,创业后即可获得大量客源,尤其是渠道关系。有了这个基础,对新创业的企业来说就有了生存基础。企业的生存问题解决了,发展就成了必然。因此,这种类型的创业者主要是利用前公司的客户资源为自己后面的创业铺设了一条光明大道。这类创业者的特征是抢占或者利用前公司资源,业务模式和产品与原来的公司基本雷同。相对于其他创业类型来说,这种创业类型是最容易成功的。

2. 技术型创业者

这类创业者不善于销售产品,不善于和客户打交道,也可能不善于企业管理,他们所拥有的是核心技术和对技术的执着追求,他们拥有行业内或者乃至全球顶尖的技术。由于技术的优势,他们与销售型创业者不同,难以快速创业成功。技术型创业者有时很难得到商人或者投资者的认可,不仅仅是因为很多技术属于不成熟的技术或者非常先进的技术,商业化推广还需要一段时间,对于投资者来说还存在着很多风险。不过,一旦这个技术可以商业化运作,他们的创业便会得到一些投资者的青睐。

3. 管理型创业者

这类创业者和前面两者的区别在于他们在以上两个领域中都不具备优势,即在渠道上缺乏先天优势且技也不如人。他们的优势在于对企业战略把握准确,熟悉企业管理系统或者企业运营。很明显,这类人创业容易得到支持,但这类人创业需要精通人力资源管理,尤其在用人管理方面必须拥有优势,如不能建立一个有效合作的团队,创业将难以成功。当然,这类人创业如果有一定的资金支持,就更容易获得成功。这类人的特点是具备足够的实力进入一个行业,或者具备足够的资金和管理能力,能够将创业的公司带入稳定的发展时期,一旦创业的企业进入稳定发展时期,他们就会大获全胜。

4. 投资型创业者

这类人属于投资者,拥有的是对行业前景的洞察力、对人力资源良好的判断力和对财务合理的控制力,其他什么都可以不用管理。他们拥有的资金足够聘请到优秀的职业经理人,让职业经理人去带领下属们打天下。投资型的创业者不像前面三种类型的创业者,他们基本不需要亲自参与管理或者企业的经营活动,擅长资本运作。这种创业是境界较高的创业类型。

三、创业者素质

素质是能力发展的基础。创业者素质泛指创业者的品德、知识、技能、经验和身体等要素在特定时间和环境内的综合状态,是创业者主体通过学习和自身的实践而形成和发展起来的,具有内在的、本质的及相对稳定的身心要素的整体系统。创业者是企业的核心,创业者的素质决定着企业发展的好坏,决定着企业能否在激烈的市场竞争中立于不败之地。下面从知识素质、心理素质、身体素质、思想道德素质四个方面介绍创业者素质。

(一) 知识素质

创业者的知识素质对创业起着举足轻重的作用。创业者要进行创造性思维,要做出正确决策,就必须掌握广博的知识,具有一专多能的知识结构。创业者的知识结构关系到创业者分析问题、判断问题、解决问题的能力大小和将来企业的发展前途。知识贫乏的创业者,往往心胸狭窄,目光短浅,不能适应时代新潮流的长期需要。具体来说,创业者应该有以下四方面的知识：一是做到用足、用活政策，依法行事，用法律维护自己的合法权益；二是了解科学的经营管理知识和方法，提高管理水平，如战略管理、人力资源管理等；三是掌握与本行业、本企业相关的科学技术知识，依靠科技进步增强竞争能力；四是具备市场经济方面的知识，如财务会计、市场营销、国际贸易、国际金融等。

如果缺乏战略管理知识，创业者在企业发展到一定规模后，就不能正确处理企业的短期目标和长期目标的关系、核心竞争力和多元化的关系，盲目进行多角化扩张，进入自己陌生的行业，而自身资金、人力资源等方面又无法支撑，使企业迷失了发展的方向。若掌握了人力资源管理方面的知识，创业者就知道如何有效地激励员工、管理员工，帮助他们成长，让员工在实现企业发展的同时实现自我的成长和发展。具备了财务管理知识，创业者就能正确地了解企业的盈利能力、负债情况、还债能力和融资能力，在创业过程中，就能管理好企业的资本运作。市场营销管理知识能使创业者正确分析产品的行业特征，细分市场，对产品正确定位，找到产品的目标市场，利用产品的生命周期不断推陈出新，为企业创造现金流。

（二）心理素质

心理素质是人的整体素质的组成部分。一般说来，心理素质是指个体在心理过程、个性心理等方面所具有的基本特征和品质，主要包括人的认识能力、情绪和情感品质、意志品质、气质和性格等方面。一个人的心理素质是在长期的社会生活过程中形成的，是思想、行为、知识、经历在人身上的综合表现，是一种较为稳定的心理特征。

在创业过程中，良好而稳定的心理素质可以说是创业成功的重要法宝之一。在创业过程中，创业者会遇到不同的问题和矛盾，面临不同的困难和挑战，这就需要创业者有良好的心理素质，有能力应对各种挑战和困境。可以说，对创业者来说，具备良好的心理素质是最基本的素质，创业活动要求创业者具有良好的心理承受力、受挫修复能力，具有创业需求的原动力，具有创业的顽强意志和良好的心理状态。创业者只有在具备较好心理素质的前提下，才有可能在创业的道路上披荆斩棘，取得成功。作为创业者，自我意识特征应为自信和自主，性格应刚强、坚韧、果断和开朗，情感应更富有理性色彩。成功的创业者大多是不以物喜、不以己悲。

（三）身体素质

身体素质是指人的身体在各种行为活动中所表现的力量、速度、灵敏、耐力及柔韧性等机能。"身体是革命的本钱"，良好的体魄是创业的有利条件，有助于增强创业者的承受力、创造力和自信心。现代小企业的创业与经营是艰苦而复杂的，创业者工作繁忙、时间长、压力大，如果身体不好，必然力不从心，难以承担创业重任。以下是一些重要的身体素质：

（1）健康状况：创业者需要具备健康的身体，以便能够应对长时间的工作、处理复杂的任务和应对压力。保持良好的健康状况需要良好的饮食习惯、充足的睡眠和适度的运动。

（2）耐力和毅力：创业者需要具备坚韧不拔的耐力和毅力，以应对创业过程中的挫折和困难。他们需要能够坚持不懈地追求目标，并在遇到挫折时保持镇静和乐观。

（3）适应性和灵活性：创业者需要具备适应性和灵活性，以应对不断变化的市场和环境。他们需要能够快速做出决策和调整策略，以适应不同的挑战和机遇。

（4）自信和决心：创业者需要具备自信和决心，以应对创业过程中可能出现的风险和不确定性。他们需要相信自己的能力和想法，并准备好承担风险和面对失败。

（5）专注力：创业者需要具备专注力，以应对复杂的工作任务和压力。他们需要能够专注于关键问题，并制定有效的解决方案。

（四）思想道德素质

思想道德过硬是创业成功的重要保证。在创业及初创企业的经营中，创业者如果存在没有诚信、欺诈顾客等道德问题，便难以取得成功。松下幸之助曾经说过："一个经营者不一定是万能的，但至少应该是一位品格高尚的人。"创业者要想在激烈的竞争中脱颖而出、获得优势，除了依靠信息、质量、价格和服务优势外，必须引入竞争的道德因子。良好的思想政治素质是高尚人格的集中体现，是人与人、人与社会和谐发展的前提，是创业者应具备的最重要素质之一。主要体现在以下三个方面。

一是讲政治。政治与经济是当前社会生活的两大要素，两者相互作用构成现代世界。

二是有品德。良好的道德品质与人格魅力具有协调人际关系、激励周边人群、引导舆论、凝聚人心的作用。创业者要培养自己高尚的品德、优良的作风；要树立科学的企业发展观，坚持企业的绿色和生态发展；要依法经营，遵守企业伦理，富有社会责任感和同情心。

三是讲诚信。诚信已成为商海中取得商业成功的重要素质之一，是创业者的立身之本。"人而无信，不知其可也。"创业者在创业过程中，如不讲信誉，就无法发展自己的事业；失去信誉，就会寸步难行。在人与人交往中，用真诚和恪守信用去换取别人的信任是一种美德。

虽然不要求创业者必须完全具备以上素质才能去创业，但创业者本人要有不断提高自身素质的自觉性和实际行动，提高素质的途径只有不断学习和实践。要想成为一名成功的创业者，就要做一个终身学习者和改造自我者。哈佛大学拉克教授讲过这样一段话：创业对大多数人而言是一件极具诱惑的事，同时也是一件极具挑战的事。不是人人都能成功，但成功也并非想象中那么困难。但是，任何一个梦想成功的人，倘若他知道创业需要策划、技术及创意的观念，那么成功已离他不远了。

四、创业者能力

创业者能力是指创业者本身所具有的能够形成创业企业管理能力和影响创业企业经营绩效的各种基本因素的总和。个人特质是创业者能力的根源，个人能力所表现出来的工作方式以及行为方式的有效性，取决于内隐和外显的个人特质，包括个性、知识、技能等。绩效是创业者能力的外在表现,是个人能力在特定组织情景中为实现目标的一系列行为的结果。狭义的创业能力一般包括两个方面:一是基本知识技能和人际交往沟通能力,二是创新能力和自我发展能力。广义的创业能力是指一个人或是团队创业所需的能力,包含很多方面。

(一)识别与捕捉市场机会的能力

要想成为一个成功的创业者,首先需要有敏锐的市场头脑和财富嗅觉,即发现市场的能力。在当今瞬息万变的市场环境下,创业者最需要的智慧就是能够发现市场的规律、消费者的消费规律以及金融的运转规律。在新的时代中,创业者要学会向规律索要成功和财富。在创业团队的链条中,创业者必须按照环境和规律的需要来给自己定位。这是一个追随智慧的时代,准确地说,这是一个追随"财智"的时代。如今,一个创业团队的领导者不再是最擅长管理的人,不再是最有勇气的人,甚至不再是最大的股东,而是"财智"的所有者。

戴尔公司创始人迈克尔·戴尔在读大学时,发现了个人计算机市场的巨大潜力和消费者的消费规律,从而发明出后来风靡全球的直销营销模式,接受订单,快速反应,绕过传统的供应渠道,直接发货给消费者,通过低廉的价格、过硬的质量及良好的服务迅速赢得消费者的信赖,并最终发展成为全球第二大个人计算机制造商。这是一个"谋士""幕僚"逐渐走上前台而权力者退居幕后的时代,而创业者在"财智"时代最重要的功能就是发现。

(二)创新能力

新经济的本质就是创新,就是鼓励和促使个人的创新潜能得到充分激发。彼得·德鲁克曾指出:"创业者首先需要具有创新精神。"所谓创新能力,是指运用知识和理论,在各种实践活动领域中不断提供具有经济价值、社会价值、生态价值的新思想、新理论、新方法和新发明的能力。创新能力是民族进步的灵魂。当今的社会竞争,与其说是人才的竞争,不如说是人的创造力的竞争。综观全球知名企业,无论是苹果、华为,还是小米、比亚迪,创新都是它们持续发展的不竭动力。支持它们创新的都是创业领导者营造出的强大的创新文化,企业创新文化则来源于创业领导者永不枯竭的创新能力。

创新能力是人们在创造活动中表现出来的一种新颖、独特的解决问题的能力,是人们根据一定的目的、任务开展积极的思维活动并产生出一定社会价值的新观念、新产品、新工艺的技能。创新能力的形成与创业者的知识、技能、经验、心态等有着密切的关系。因此,拥有开阔渊博的见识、扎实的专业基础知识、熟练的专业技能、丰富的实践经验、良好的心态的创业者更容易形成创新能力,这种创新能力将在创业者的创业路上发挥出不可估量的作用。

(三)学习能力

在知识大爆炸、竞争日益激烈的今天,各类知识的更新速度越来越快,创业所需要的知识需要随着社会、环境的变化不断更新;同时,单一的知识完全满足不了创业的需要,他们需要掌握多元的知识,具备一专多能的知识结构,才能迎接不断出现的风险和困境。俗话说:"活到老,学到老。"创业者要想成功,就必须具备强大的学习能力。学习能力可以用"2×2"表示。前面的"2"指的是学习方法,既要参加纵向培训,抓住学习机会,不断自我提高,拓展见识,又要进行横向学习;后面的"2"指的则是学习范围,既要进行专业知识的学习,提升自己的专业能力,又要努力学习一切人类文明的成果,提升自己的综合素质和人文修养。

在科技界,雷军以其卓越的学习能力和敏锐的市场洞察力而闻名。他不仅将小米公司打造成全球知名的科技巨头,更以个人成长的历程激励无数追随者。雷军常说:"学习是一种生活方式。"他将每日阅读和思考融入日常,不断吸收新知,与时俱进。他的办公室里堆满了各类书籍,从技术专著到管理智慧,雷军总能从中汲取精华,转化为企业的创新动力。他的学习不仅限于理论,更注重将理论与实践相结合,经常深入一线了解产品和市场,以用户为中心去发现问题、解决问题。雷军的学习能力强,使他在激烈的市场竞争中始终保持先发优势,引领小米不断突破和创新。

(四)相马能力

创业者在发现人才之后,更重要的是要善于使用人才。用其所长,避其所短。如果一个人是学术上的权威专家,善于从事研究,则分配到科研单位才能发挥他的作用;如果一个人有管理才能,就应当让他去担任具体的实践工作。学非所用,用非所学,都会造成人才的浪费。创业者做到善任,才能使人才的聪明才智得到充分的发挥。微软公司董事长比尔·盖茨曾说:"如果我公司里二十个最顶尖的人才都被别的公司挖走了的话,微软将变成一家无足轻重的公司。"由此可见,人才对于企业是至关重要的存在。如何发现和使用好人才,则是创业者永远要做的一件最重要的工作。

创业者的相马能力,不仅包括善于发现人才,还包括善于使用人才。汉高祖刘邦曾说:"夫运筹帷幄之中,决胜千里之外,吾不如张良;连百万之众,战必克,攻必取,吾不如韩信;抚百姓,筹军饷,不绝粮道者,吾不如萧何;吾能用之,所以能得天下。"可见知人善任是多么重要。南北战争时期,美国总统林肯任命格兰特将军为总司令,只看重他运筹帷幄、决胜千里的能力,并不计较他嗜酒贪杯的小毛病。"有大略者不问其短,有厚德者不非小疵",是知人的重要原则,要做到这一点,需要创业者坚持任人唯贤,从企业长远的大局出发。

(五)领导与决策能力

领导与决策能力是创业者在充满不确定性和复杂性的创业环境中成功的关键因素。这两种能力相辅相成,对于创业者而言至关重要,因为它们直接影响企业的生存、发展以及最终的成功。

首先,领导能力是指引导和激励团队成员朝着共同目标前进的能力。一个优秀的领导者能够通过愿景的设定、价值观的传播和榜样的力量来塑造团队文化,确保每个成员都明白自己的角色和责任。在创业初期,资源往往有限,有效的领导能力可以使创业者最大化利用现有资源,激发团队潜力,推动项目向前发展。例如,苹果公司的创始人史蒂夫·乔布斯以其卓越的领导力而闻名,他凭借对未来洞察的远见以及对产品设计与用户体验的执着追求,引领苹果创造了多个市场领先的产品,从而将公司带入一个新的高峰。

其次,决策能力是分析问题、预测结果并据此采取行动的能力。创业过程中,创业者需要面对快速变化的市场环境、客户需求以及激烈的竞争。高效的决策能力使创业者能够在有限的时间内,基于有限的信息做出最佳选择。这种能力要求创业者具备风险评估、战略规划和优先排序的技能。例如,亚马逊创始人杰夫·贝佐斯在决定将公司从书店转型为综合性电商平台时,展现了其出色的决策能力。他的这一决策不仅让亚马逊成为全球最大的电子商务平台之一,而且证明了他在关键时刻做出正确决策的能力。

领导与决策能力的结合为创业者提供了实现愿景的途径和方法。作为企业的领头人,创业者必须能够清晰地定义目标、制定战略,并通过有效领导来激励团队执行这些战略。同时,他们还需要根据反馈和市场变化迅速调整计划,这就需要灵活且坚定的决策力。比如,脸书(Facebook)创始人马克·扎克伯格在社交网络发展的早期阶段就显示出卓越的领导和决策能力,他不仅成功地引领了公司的增长,还在关键时刻做出了将脸书平台开放的决策,这一开放策略极大地促进了公司的发展和用户基数的扩大。

(六) 社交和沟通能力

社交与沟通能力是创业者在商业世界中取得成功的关键能力之一。这些能力对于建立人脉网络、吸引投资者、管理团队以及与客户和合作伙伴建立良好关系至关重要。在创业的过程中,有效的社交与沟通能力可以帮助创业者更好地理解市场需求、推广自己的产品或服务,并最终实现业务增长。

首先,社交能力是指个人在与他人互动时建立联系和关系的能力。这包括倾听、同理心、适应性和影响力等多方面的技能。对于创业者来说,社交能力使他们能够与不同背景的人建立信任和合作关系。例如,领英(LinkedIn)的创始人里德·霍夫曼就是通过他的社交能力,成功地将领英打造成一个专业人士社交网络的平台。他不仅自己建立了广泛的人脉,还帮助领英用户建立联系,从而创造了巨大的商业价值。

其次,沟通能力是指有效地表达思想、感受和信息的能力。这包括书面和口头沟通,以及非语言沟通。创业者需要通过清晰的沟通来传达他们的愿景、战略和目标,确保团队成员理解并致力于共同的目标。此外,良好的沟通能力还能帮助创业者在与投资者、客户和合作伙伴的交流中取得成功。例如,优步(Uber)的早期投资者特拉维斯·卡兰尼克就以其出色的沟通能力而著称,他能够清晰地向投资者阐述优步的业务模式和市场潜力,这在很大程度上帮助了优步在初期获得关键的资金支持。

社交与沟通能力的结合为创业者提供了强大的工具,使他们能够在复杂的商业环境中游刃有余。这些能力使创业者能够建立起一个支持他们愿景的社群,无论是通过吸引合适的人才加入团队,还是通过与潜在的客户和合作伙伴建立关系。例如,爱彼迎(Airbnb)的创始人布莱恩·切斯基就通过他的社交和沟通能力,将爱彼迎从一个简单的经营理念转变为全球性的共享经济平台。他通过讲故事和建立情感联系的方式,成功地吸引了数百万的用户和房东加入爱彼迎的社区。

综上所述，社交与沟通能力是创业者必备的能力。它们不仅有助于创业者建立起广泛的人脉网络，还能够帮助他们更有效地传达自己的想法和愿景，从而吸引资源、建立合作关系并推动业务发展。在创业的道路上，不断提升这些能力对于创业者来说至关重要，因为它们是实现商业成功的关键因素。

第三节 创业营销目标与原则

一、创业营销目标

创业营销包括两个组成部分：一是企业创立前的营销活动，二是企业创立后的营销活动。所以创业营销目标也分为两个方面。

（一）企业创立前的营销目标

创业者在企业创立前的目标之一是将创业构想转变为一个清晰的概念，开发出某种产品原型或构建商业模式。同时，创业者最需要做的是组建创业团队，集中智慧与技术。团队组建完成后，创业企业已初见雏形，这时需要通过商业计划书等手段来吸引投资、解决资金问题。

创业营销的关键在于解决创业企业的资源约束问题，这里的资源包括企业运营所需的各种资源，如资金资源、智力资源等。因此，企业创立前的营销目标，说到底，就是为创业项目融资、融智、融资源。

（二）企业创立后的营销目标

当初创企业成立之后，就要根据目标市场容量、产品特性、资源能力、竞争程度等指标确立营销目标。初创企业的营销目标就是在初创企业成立后的营销要达到的任务要求，包括生产目标、销售目标、利润目标、市场目标、渠道目标、品牌目标、竞争目标、用户目标、推广目标等，以及不同阶段的不同目标组合。选择一个正确的营销目标，可以最合理地组织有限的营销资源，最大限度地发挥营销资源的作用，以确保创业营销成功。选择一个错误的营销目标，会导致错误的营销资源配置，使本来就非常有限的营销资源得到最不合理的使用，造成资源浪费，结果使营销目标无法完成。所以，创业者只有确立了营销目标，才能知道应该调动哪些资源以及应该调动多少资源来实现目标。初创企业创立之后的营销目标主要有以下两类：

一是市场目标，即提高初创企业产品的市场占有率。产品的市场占有率，是企业知名度和市场竞争力的重要标志，也是企业无形资产价值的有形标志。在激烈的市场竞争中，市场争夺与占有是企业的重要目标，企业占有的市场份额越大，竞争者的市场份额就越小，企业在竞争中的实力便不断壮大。市场占有率是影响企业盈利能力的重要因素，各类企业都在从自身实际出发提升或维持价值最大化的最佳市场占有率。

二是品牌目标,即扩大知名度,提高美誉度。知名度是指企业被社会大众知晓和了解的程度,社会影响的深度和广度。美誉度是指企业获得公众信任、支持和赞许的程度。美誉度是建立在一定知名度基础上的,但知名度不一定会导致美誉度,某些企业的知名度来源于该企业的负面消息。某一企业品牌美誉度体现了消费者忠诚度,反映着消费者对品牌价值认定的程度、心理感受,不能靠硬性广告宣传来实现。美誉度对企业具有重要的作用,可以直接带来企业的各种收益,例如提高产品的销售量获得政府更多支持、成功招募优秀人才、在开发新市场时占尽先机等。

二、创业营销原则

开展创业营销,需要遵循一些基本原则,如客户导向原则、差异化原则、快速响应原则和成本领先原则等,以确保初创企业的营销达到好的效果。

(一)客户导向原则

客户导向是创业营销的核心原则之一。创业者应该从客户的角度出发,了解客户的需求和痛点,以此为基础确定产品定位和差异化竞争策略。同时,创业者还应该积极与客户互动,收集客户反馈和建议,不断优化产品和服务。在营销过程中,创业者可以通过目标客户画像、市场调研和用户测试等手段,深入了解客户需求,并根据不同的市场细分进行精准营销。

(二)差异化原则

初创企业在市场中立足,必须遵循差异化原则。只有差异化,才能在竞争激烈的市场环境中脱颖而出,吸引消费者的注意。

首先,初创企业需要明确自己的定位,找到自己的竞争优势,这可以是产品、服务、技术或者商业模式等。通过差异化,企业可以避开与其他竞争对手的直接竞争,找到自己的市场空间。

其次,初创企业需要通过差异化来建立自己的品牌形象。消费者对品牌的认知和接受,很大程度上取决于品牌的差异化特征。只有具有独特性的品牌,才能在消费者心中留下深刻的印象,从而提高品牌的知名度和影响力。

最后,初创企业需要通过差异化来满足消费者的个性化需求。现在的消费者越来越注重个性化,只有提供差异化的产品和服务,才能满足消费者的个性化需求,从而提高消费者的满意度和忠诚度。

总的来说,初创企业要遵循差异化原则,通过差异化来找到自己的竞争优势,建立品牌形象,满足消费者需求,从而在激烈的市场竞争中立足。

(三)快速响应原则

初创企业在动态且竞争激烈的商业环境中,必须遵循快速响应原则以保持竞争力和生存能力。这一原则意味着企业需要迅速适应市场变化、消费者行为、技术进步及竞争格局的变动。

首先,快速响应市场变化对初创企业至关重要。市场需求和趋势经常发生变化,快速洞察这些变化并作出反应,可以帮助初创企业抓住新兴市场机会,避免落后于竞争对手。这可能涉及调整产品特性、营销策略或业务模式来更好地满足客户需求。

其次,初创企业需要快速响应消费者需求和反馈。通过构建有效的沟通渠道,及时收集和分析客户反馈,初创企业可以快速优化产品和服务,提高客户满意度,建立品牌忠诚度。在消费者期望即时满足的时代,快速响应不仅提升用户体验,还能增强企业的口碑和推荐概率。

再次,技术变革的速度前所未有地快,初创企业必须具备快速学习和适应新技术的能力。这不仅涉及采用最新的工具和平台来优化内部操作,还包括利用技术创新来开发新产品或服务,从而引领市场趋势而不是仅仅跟随。

最后,初创企业还需要快速响应竞争环境的变化。新竞争者的出现、行业标准的变动或监管框架的更新都可能对初创企业的运营产生影响。通过持续的市场监测和分析,初创企业可以预测潜在的威胁和机会,并迅速制定应对策略。因此,快速响应原则要求初创企业具备敏捷性、灵活性和前瞻性。通过快速决策、有效执行和持续创新,初创企业可以在不断变化的环境中立足,实现持续增长和成功。

(四)成本领先原则

大多数初创企业由于资金相当紧张,创立企业之初,其开展的营销活动往往遵循成本领先原则。成本领先原则可分为两种情况。

一是低价低值。初创企业可以关注对价值非常敏感的细分市场,面对收入水平低下的消费群体,低价低值是一种很有生命力的战略。

二是低价保值。这是初创企业遵循成本领先原则时常用的典型途径,在降价的同时保持产品或服务的质量不变。

蜜雪冰城成立于2014年,是一家专注于现制现卖的茶饮品牌,一直遵循成本领先原则,它通过以下策略实现了成本领先。(1)简化产品。与许多茶饮店提供复杂菜单不同,蜜雪冰城简化了产品线,专注于少数几款畅销产品,这样可以减少原材料的种类和库存成本,也降低了制作过程的复杂度和人工成本。(2)标准化流程。蜜雪冰城制定了严格的制作流程和标准操作程序,确保快速、一致的产品输出,提高了效率并降低了误差成本。(3)规模采购。随着品牌的快速扩张,蜜雪冰城在全国范围内拥有大量门店,这使得它能够进行大规模采购原材料,从而降低单位成本。(4)加盟模式。通过加盟模式快速扩张店铺网络,减少了自身直接经营的成本和风险。加盟商负责店铺租金、人员工资等费用,蜜雪冰城则通过提供原料和培训来保持品质。(5)供应链优化。优化供应链管理,确保原料供应的稳定性和成本效益,减少物流和仓储成本。这些战略使蜜雪冰城在竞争激烈的中国茶饮市场中迅速崛起,成为行业内的成本领先者,同时也为消费者提供了性价比高的产品。

第四节　创业营销阶段分析

成功的创业营销一般需要经历4个阶段：创意营销阶段、商业计划营销阶段、产品潜力营销阶段和企业潜力营销阶段。

一、创意营销阶段

创业者萌发了创业冲动，进而构建创业构想，但这种创业冲动或构想往往还停留在大脑中，或者只是一种创意而已；创业者必须将其转变为一个清晰的概念，并开发出产品模型，以及实现商业价值的技术路线和商业模型，才能与相关人进行沟通交流。在开展这些工作时或这些工作完成以后，创业者最需要的是寻找志同道合者组成创业团队，因为一个人很难精通创业过程中需要的所有技能，也不一定拥有创业所需的关键资源。

创业者最重要的一项工作就是寻找合伙人。创始人在选配合伙人时，要把握一个基本原则——"理念和价值观上要相似，能力和经验上要互补"。理念和价值观上的相近，可以保证创始人和联合创始人在重大原则问题上的判断是比较一致的，不至于出现根本性冲突。这些重大的原则问题包括企业战略方向、利益分配机制、行事基本方式等。在这些问题上出现不同意见，通常很难取得共识。因为个性和价值观的形成都不是一朝一夕的事情，也就是我们常说的"江山易改，本性难移"。如果在创业的艰难环境下，双方还要来磨合这个层面的东西，那实在是太痛苦了。能力和经验上的互补可以让大家在具体事情的推进中事半功倍，并建立起彼此在专业领域的依靠和信任。人不可能是全能的，如果一切未知的领域都需要一个人来摸索，则费时费力不说，风险还很大。如小米创始人雷军就设定每一个创始人都是某一方面的专才，独立运作互不干涉，秉持着这样的理念，他组建了小米创业团队。

二、商业计划营销阶段

创业团队构建之后，在明确了创业机会，以及如何构建商业系统实现价值的商业模式基础上，创业者要着手撰写可行的创业计划书，又称商业计划书。通过商业计划吸引投资者尤其是风险投资家的注意并获取风险投资。成功的商业计划除了要有概念上的创新外，更重要的是进行现实的、严谨的市场调研和分析。如果商业计划营销获得成功，创业团队获得了风险资金，就可以正式建立创业企业，进行商业化的新产品开发。这一阶段表面上营销的是创业企业的商业计划，实际上也是对新产品和创业团队的全面检验。

商业计划书的基本框架包括：（1）执行摘要；（2）商业情形分析；（3）市场调研与顾客群体分析；（4）对标企业与商业模式分析；（5）产品设计与营销计划；（6）生产制造和运营管理；（7）管理团队与项目时间计划；（8）营利渠道及关键风险分析；（9）财务计划

与融资回报分析；(10)附录。

其中，执行摘要是整个商业计划书的"凤头"，一份好的执行摘要应起到引人注目、夺人眼球的作用。这就使得执行摘要的写作成为整个商业计划书起草过程中的重头戏。演好这部重头戏的关键是想清楚、说清楚且有热情。想清楚，就是要理清基本的创业思路和商业逻辑，准确判断项目团队的优势、劣势与独特性，明确商业模式设计中各要素的基本情况。这意味着很多时候对执行摘要的全面梳理是在整个商业计划书完成之后进行的，即画龙点睛之笔。说清楚，就是要直奔问题的要害，在突出项目优势时说明故事的核心冲突和独特性，在突出投资者功能时说明项目的关键短板。对说清楚的高要求来自现实压力，尤其在今天，投资人见到的项目越来越多，留给每个项目的游说时间越来越短，在这种情况下，很多创业项目的投资游说必须短小精干。在创投圈里，有两个非常著名的标准来说明对这种短小精干的要求：一是最多三件事，二是电梯测试。即一个投资游说应该在一趟电梯的运行时间内（最多三分钟）完成，这段时间创业者通常只能说明白三件事：痛点（创业机会）、商业模式和融资计划。

三、产品潜力营销阶段

在初创企业的创业营销过程中，产品潜力营销阶段是一个关键时期，紧随创意营销和商业计划书营销阶段之后。此阶段的主旨是向潜在客户、投资者和市场展示产品的实际价值与市场潜力，以吸引关注和兴趣。

在产品潜力营销阶段，初创企业需要集中精力做好以下七点。

（1）产品演示。通过演示产品的原型或者早期的版本来展现其独特性、功能性以及用户界面设计等。这一步骤对于吸引早期采用者和反馈意见至关重要。

（2）用户体验。初创企业应着重于提供优秀的用户体验，确保产品易于使用且能解决目标客户的痛点。

（3）市场验证。通过市场调研和用户反馈来验证产品是否符合市场需求，同时调整和完善产品特性，提升产品市场适应性。

（4）建立信任。通过用户案例、第三方评价、媒体报道等方式来建立品牌信任度，让潜在客户和投资者对产品及其潜力有更多信心。

（5）预售和试点项目。进行产品预售或启动试点项目，不仅有助于收集宝贵的用户反馈，还能为后续的大规模推广和生产积累经验和数据。

（6）制定定价策略。在了解成本结构和市场接受程度的基础上，制定合理的定价策略，确保产品在市场上的竞争力。

（7）营销和宣传。通过各种渠道，如社交媒体、行业大会、网络研讨会等方式进行产品的营销推广，提高产品的知名度和可见度。

总之，在产品潜力营销阶段，初创企业的目标是将潜在的产品概念转化为市场上真正具有吸引力的解决方案，并且开始构建稳定的客户基础和市场地位。通过实际的产品展示和精细的市场定位,初创企业可以逐步将创意转化为可量化的业务成果。

四、企业潜力营销阶段

在初创企业的创业营销进程中,进入企业潜力营销阶段意味着已经越过了早期的产品展示和市场验证。此时,企业需要进一步巩固其市场地位,扩大业务规模,并全面展示其长期增长的潜力。在这一阶段主要要做好以下关键工作:

(1) 规模化运营。企业需展示能够进行规模化运营的能力,包括扩大生产、提升供应链效率及优化物流等。

(2) 强化品牌建设。在品牌推广上投入更多资源,建立独特的品牌形象,增强公众认知度和品牌忠诚度。

(3) 战略伙伴关系。寻求与其他企业或机构建立战略合作伙伴关系,以获得资源共享、市场拓展及技术合作的机会。

(4) 扩张市场份额。通过竞争策略如价格战、增值服务、创新营销手段等来积极争夺更大的市场份额。

(5) 资本运作。吸引风险投资、私募股权等投资以支持快速增长计划,或是通过公开募股、并购等方式加速企业发展。

(6) 财务健康证明。提供稳健的财务报表和成长曲线,向投资者和合作伙伴展示其盈利模式和财务健康状况。

(7) 人才引进和管理。构建强大的团队,引进高级管理人才,提升组织能力与企业核心竞争力。

(8) 社会责任与企业文化。树立企业的社会责任感,建立积极的企业文化,这不仅有助于员工激励,也能提升顾客及投资者对企业的好感。

总之,在这一阶段,初创企业的目标是从一家具有潜力的初创公司转变为行业内的主要参与者,并且是具备持续创新能力和市场领导潜力的企业。通过多方面的努力,企业在此阶段将致力于实现可持续的增长,为未来成为行业领导者奠定坚实的基础。

邱虹云另类创业故事

在遍地都是大学生创业者的今天,你知道谁是中国大学生创业第一人吗?

他叫邱虹云,是典型的技术高手、学霸、工科男。上大学前,在父亲所在的四川省威远县化肥厂的实验室里,他有300多件小发明问世,先后获得市级、省级、国家级青少年发明创造和科学论文竞赛奖。

1996年以威远县理科第一名的优异成绩考取清华大学,就读于清华大学材料科学与工程专业。上大学后，邱虹云更是接二连三推出发明创造。什么挑战杯、科技竞赛，多次荣获特等奖、一等奖。毫不夸张地说，几乎是参加就会拿奖。有人回忆，只要听说邱虹云有新发明了，一些投资人马上就会来看看。凭借这些发明，邱虹云拿奖拿到手软。在人才济济的清华大学里，时任校长王大中称赞邱虹云为"清华爱迪生"。

如果仅仅是实验室里的发明家，那还不足为奇。关键是，大三时，邱虹云的挑战杯获奖作品"多媒体超大屏幕投影电视"被另外两位清华大学学生王科和徐中看上，三个同学提出要一起成立公司。这个产品有多强呢？或许现在很难理解。

邱虹云是在所住的宿舍里手工安装了一台的。据当时的报道描述：30厘米见方的一个铁盒子放在一个破凳子上，铁盒子里引出一根电线与宿舍的闭路信号座连接，挂历纸背面拼在一起糊成的大屏幕几乎占满了床对面的半面墙，当播放热映的电视剧《天龙八部》时，动作画面极其震撼。最终这项设计可以在100英寸的大屏幕上实现电视节目的清晰投影。

1999年，三人成立了第一家大学生创业公司"视美乐"，先后获得上海一百和澳柯玛的3000多万元风险投资。当时，具有极高社会影响力的《中国青年报》整版报道了邱虹云，邱虹云一下子火了，还上了《新闻联播》。据他说，那时候报道摞起来比一拃还要高。然而，因为对公司的发展规划不同，2002年，邱虹云和其他两人离开了"视美乐"，曾经备受瞩目的大学生创业项目就此落幕。随后，社会上一时涌起很多以"视美乐"为例的"大学生创业不靠谱"的舆论。邱虹云第一次感到了迷茫。

他的导师田芊教授告诉他："你很适合做科研，不能因为创业影响了在科研方面的突破。如果能做到厚积薄发，对未来的发展就会有更大的帮助。"他回到了清华，继续攻读硕士和博士学位。高手始终是高手，他又开始发明创造了。

在清华大学一间堆满了线路板、电线等各种材料的博士生宿舍里，邱虹云手工制作了中国第一台天文制冷CCD相机，并把品牌命名为QHYCCD。

他从小就是天文爱好者，浩瀚又神秘的星空对他有无限的吸引力。正因如此，他也最明白天文爱好者的痛点，能拍到清晰星空的观测设备价格昂贵，使用复杂，门槛极高。

经过不断迭代研发，邱虹云的相机不仅可以清晰拍摄到遥远的深空天体，而且性价比极高，从上百万像素到5000万像素，从1/3英寸到中画幅，既有适合初学者的千元级入门机型，也有适合高端天文发烧友乃至天文研究机构的高端型号，还有能大大降低观测入门难度的智能型观测设备。

最初的产品电路板是裸露的，连外壳都没有，但在数码摄影才刚刚兴起的年代，这款相机有着诱人的330万像素、超长的曝光时间和超低的热噪声，非常适合拍摄暗弱的天体。

邱虹云把相机信息和研制过程上传到了国外的天文爱好者论坛上，并配上了相机所拍摄的天文照片。外行看着以为甚是简陋，内行一下子看出了门道，一位捷克的爱好者立马提出要购买，支付了500美元。

从 2002 年至 2007 年博士毕业前，邱虹云没有公司，没有研发团队，有人要买他的东西就汇款至他的银行卡上，他在宿舍边改进边组装。就这样，他每年销售出约 100 台相机，90%以上是国外用户。

这意味着，他凭借一己之力研发、生产、销售，在如此高精尖的天文设备领域，可以和国外的公司抗衡。

直到 2009 年，邱虹云才再次回到清华科技园学研大厦，成立星敏科信息技术有限公司（光速视觉科技有限公司的前身），正式从事高性能制冷 CCD 相机的商业化研发及生产。如今，该公司在德国、澳大利亚、美国、俄罗斯、日本等 20 多个国家和地区都有了代理商。慢慢地，QHYCCD 成了世界天文爱好者观测领域内响当当的招牌。国内天文爱好圈子里流传着一个说法：哪个天文爱好者要是没有听说过 QHYCCD，就意味着还没有入门。在美国、欧洲等一些地区有他的粉丝团，每当听说他来了就一定要见一面。

2015 年，邱虹云率领公司团队参加了在夏威夷举办的 IAU 国际天文学联合会大会展览。不少来自国内的天文学专家看到了 IAU 大会历史上首家来自中国的天文观测设备参展商，都难以抑制激动和高兴之情。

这一次，邱虹云东山再起了。

资料来源：

https://mp.weixin.qq.com/s/EdYBlYaIgnMYGbnRVMD_AA.

问题讨论：

1. 邱虹云和其他两人离开了自己创办的"视美乐"后，社会上涌起"大学生创业不靠谱"的舆论。你对此类现象怎么看？
2. 分析邱虹云第一次创业不成功的原因。
3. 对"这一次，邱虹云东山再起了"这一判断，你认同吗？为什么？

本章小结

创业已经成为这个时代的潮流，创业营销是取得创业成功的重要保证。我们认为，创业营销其实包括两个组成部分：一是企业创立前的营销活动，二是企业创立后的营销活动。创业营销就是创业企业家为创立企业和使新创企业健康快速发展而开展的所有营销活动总和。创业营销中的核心概念主要有创业、营销、创业营销、创业者、创业团队和创业精神等。创业者是创业营销中重要也是最主要的主体。创业者按照创业动机可以分为生存型创业者、变现型创业者、主动型创业者、赚钱型创业者；按照创业优势可以分为销售型创业者、技术型创业者、管理型创业者、投资型创业者。

创业者是企业的核心，创业者的素质决定着企业发展的好坏，决定着企业能否在激烈的市场竞争中立于不败之地。创业者需加强培养知识素质、心理素质、身体素质、思想道德素质这四个方面。创业者能力是指创业者本身所具有的能够形成创业企业管理能力和影响创业企业经营绩效的各种基本因素的总和,包括识别与捕捉市场机遇的能力、创新能力、学习能力、相马能力、领导与决策能力和交际和沟通能力等。

企业创立前的营销目标主要是为创业项目融资、融智、融资源;企业创立后就要根据目标市场容量、产品特性、资源能力、竞争程度等指标确立创业营销目标。创业营销的各个阶段,其目标和任务都不一样,因此要在不同时期迅速调整营销策略。在进行创业营销时,需要遵循一些基本原则,如客户导向、差异化营销、快速响应和成本领先等,以确保市场营销的成功。一般而言,成功的创业营销一般需要经历 4 个阶段:创意营销阶段、商业计划营销阶段、产品潜力营销阶段和企业潜力营销阶段。

复习思考题

1. 创业营销的含义是什么?
2. 创业者的含义是什么,可分为哪些类型?
3. 创业营销的目标和原则都有哪些?
4. 创业营销要经历哪四个阶段?

第二章　创业者自我营销

学习目的

通过学习本章内容,应该掌握:
1. 创业者自我营销的含义与作用
2. 创业者自我营销的影响因素
3. 创业者个人形象塑造的途径
4. 创业者打造个人IP的步骤
5. 创业者自我营销的方式与步骤

【开篇故事】

疯狂小杨哥的IP打造之路

互联网时代,人人都是自媒体。"疯狂小杨哥"的影响力辐射了1亿多人,是个超级大IP。2023年他的全网粉丝已经达到惊人的3亿,仅抖音就已经超过1亿,成为继人民日报之后,第一个粉丝达到1亿的网红。

据张庆杨回忆说:"我早在高中的时候就想出去赚钱了。直到大二,我直接辍学去赚钱。可是外面的生活并不美好,历练了一番后,我又回到了学校。"2016年,还在上大三的张庆杨接触到网络平台,开始拍短视频。可是短视频创业也不是随随便便就能成功的。张庆杨拍了好多小视频发到网上都不温不火。直到有一天,张庆杨看到一个人发了这样一个视频:谁关注我,我就送他一个有价值的游戏账号。张庆杨觉得这个方法不错,他也可以试试。通过这招他的账号涨了1万多的粉丝,但是热度过去账号又冷了下来。

这时刚好是春节,兄弟俩回家过年,便做了一个半臂长的爆竹,还发了一个视频:"双击关注,明天就放。"让他们没有想到的是,就这一个视频让他的账号涨到了8万粉丝。这也坚定了兄弟俩自媒体创业的想法。视频小火了一把,兄弟俩趁着热度又做了加农炮。可是,放了加农炮之后,粉丝不仅没有涨还掉了很多,从原来的10

万变成了4万。这也让他们意识到：短视频要有自己的东西，还要独特。

  一个偶然的事情让张庆杨找到了流量密码。张庆杨无聊就在学校阳台炸墨水玩，并让室友帮他拍下来。结果张庆杨被室友关在了阳台，他不仅被溅了一身墨水，就连一口大白牙都被染成大黑牙。不经意的搞笑最吸引人，果然视频观看率大爆，粉丝一下从10万蹿到了60万！这以后，疯狂小杨哥的短视频账号终于找到了自己的定位，那就是做专业的搞笑视频。也正是如此，这个账号开始疯狂涨粉。

  在炸墨水的视频火了以后，兄弟俩有意识地打造差异化人设，输出的内容也渐渐有了自己独有的标识。后来，小杨哥接连出现爆款视频，如"网瘾不良少年小杨哥""恶作剧整蛊达人大杨哥""妻管严杨爸""网瘾中年杨爸爸"等，走进了越来越多人的视线。随着小杨哥在网络上扎根，他意识到网红的生命是有限的，内容创作和广告的直播奖励无法长期发展，于是他将重心转向了带货直播。

  经过一段时间的探索，大小杨哥意识到他们的幽默定位已经深入人心，为什么他们能在视频上搞笑幽默，而不能在直播时搞笑呢？于是他将短视频中的笑点延伸到抖音带货，受到安妮的启发，一时间，"反向带货"成为大小杨哥的大型恶作剧综艺场景。2022年3月，小杨哥在与疯产姐妹邵雨轩合体直播后，单场涨粉超过22.6万，直播间销售额也飙升。

  2021小杨哥创立三只羊网络科技有限公司，2022年三只羊网络在抖音平台总交易额近60亿元，营业收入8.6亿元，实缴税收2亿元。2023年一季度，三只羊网络营业收入3.5亿元，较2022年同期增长60倍。在注册的时候，三只羊网络科技的注册成本仅为200万元，而截至2023年底，三只羊网络科技有限公司市值已经达到1182.82亿元人民币。创业路不会一帆风顺，"疯狂小杨哥"面对困难没有退缩，通过一次次探索、反思、尝试，最终冲破瓶颈创造了一个又一个巅峰。

资料来源：

https://mp.weixin.qq.com/s/aJ2uuVjZGEbh_mzbqXcuVw.

营销感悟：

  疯狂小杨哥能成为超级网红，成为现象级IP，不仅是凭借小杨哥的兄弟的自身素质与能力，而且与小杨哥兄弟善于发现自身的优势并善于自我营销紧密相关。在创业之路上，创业者一定要多方面提升自我的素质与能力，也要善于进行自我营销，构建自我形象差异化。

第一节 创业者自我营销概述

一、自我营销的含义

创业者自我营销是指创业者通过展示自己的专业技能、商业模式、团队合作、经验成就和价值观等,来吸引潜在投资者、合作伙伴、客户和员工,从而提高企业知名度和信誉度,为企业发展创造有利条件的过程。

创业者自我营销主要包括以下六个方面内容:

(1) 个人品牌塑造。创业者需要建立自己的个人品牌,通过展示自己的专业能力、成功案例、行业地位等,树立起一个值得信赖的形象。

(2) 沟通技巧提升。创业者需要具备良好的沟通能力,能够有效地传达自己的想法和观点,以及企业的愿景、使命和价值观,从而赢得他人的信任和支持。

(3) 社交网络建设。创业者需要积极拓展人际关系,建立起广泛的社交网络,以便在需要时寻求帮助和支持。

(4) 媒体关系构建。创业者需要与各类媒体保持良好的关系,通过接受采访、发表文章等方式,提高自己在行业内的知名度和影响力。

(5) 诚信经营。创业者需要坚持诚信经营,遵守法律法规,树立良好的商业道德,以赢得市场和客户的信任。

(6) 持续学习。创业者需要不断学习新知识、新技能,提升自己的综合素质,以适应不断变化的市场环境。

创业者自我营销是一个系统性的过程,需要创业者在多个方面下功夫,以提高自己的竞争力和影响力,为企业的发展创造有利条件。创业者自我营销就是在塑造企业个人品牌的基础上,建立创始人与企业、品牌一对一的联想,从而深化并优化公众对企业品牌的认知。创业者个人品牌的塑造不仅满足个人职业生涯的需要,而且将创业者的个性形象恰当地传播出去,与企业形象、品牌形象形成合力,以争取公众的认同与理解。

二、自我营销的作用

(一) 提高个人知名度和影响力

自我营销可以帮助创业者树立良好的个人形象,增加个人魅力及吸引力。作为创业者和团队领导者,创业者的形象直接关乎员工对你的认知、信心和态度,甚至会影响团队的士气和绩效。但现实中,许多创业者的状态是:在公众面前反而失去了平日的光彩,显得木讷而无趣;有的人则是由于不善于互动,而对他人的反应熟视无睹;或者完全不能准确表达出自己的想法,呈现出各种"不真实"。创业者切莫认为"自我营销是与诚实相对立的"。事实上,自我营销更需要诚实、有技巧地与他人对话。创业者的自我营销就是要通过策略性的表达去影响他人,从而提高个人的知名度和影响力。

(二) 建立个人品牌形象和价值

个人品牌的塑造是指为个人塑造某一独特形象,给予某种定位,并不断强化这一形象或定位的过程。个人品牌的塑造不是一蹴而就的,需要经过相对长期的系统性的传播推广才能够形成,自我营销就是一种非常有效的手段。自我营销就是学习如何控制好自己要传达的信息,塑造好自己的形象,扩展信息达到相关联的人群。创业者营销自己的时候,就是在积极地管理自己的职业生涯,有目的地将塑造好的自己主动推送给那些对你感兴趣的人和目标市场人群。这些人或者想听到你的想法,或者想雇你,或者想购买你提供的产品或服务,这就建立起了自己强有力的个人品牌,形成了独特的竞争优势,从而吸引目标市场受众的关注。

(三) 增强个人谈判能力和议价能力

营销的核心在于将一些人所需要的所期待的产品或服务与其自身所拥有的产品或服务连接起来,所以,"自我营销"就是把希望得到你提供的产品或者服务的人与你自己连接起来。控制好自己要传达的信息,塑造好自己的形象,扩展信息送达的人群;真正做好自我营销,才能在与供应商、消费者甚至竞争者等多类主体之间的博弈和谈判中掌握话语权,拥有较高的议价能力。议价能力背后折射的是个人价值、个人能力和个人竞争力。假设创业者去融资,其个人品牌够好、商业模式可行性高、用户认可度高,就会更加得到资本的青睐,议价权也会随之提高;同样,如果品牌不好、商业模式可行性低、团队不行,自己的议价权也就比较低。

三、自我营销的影响因素

自我营销能否成功,能否达到预期的效果,甚至得到意料之外的效果,常会受到很多因素的影响,主要包括主观因素和客观因素两方面。

(一) 主观因素的影响

以下是几个关键的主观因素对自我营销的影响。

(1) 自信心:自信是进行有效自我营销的基础。它赋予个人勇气,去主动寻求机会、迎接挑战,并在面试或网络交流中展现自身的优势和专业技能。自信来源于对自己过往成就的认识和对未来成功的渴望,这种内在的动力能够在个人面对困难时支撑个人继续前行。

(2) 沟通能力:良好的沟通能力使个体能够清晰、有效地传达自身的思想、感受和意图。这不仅包括口头沟通,还包括书面沟通和非言语沟通。沟通能力的核心在于能够站在听众的角度,以他们能够理解和感兴趣的方式呈现信息。

(3) 适应性:适应性反映了个人对环境变化的敏感度和应对变化的能力。在自我营销过程中,这意味着能够根据市场的不同需求和不同的社交场合来调整自己的行为和沟通策略,从而更有效地展现自己。

(4) 持续性：自我营销是一个长期持续的过程，不是一蹴而就的。通过不断的学习、成长和网络建设，个人能够逐步建立起强大的职业形象和人际网络。持续性还意味着在面对失败和挫折时不放弃，不断尝试新的方法和策略。

(5) 个人品牌：个人品牌是你向外界展示自己独特价值和能力的窗口。你的品牌形象应与你的专业能力、工作态度和个性相吻合，为你在潜在雇主或合作伙伴心中塑造一个积极的形象。一个强大的个人品牌可以增加你在职业生涯中获得成功的机会。

(6) 目标明确性：明确的自我营销目标有助于个人集中精力和资源，避免在无效或低效的活动中浪费时间和精力。清晰的目标也有助于评估不同自我营销策略的成效，从而做出调整。

(7) 积极心态：积极的心态对于自我营销来说至关重要。它能够帮助你在遭遇拒绝或失败时保持乐观，分析原因，并从中学习。积极的心态使人能够更好地处理压力，保持清醒的头脑，找到解决问题的新办法。

综上所述，主观因素如自信、沟通能力、适应性、持续性、个人品牌、目标明确性和积极心态在自我营销中扮演着决定性的角色。个人对这些因素的认识和运用水平，将直接影响自我营销的成效。因此，要实现自我营销的成功，就需要在这些方面不断地自我提升和完善。

(二) 客观因素的影响

客观因素对自我营销的影响同样重要，具体如下。

(1) 市场需求：市场对某些技能和经验的渴望程度会直接影响自我营销的效果。例如，在技术行业中，如果个人具备当前紧缺的编程技能或数据分析能力，就很可能在自我营销过程中获得更多关注和机会。

(2) 竞争环境：在人才密集的领域，比如硅谷的科技行业，或者纽约的金融服务业，进行有效的自我营销需要个人有独到之处。这可能意味着拥有特殊的技能、革新的项目经验或者广泛的人脉网络。

(3) 网络和关系：强大的人际网络可以为个人打开门槛，尤其是在那些依赖推荐和口碑的行业。良好的网络不仅可以提供信息和资源，还可以提供背书和推荐。

(4) 经济状况：在经济衰退时期，企业可能会减少招聘，这时候自我营销的难度会增加。然而，在某些情况下，如全球疫情导致的远程工作趋势，也可能带来新的机遇。

(5) 社会文化因素：理解不同文化的交际习惯和商业礼节对于在全球范围内进行有效的自我营销至关重要。例如，在某些文化中，过于直接的自我推销可能被视为不恰当，而在其他文化中则被视为自信。

(6) 技术和趋势：随着互联网和社交媒体的普及，人们有了更多展示自己才华和成就的平台。有效利用这些工具可以让更多人了解你的专业能力和个人品牌。

(7) 法律和伦理限制：在进行自我营销时，应遵循相关行业的法规及职业道德规范。例如，金融顾问在进行自我营销时必须遵守保守客户隐私的规定。

总的来说，客观因素如市场需求、竞争环境、人际网络、经济状况、社会文化背景、技术发展以及法律和伦理限制，都会对个人的自我营销产生影响。虽然个人无法控制这些外部条件，但可以通过理解它们并灵活调整自己的策略来提高自我营销的成功率。

第二节 创业者个人形象塑造

产品需要包装，人也需要塑造。创业者需要形象设计与包装，个人形象也是企业竞争力的表现。创业者在创业之初最需要的就是被他人理解和认可，在新项目尚未被市场完全接纳之前，唯一能做的就是进行有效的自我推广。创始人是最好的企业形象代言人，创业者的个人形象如何将会对企业成败起到重大的影响作用，创业者形象有时代表了企业形象。

一、创业者个人形象的含义

个人形象不仅指一个人的外表或容貌，而且是其人品和内在修养的外部反映。个人形象既是个人发展的需求，也是社会发展对于个人的要求。个人形象的感知体现出个人的社会认知感，不仅体现在衣食住行等方面，还体现在社会活动以及社会交流过程中的自我认同和自我认知。个人形象和心理活动有着密切的联系。

创业者个人形象管理指创业者为实现某些有价值的目的，而对自我形象进行主动调节和控制的过程。创业者在组织受众眼中的印象是产品、项目和企业质量的重要信号，在企业初创期尤其如此。创业者有效管理自身在组织受众眼中的形象，可以缓冲形象威胁事件（如创业失败、行业污名事件等）对创业企业带来的冲击。创业企业比成熟企业更加脆弱，更易被负面事件击垮，创业者通过建立正面的个人形象能有效降低负面事件对创业者和创业企业的威胁。

二、创业者个人形象的重要性

社会学者普遍认为一个人的形象在人格发展及社会关系中扮演着举足轻重的角色，能够让个人在社会中表达出对自我的认同以及对他人的尊重，对个人的发展有非常重要的意义。对于创业者来说，个人形象就更加重要了，因为其形象不仅代表自己，更代表其背后的公司，创始人对外形象的好坏直接影响社会公众对这家公司的看法，因此创始人需要对外建立良好的个人形象。

（一）个人形象决定了给人的第一印象

塑造得体形象要从发型、着装、表情、言谈举止、待人接物、化妆及饰品等开始。要想给人以好感，得体地塑造和维护个人形象是很重要的。一般而言，无论男女宜穿商务套装，要以高雅的穿着作为工作服。另外，装扮要看场合，不仅要注意着色和款式，也要注意服装要合身。在正式场合,一个人的言谈举止可以体现一个人内在品质,个人形象在很大程度上决定了你给别人留下什么样的第一印象。握手是最普通的见面礼,握手礼仪是个性形象的一个重要体现。在美国握手时,男女之间由女方先伸手,男子握女子的手不可太紧,如果对方无握手之意,男子就只能点头鞠躬致意。长幼之间,年长的先伸手;上下级之间,上级先伸手;宾主之间,则由主人先伸手。握手时应注视对方,并摘下手套,如果因故来不及脱掉手套,须向对方说明原因并表示歉意。还应注意人多时不可交叉握手,女性彼此见面时可不握手。同握手的先后顺序一样,介绍两人认识时,要先把男子介绍给女子,先把年轻的介绍给年长的,先把职位低的介绍给职位高的。

(二) 个人形象承担着组织的外在印象

服饰礼仪、职业礼仪渐渐成为企业的必修课。服饰礼仪是人们在交往过程中为了表示相互的尊重与友好,达到交往和谐而在服饰上的一种形象体现。职业礼仪是在人际交往中,以一定的约定俗成的程序、方式来表现的律己、敬人的过程,涉及穿着、交往、沟通、情商等内容。阿里巴巴的马云,在很多场合都是身着圆领休闲服,穿着一双简朴的布鞋,显得逍遥自在;巨人集团的史玉柱,总是穿着大红的外套,显得活力十足;SOHO中国的潘石屹,总是穿着黑衣服,戴着黑框眼镜。很多创始人喜欢穿深色的职业装,只是觉得别的颜色不好驾驭,怕穿不合适。而黑色很简单,在正式、非正式的场合都适合,能够以不变应万变。着装没有必要讲究名牌,另外保持形象的连贯性也很重要,千万不要今天这样,明天那样,否则会破坏自己的形象,讲究个人形象的连贯性,会给人一种稳定、诚信的感觉。

(三) 个人形象是一种有效的沟通工具

俗话说"人靠衣装马靠鞍",商业心理学的研究告诉我们,人与人之间的沟通所产生的影响力和信任度来自语言、语调和形象三个方面。它们的重要性所占比例是:语言占7%,语调占38%,视觉(即形象)占55%。由此可见形象的重要性。而服装作为人的第一外表,成为众人关注的焦点。创业者的形象就是创业者自己的未来,在当今竞争激烈的社会中,一个人的形象远比人们想象的更为重要。一个人的形象应该为自己增辉,当你的形象成为有效的沟通工具时,那么塑造和维护个人形象就成了一种投资,长期持续下去会带来丰厚的回报,让个人增值。

(四) 个人形象影响着组织的发展成败

作为一个初创企业的创业者,其个人形象有时候甚至影响着企业的成败。只有当一个人真正意识到了个人形象与修养的重要性,才能体会到个人形象带来的机遇有多大。与大众传播、广告或是设计之类等需要灵感的行业人士交往时,个人形象方面可以活泼、时髦些;而与金融保险、律师等以中规中矩形象著称的行业人士交往时,则尽量以简单稳重的造型为佳。如果注意到了这方面,那么你已经成功了一半。总之,交往中带给商务伙伴、客户和社会公众专业稳重的个人印象是至关重要的,因此,创始人在商务场合中,一定要正确地选择服装、发式,并且时刻注意自身的言谈举止。

三、创业者个人形象塑造的途径

创业者经营自己的事业,一定要根据事业的性质和特点,塑造自己的个人形象,行业不同对创业者的形象要求也不同。餐饮服务行业要求创业者特别注意自己的个人卫生,仪表要干净;产品推销行业要求创业者懂得必要的商务礼仪,注意语言的使用。无论在何种领域,对创业者自我形象均有着共同的要求。

(一)注意仪表

仪表是创业者自我形象的重要方面。仪表形象主要是指一个人的仪容和体形,它是由个体生理特征和服饰共同构成的一种直观的外在形象。仪表之美是人类的天然美。具有仪表美的人为自己赢得了获取成功的最初机会,因为现代社会中人们习惯用美的标准来观察人、评价人、选择人。

(二)注意语言

语言是人类交往沟通活动的基本工具,人们靠语言交流思想、传递信息、表达感情。文明的语言树立人文明的形象,雄辩的语言树立人雄辩的形象,机敏的语言树立人机敏的形象,幽默的语言树立人幽默的形象。

(三)注意风度

风度是指一个人的风貌仪表和举止态度,也指一个人的精神、气质、品格的外显表现,因此风度实际包括精神状态、仪表礼节、行为态度和言谈谈吐,它实际反映出一个人的道德、品格、性格气质、学识修养、处世态度等。

(四)注意行为

从生理学角度来说,行为就是包括脸部在内的身体各部位做出的动作,这些动作可以是有意识的,也可以是无意识的。人们的抬手举足、一颦一笑,都会给人持久的印象,并产生意想不到的效果。行为对人的影响不可等闲视之,有时甚至无声胜有声。

创业者经营自己的事业,必须适应整个社会对人判断的原则。创业者必须塑造个人形象,树立诚信、务实、开明的创业者形象——这十分重要,与创业者的前途有莫大的关系。创业者的形象一定要稳重,有品位,至少维持一个稳定的形象,可以说创业者个人形象的塑造是一种投资、一种策略。

第三节 创业者个人 IP 营销

个人 IP 能得到更多人的信任,就会自带流量,使自身更具有商业价值。创业者打造个人 IP,有利于初创企业的资金融通、资源拓展和市场推广。一切商业或交易的本质就是信任,一个创业者拥有自己的个人 IP,其影响力就是一种信用背书,其言行更具有公信力。

一、创业者与个人IP营销

想要把企业经营好、提升竞争力,营销是核心,打造个人IP就是最好的营销方式。宣传推广和个人品牌打造本身就是营销的一部分,先包装好自己,再把自己营销出去。在产品同质化严重的今天,仅仅靠产品的外在包装,很难在市场上凸显。所以现在的营销需要打造创业者个人IP。个人IP有血有肉有情感,有鲜明的标签和人设,有故事,有个人定位,很容易被消费者记住,然后植入产品,这样产品就更容易被消费者接受。所以,人将成为交易的入口,个人IP推广将成为新的最有效的营销方式。

提起罗永浩,你会想到哪些关键词?网红?剽悍?理想主义?创业?锤子CEO?工匠精神?情怀?……无论如何,罗永浩都成为最具人气的IP之一。而他的成功在很大程度上是来源于他定位的准确。上述关键词中,情怀和工匠精神是他的最大标签,也是他的核心定位。凭借情怀和工匠精神这个定位获得关注,推出自己的品牌手机;凭借连续创业的拼搏精神和为消费者利益代言的IP形象,他成为直播带货的热门网红,还清了先前创业失败欠下的债务。

二、个人IP是创业者的营销方式

几乎所有的创业者起步阶段都面临着缺人、缺钱和缺产品的问题。化解这一难题的最好方法就是打造创业者个人IP,走轻资产、低风险的创业之路。对于创业者而言,首先缺人,对内缺员工,对外缺客户。没有优秀的人才,开发客户自然是个难题。初创企业普遍面临着拓客难、成交难、留客难的问题。没有客户,创业者谈何生存?有了个人IP则不同,个人IP打造的过程就是培养粉丝的过程,换句话说,个人IP往往自带流量。最初的粉丝既可以成为你的合伙人(或员工),也可以成为你的客户,甚至是先成为你的客户,再成为你的合伙人(或员工)。这和普通的创业招人有着本质区别,招聘是创业者给员工发工资,有了个人IP之后,是对方先给你付费,成为你的客户之后才有机会成为你的合伙人(或员工)。付费的先后顺序决定了对方对你是否忠诚。忠诚不取决于对方得到了多少,而是对方付出了多少。相对于得到者,主动付出者更加忠诚。

创业者还缺什么?缺钱。钱从哪里来?从客户那里来。没有个人IP的创业者,需要通过人员推销或广告推广的方式开发陌生客户。开发陌生客户最难的就是建立信赖,创业者为此要花大量的时间和精力。有了个人IP则不然。个人IP让创业者和粉丝之间有着天然的信任关系。不需要人员推销或广告宣传,就能立刻获得粉丝的信任和付费。

创业者还缺产品。不可否认,在制造业日益强大的中国,几乎任何产品都可以找人代工。但是没有差异化的代工产品缺乏市场竞争力,而独立开发产品对于绝大多数创业者更不现实。只要是有形的产品,都会涉及研发、原料、生产、包装、库存、仓储、折旧等成本,这简直就是初创企业和中小企业者的资金黑洞。而个人IP本身就是最好的产品。个人IP可以对粉丝输出咨询、人脉、圈子、会员、广告等无形的服务。这些服务对于创业者而言成本超低,但对于粉丝和用户而言价值超高。由此可见,当创业者有了个人IP,就能解决创业初期需要的人、财、物的一切难题。

雷军在没有创建小米之前,一直是金山公司的主要负责人,等到公司上市之后,他反而退居幕后,专门做起了天使投资人,其实他中间一直在酝酿自己真正的第二次创业。凭借雷军个人在业内的IP影响力和知名度,他很快招募到全球顶尖的7个合伙人联合创办了小米。在雷军看来,他创业最核心的是找对人才,其次才是技术、营销……如果雷军之前没有积累好个人IP的影响力,就没有办法在40岁以后,在短时间内很快就聚集那些志同道合的人一起创业,做一件极有可能是他这一生唯一的赌博——创办小米。

在互联网领域像雷军这样凭借个人IP的影响力成就自己的有很多,马云、俞敏洪都是非常典型的例子。除了互联网领域,其他行业也是同样的道理。很多人说,成为雷军这样的人根本不可能做得到,不管怎么努力也不可能达到他们那样的高度的。梦想还是要有的,万一实现了呢?打造个人IP并没有想象中那样困难,相反地,我们现在借助互联网工具打造个人IP越来越容易,关键是找到适合自己的方法,就能四两拨千斤。

三、创业者打造个人IP的步骤

歌德说过:你若喜爱自己的价值,就得给世界创造出一个价值,在创造出这个价值以前,你什么都不是。打造个人IP对于创业者来说是一项至关重要的任务,它有助于建立品牌影响力,吸引潜在客户,并最终实现商业价值的提升。打造个人IP主要有以下5个步骤。

(一)自我认知与定位

打造个人IP的第一步是创业者需要进行深入的自我认知。这包括对自己的专业技能、兴趣爱好、价值观念以及商业目标的全面分析。通过这一过程,你可以找到自己的独特卖点,这是区分你和竞争对手的关键因素。同时,明确你的目标受众是谁,他们的需求和痛点是什么,以及你能如何满足这些需求。这一步骤的核心是确立一个清晰的个人品牌定位,这将指导你的所有后续行动。假设你是一位健康饮食领域的创业者,你的独特卖点可能是你的营养学背景和烹饪技能的结合,你的目标受众可能是追求健康生活方式的年轻人。

(二)品牌建设与故事塑造

一旦你有了明确的定位,下一步就是围绕这个定位构建你的品牌故事。品牌故事是传达你个人价值观和使命的有力工具,它应该能够激发情感共鸣,让人们记住你和你的品牌。在这个过程中,你需要设计一个吸引人的品牌标识,包括独特的名称、标志、色彩方案等视觉元素。此外,你的品牌故事需要在不同的平台和场合上保持一致性,无论是在个人网站、社交媒体还是公开演讲中,都要确保传达相同的核心信息。作为健康饮食领域的创业者,你可以创建一个品牌故事,讲述你是如何克服个人健康挑战,通过饮食改变重获新生的故事。这个故事可以通过你的品牌标志(如一个绿色的叶子图标)和口号(如"健康生活,从饮食开始")来体现。

(三) 内容创作与传播策略

内容是个人IP建设的核心。高质量的内容可以帮助你展示专业知识、建立行业权威,并与受众建立信任关系。你需要制定一个内容策略,确定你将创作哪些类型的内容(如博客文章、视频、播客、在线课程等),这些内容将如何体现你的品牌定位,以及你将如何持续地产出这些内容。同时,你还需要一个传播策略,确保你的内容能够到达目标受众,可能包括搜索引擎优化、社交媒体营销、电子邮件营销、合作伙伴关系等。作为健康饮食领域的创业者,你可以开设一个博客,定期发布关于健康饮食的文章,并在社交媒体上分享这些文章。你还可以通过制作烹饪视频或举办在线烹饪课程来吸引更多的观众。

(四) 社交网络扩展与社区参与

在当今的数字时代,社交网络是建立个人IP的重要工具。通过社交媒体平台,你可以与目标受众互动,及时回应他们的反馈,也可以通过网络扩大你的人脉和影响力。除了线上,线下活动和社区参与也是不可或缺的一部分。参与行业会议、讲座或研讨会,可以让你面对面地与潜在客户或合作伙伴建立联系。在这些活动中,你不仅可以分享你的知识和经验,还可以学习行业内的最新动态和趋势。你可以在社交媒体上与粉丝互动,回答他们关于健康饮食的问题。你还可以参加本地的健康食品展览会或烹饪比赛来扩大你的影响力。

(五) 商业机会开发与品牌维护

当个人品牌逐渐成熟时,可以开始探索商业合作的机会。与其他品牌或个人合作,不仅可以扩大你的受众基础,还可以为你的个人IP带来新的资源和视角。同时,持续监测市场趋势和受众反馈,不断调整和优化你的个人品牌策略。记住,个人IP的建立是一个长期的过程,需要持续的努力和创新。作为健康饮食领域的创业者,你可以与健康食品品牌合作,为他们的产品代言或成为他们的顾问。你还可以定期进行市场调研,了解最新的健康饮食趋势,并根据这些趋势更新你的内容和产品。

打造个人IP是一个系统化的过程,需要创业者有清晰的定位、鲜明的品牌形象、高质量的内容输出、活跃的社交网络和持续的商业发展。通过这五个步骤,创业者可以逐步建立起强大的个人品牌,为事业发展奠定坚实的基础。

第四节 创业者自我营销策略

在这个信息爆炸的时代,如何让自己在资讯的海洋中脱颖而出,获得更多的认同者、支持者甚至"铁粉",以及形成个性鲜明的个人品牌,是互联网内容生态环境下,每个创业者都应思考的问题。

一、自我营销的方式

自我营销想要取得好的效果并不是一件简单的事情,应该讲求方式方法,那么我们究竟该怎么和别人有效地"安利"自己呢?以下推荐4种方式。

(一) 利用好社交平台

这可以说是标配的方式,而且是多数人不知不觉已经在做的事。你在微信群、朋友圈、抖音、微博等社交平台上发出的文字、图片、视频,都可以看作自我营销。但很多人就是随手一发,没有任何目的和策略,然而聪明的人就懂得把这些平台当作营销自己的宝地。前百度云首席"布道师"张辉,除了第一份工作是自己投简历找来的,其他工作都是因为业务负责人被他朋友圈发的内容和干货吸引,然后主动邀请他加入公司。人与人的差别,有时候可能就体现在对社交工具的使用方式上,这一点,恰恰是很多人最容易忽略的。所以,从今天开始,你可以好好布局一下自己的社交平台了,不要再设置"朋友圈仅三天可见",赶紧把你的心得体会、专业能力、有趣有用的干货都展示出来,激活社交平台,把它们当作你的"名片",充分"安利"自己。

(二) 主动创造机会

著名画家毕加索刚到法国巴黎闯荡艺术圈的时候,其实一丁点儿名气都没有,所以一幅画也卖不出去。幸好,他不是等待机会的人,而是创造机会的人,于是他想了一个妙招来自我营销。他雇了几个大学生,每天到巴黎的画店绕来绕去,离开画店之前,故意问老板:

"请问,你们这里有毕加索的画吗?""没有,谁是毕加索?"

"请问,哪里能买到毕加索的画?""又是毕加索,我不知道。"

"请问,毕加索到巴黎了吗?""我不知道,毕加索到底是谁啊?"

最后,变成画店老板到处询问:"哪里买得到毕加索的画?我想进一些来卖。"没多久,"毕加索"就变成巴黎画店老板最陌生却也最熟悉的画家,他们对毕加索感到无比好奇。直到时机成熟了,毕加索这才带着自己的画作,出现在巴黎各大画店。这时,画店老板已经被毕加索的妙招喂养成饥饿的老虎,纷纷饥不择食地扑上前来。就这样,毕加索成功地把自己营销出去,卖出多幅画作,一举成名!相比之下,梵高就因为不会创造机会营销自己,只是埋头苦画,结果生前穷困潦倒,死后富可敌国。因此,我们要学会化被动为主动,增加自己出现在聚光灯底下的机会。只困在屋子里着手眼前的事情,恐怕只是闭门造车。

(三) 多参加有益活动

一般活动中都会有互动环节,提一些有见解、有深度的问题,谈谈自己的见解,或者分析过往成功案例,这样一来可以增加自己的曝光机会,二来也能树立自身专业的形象。甚至于,你还可以主动去给别人"添麻烦"。会麻烦别人,是一种最好的刷存在感的方式。你不仅获得了帮助,而且因为你需要还麻烦"债",所以你有了自我营销、展示能力的最佳时机。别人看到你的闪光点,对你产生好感和认可,往往也就是多亏了这些麻烦事。

(四) 争取发声的机会

中国有句古话,叫作"沉默是金",但我们现在也知道了,沉默不一定是"金"。很多人恰恰就是因为不太爱发言,尤其在职场上开会时沉默寡言,不说话,不发表意见,所以很难被领导看见。这也是为什么在美国高科技公司工作的中国人很多,但能走上管理层的中国人很少的原因之一。创业者把握住转瞬即逝的表达机会,在一些场合积极发言,其实就是在学习表达自我、说服他人的方法和技巧,也就是自我推销——把你的观点、意见、专业推销给别人,让他们信服。即便一开始别人可能会觉得创业者说话磕磕绊绊、不够自信,常用"可能、也许、有没有、大概"等词,但只要创业者积极主动地多训练,总会在大场合下有发光的机会。这总好过创业者直接在大场合下说话不流畅,发言充满无稽之谈。"脸皮厚"的人比害羞胆怯的人,把自己成功营销出去的概率更高。与葛优大爷在《天下无贼》中所说的正好相反:21世纪最不缺的是什么,是人才!再不吆喝,什么都默默藏在心底,还觉得总会有伯乐能相中自己的人,早晚会被埋在土堆里。最后,提醒创业者一点,自我营销不是盲目给自己刷好评,要注意度和方式,前提是你要有实力,否则翻车"打脸",走上失败之路也是迟早的事。

二、自我营销的步骤

创业者的自我营销就如同产品营销,也需要进行系统策划,了解"产品"的属性,明确"产品"定位,借助媒体进行宣传,深挖销售渠道。

(一) 明确营销目标

由于创业者营销的目标是在塑造创业者个人品牌的基础上,建立创业者与企业、品牌一对一的联想,从而深化并优化公众对企业、品牌的认知。无论是为了提升企业品牌还是为了获得认同,无论是有政治目的还是为了促进产品销售,都需要将其相应的个性形象恰当地传播出去,与企业形象、品牌形象形成合力,以争取公众的认同与理解。

(二) 进行个人品牌定位

每一位成功的企业家,都需要进行自我定位,规划其在别人心目中的印象,并创造出与其他企业家之间的差异。个人品牌定位是个人品牌塑造的基点,其他相关工作都应该围绕定位来展开。如黄鸣的"太阳能教父"定位、罗红的"摄影家"定位、王石的"登山家"定位等。当然,在定位的过程中还需要考虑差异化,塑造个性化的形象,如内涵与修养、仪表与风格、社交与运动等,如陈丽华喜欢收藏、制作紫檀精品,甚至个人建起了中国紫檀博物馆,这种不俗的品位极大地强化了她的个人形象。

(三) 精心策划推广

成功自我营销的企业家都善于推广,无论是经常出席一些活动还是写微博、做视频号,无论是出书还是演讲,都是在不断推广自己。因为在注意力缺失的环境下,"好酒还需要吆喝",需要通过参加行业会议、演讲、出席高规格的论坛、路演等方式不断地推广,通过多出镜、多互动、多参与来提升自我形象。当然,策划推广不是单纯的作秀,正如王石所言：我现在之所以这么风光，是因为背后有经营业绩支持。确实，如果万科没有这么成功，他不可能成为这个行业的代言人。如果企业家过度依赖宣传，务虚重于务实，热衷于炒作、策划、评奖等，疏于以产业和产品经营为主要内容的实业发展、制度建设和内部管理，就会适得其反。

（四）在业界持续发声

无论你从事哪个行业，都要在业界经常保持有你的声音，你要抓住一切有可能的机会多参与行业的相关会议和论坛，在行业的论坛、会议、媒体上发表你的观点和构想，树立你自己的观点旗帜，并且不遗余力地去捍卫它。当然，观点应鲜明并具有特色，切忌陈词滥调、人云亦云，并且要有充足的理论依据支撑；发布的时机也要掌握好，事件要具有针对性、焦点性、争议性等；要寻找影响面广、扩散快的媒体和场合发布，这样你就可能一发中的，获得知名度。

（五）运作事件营销

创业者需要善于把握商机，抓住每一个事件营销的机会，以此来实现"惊险一跳"，因为在信息社会里，创业者对于商机和信息、情报的把握能力成为衡量创业者领导能力的一个标准。创业也好，经营也好，创业者既要有谋，还要有勇，抓住每一个可能的机会进行营销。尤其在危机时刻，大多数人六神无主、束手无策，而你如果有足够的信心和胆量，就应该挺身而出，这是你树立个人品牌影响力和威信的关键时刻。

事件营销是创业者自我营销的一个关键步骤，许多创业者通过策划和参与各种活动来提升个人品牌影响力。以罗永浩为例，他是一位知名的连续创业者，在推广自己的个人品牌和业务时，经常运用事件营销策略。例如，罗永浩举办了一场名为"交个朋友"的直播带货活动，吸引了大量观众关注。在这场活动中，他不仅展示了自己的个性魅力，还向观众推荐了多款产品。这次活动让他的个人品牌得到了更多人的认识，同时也为他的业务拓展提供了有力支持。

案例分析

"中国好人"陈光标的自我营销

如何成功对接"中国土豪"与"中国好人"，是摆在陈光标面前的一道难题。

2014年元旦前，陈光标表示将收购《纽约时报》，一时引发舆论热议。他在中国媒体上撰文表示，"只要能收购《纽约时报》，我会毫不犹豫倾尽家产。"但陈光标高调飞到美国后吃了闭门羹，《纽约时报》控制人并未与他见面。

关于他想收购的原因，我们不得而知，但我们知道他又一次回归公众视野。虽然《纽约时报》回绝了陈光标的收购请求，但他却得到了整个纽约的关注。给人留下最深印象的就是他那张印有众多头衔的名片。陈光标的英文名片回译过来，上面说他是"中国最有影响的人""最著名的慈善家""中国道德领袖""地震救灾英雄""最著名也最被热爱的中国模范""中国十大最光荣的义工""中国最有魅力的慈善家""中国低碳环保方面的顶尖倡导者""中国最优秀的环境保护拆卸专家"。

其实,对于陈光标这种类似行为艺术的疯狂举动,我们已经见怪不怪了。2008年4月,陈光标以1.81亿元人民币的捐赠摘得"中国首善"头衔,其高调和独特的行善方式逐渐为外界所知。在5.12地震中,陈光标又因"指挥60台机械、120人千里驰援,成为进入灾区的首支民间救援队"而名声大振。陈光标最擅长的就是借助媒体发力,吸引公众眼球,进行自我营销。2013年,他也没有闲着,接二连三地登头条,吸引大家的眼球。

2013年初,在中国政府高层提倡节约的背景下,陈光标于1月25日晚带领公司员工,来到南京街头一餐馆吃剩菜剩饭。在出发前,陈光标不仅给员工开了"动员大会",还给每个员工发了一双筷子,并强调:"说百遍不如做一遍。"陈光标表示,从明天开始其公司食堂不烧晚饭,鼓励员工走上街头饭店吃剩饭、剩菜,希望能够以点带面,让更多人节约粮食和水电。2月3日下午,他在个人实名微博宣布,为号召大家节约粮食,春节、婚礼等不放鞭炮,节约用水、节约用电,他申请改名为"陈光盘",可惜被派出所告知其户籍所在地并非该局辖区而不予受理。

2013年1月15日下午,陈光标在南京尝试了他的"新冒险",他躺在地上,身上铺着木板和钢板,然后让两辆小轿车相继从上面行驶而过。陈光标称,钢板加上小轿车共有1.5吨重,他尝试这个"冒险举动",是为了号召公众少开车、多骑车,绿色出行,保护环境。

2013年6月15日,李琳公益慈善基金会在北京饭店举办慈善晚会,陈光标以一向高调的身姿亮相现场,肩挑两捆百元大钞走上会场舞台,并当场捐款,以支持青年创业。他说,这笔捐款达数百万元,但未透露具体数额。

"让标哥的钱拿出来透透风,见见阳光。经济普查,人人有责;经济普查,从标哥查起。"陈光标为支持即将开展的全国第三次经济普查,在2013年12月24日夜,在南京某个临时搭建的数米高的露天红帐内,站在一沓沓百元人民币堆出的"钱桌"旁,指着身后、左、右的三面"钱墙"说:"我就是要用这种夸张方式,让更多人关注,并积极参与第三次全国经济普查。"红帐、红色百元大钞、黄色聚光灯,加上陈光标的浓眉、红色领带,一眼望去,就是典型的陈光标风格,依旧浓墨重彩,依旧"景"不惊人死不休。他说,这就是陈光标的"演播室",16吨的百元人民币用一辆东风大卡车运来后,20个人"搭建"了5个小时才完工。

陈光标每一次亮相都掺杂着慈善的元素,但这种"善举"好像更多是一种标榜自我的营销。当然在被各大媒体误解之后,"标哥"自己也是一肚子委屈,甚至面对媒体还流下了委屈的眼泪。慈善没有错,作为一个成功的中国企业家,如此高调地做慈善也无法不引起全国人民的关注。

但无论"标哥"做了多少慈善、义举,我们记住的还是一个腰缠万贯的土豪形象,而不是"中国好人"陈光标。

资料来源：
https://mp.weixin.qq.com/s/grX7E4GcPbtNoAUud2-sQw.

问题讨论：

1. 陈光标是如何塑造自己的个人形象的？
2. 你从陈光标塑造自我形象的案例中获得了什么启示？

本章小结

创业是一项复杂又极具挑战性的活动，创业者如果能够有效地利用自我营销，就会提高自身的市场竞争力和商业价值，更好地吸引人才和资源，促进创业项目的发展，最终实现创业成功。

本章首先对自我营销这个概念进行分析，明确了创业者自我营销的含义、自我营销的作用、自我营销的影响因素；其次阐述了创业者塑造个人形象的重要性以及提升个人形象的方法；接着介绍了在新媒体时代，创业者打造个人 IP 的步骤；最后介绍了创业者自我营销的推广方式，自我营销对个人品牌建设和提高企业价值有着重要的作用。自我营销推广的方式具有多样性，主要步骤有明确目标、进行个人品牌定位、精心策划推广、在业界持续发声、运作事件营销。

在这个信息爆炸的时代，如何让自己在资讯海洋中脱颖而出，获得更多的认同者、支持者、"铁粉"，以及形成个性鲜明的个人品牌，是互联网内容生态环境下每个创业者都应思考的问题，也是创业者需要自我营销的根本原因。

复习思考题

1. 创业者需要掌握哪些必备知识？
2. 创业者为什么要进行自我营销？
3. 创业者如何塑造自我形象？
4. 创业者如何成功打造个人 IP？
5. 自我营销推广要经历哪五个步骤？

第三章 创业市场环境分析

学习目的

通过学习本章内容,应该掌握:

1. 创业市场宏观环境的含义和具体内容
2. 创业市场微观环境的概念和分类
3. 创业市场技术环境在创业中的机遇和挑战

【开篇案例】

"返乡潮"背景下的小朱创业之路

小朱从小生活在农村,2008年大学毕业后和大多数人一样去了深圳,开始"深漂"生活。在深圳工作了10年后,虽然取得了一些成绩,但始终没有归属感,加上老家的父母年事已高,小朱决定回家创业。

小朱曾在广州、深圳的农贸野味市场进行过详尽的市场调查,发现特种养殖业的市场潜力巨大,比如一只野鸭的市场利润是家鸭的好几倍。小朱大学学的就是养殖专业,理论知识与实践经验的支持给了小朱创办养殖场的信心。小朱的养殖场位于湖溪乡东堆村中格田组,养殖大雁、孔雀、野鸭、天鹅、贵妃鸡、野鸡、鸵鸟等特色品种。

小朱所在的湖溪乡政府十分支持小朱回家创业的行为,同时希望能通过小朱的养殖场带动周边贫困户走上脱贫致富的路子。因此,政府积极为养殖场办理无息贷款帮助小朱渡过难关,还帮助养殖场修建了一条长约300米的"致富路"。在2019年,政府为小朱的养殖场成立了专门的养殖专业合作社,共有二十余户贫困户加入,以"基地+贫困户"的形式带动贫困户加盟合作社进行特种养殖。小朱负责提供场地和技术支持,贫困户只需对养殖场的动物进行饲喂、消毒、清洁等工作,基地会统一负责防疫和销售工作。政府还帮助小朱开发起旅游业务,现在已经有了放飞大雁、多彩孔雀、鸟欢腾等观赏项目。

> 为了打开销路,乡政府主动承担起帮助养殖场打开销售市场的任务,先是印发宣传手册到县城的各大酒店商家争取供货权,又主动联系县城周边和其他省份的野生动物收购商,还利用互联网成为惠农网的注册商家从而在全国范围内打开知名度。有了政府的帮扶,小朱经营养殖场越发得心应手,同时也构建了线上的宣传推广和销售渠道,养殖创业项目越来越好。
>
> **资料来源:**
> https://jiameng.baidu.com/content/detail/44309139792?from=search&rid=1.21.23.70。
>
> **营销感悟:**
> 站在风口顺势而为和自身努力,是创业成功的两个关键要素。小朱返乡开展养殖场的创业项目,之所以能克服困难、打开市场拓宽销路,很重要的原因是顺应了时代大趋势返乡兴农,不仅获得了政府的扶持,而且符合市场需求。

第一节 创业市场宏观环境分析

宏观环境又称一般环境,是指影响行业和企业的各种宏观力量。创业者需要分析外部宏观环境带给企业的机会和威胁。

一、创业的政治与法律环境分析

良好的政治和法律环境是一国(或地区)提升经济活力和创新活力、促进企业创新创业的重要保证。要想创业成功、提高创业活跃度,每个投资者在创业前都应该对国内外的政治环境进行全面分析,深入剖析国家的政治和法律环境,从而为创业奠定基础。

(一)政府政策

随着国家级战略的提出,我国对创新创业的支持程度也上升到了新的高度。政府在规范、激励和引导创业活动方面扮演着极其重要的角色。影响创业活动的国家政策主要有三个方面:税收减免政策、融资支持政策、人才引进政策。

1. 税收减免政策

政府积极推动创新创业,为新成立的公司提供税收优惠政策,旨在为创业者提供更多的财务支持,激发创业热情和活力。具体来说,政府通过免征增值税来减轻企业负担,提升竞争力;通过减免社会保险费来提升员工福利,增强企业凝聚力;通过研发费用税前扣除来鼓励科技创新,推动产业升级;通过所得税优惠来降低创业企业的经营成本。除了上述提到的税收优惠政策外,政府还制定了其他多项税收优惠政策,全方位支持创业者。比如,新成立的公司可以享受税收减免、税收补贴等优惠政策,降低企业的经营成本,提高企业的盈利能力。此外,政府还可以通过引入税收优惠政策来吸引外资,推动创业项目的国际化发展。

2. 融资支持政策

融资难一直是创业过程中面临的重要问题。为了解决这一问题,政府采取了一系列融资支持政策,以帮助创业者更好地获得资金支持。首先,政府设立了创业投资基金,向符合条件的创业企业提供风险投资资金,帮助他们实现创业梦想。其次,政府还鼓励商业银行加大对创业项目的信贷支持,提供贷款或担保服务。此外,政府还鼓励创业者参与股权众筹,推动创业项目的多元化融资。目前,我国开放的融资渠道相比原来有了大幅度拓宽,创业者们不但可以向银行贷款,还能通过民间融资、风险投资等低门槛的方式获得资金注入,这能更大程度地保障创业成功。

3. 人才引进政策

创新创业人才逐渐成为推进创新驱动发展战略、建设创新型国家和开拓国际版图的主力军,同时创新创业人才的引进对于促进创新创业环境的形成和完善起着至关重要的作用。近年来,二三线城市爆发的人才争夺战愈加白热化,这背后离不开人才引进政策的支持与引导,各地纷纷抛出诱人的政策红利,出台多项政策与措施、启动了百余项计划来加大人才吸引力。在服务保障方面,政府出台了一系列例如住房、子女教育、医疗等保障服务,为引进人才创造良好的生活和工作环境。特别是对于外籍人才,可以为其提供居住证等相应证件,为其扎根中国提供保障;在薪酬方面,政府鼓励单位通过薪酬、股权等方式,给予人才应有的激励,并给予企业相应的支持;政府为了吸引更多人才前来创业和工作,实行高层次人才引进计划、优势产业人才专项招聘计划等。此外,还出台一些吸引人才的具体政策,如加快审批进度、推出优惠政策等,以使更多的海外高端人才愿意留在中国。这些政策措施的出台,有力推动了人才培养、评价、流动、引进、使用、分配、激励等方面的改革,既向用人单位下放管理自主权,又为人才松绑,在调动人才积极性、主动性、创造性上发挥了重要作用

(二) 法律环境

法律环境是影响创新创业的重要因素之一,完善的法律环境为企业的生存与发展提供了基础性制度保障。在创业过程中,合法合规地经营是至关重要的,而法律则成为创业者不可或缺的指南。以下将从三个方面来分析法律环境对于创业的重要性。

1. 法律为创业提供秩序和保护

在市场经济中,法律框架是保障商业活动公平、有序进行的基石。法律规定了企业的权利和义务,确保各方遵守合同,维护贸易秩序,防止不正当竞争和商业欺诈行为。通过依法行事,可以使创业者在一个公平竞争的环境中运营,获得合理的收益,也保障了消费者和其他利益相关方的权益。

2. 法律为创业提供法律责任的界定

创业过程中,可能会涉及合同纠纷、知识产权侵权、雇佣劳动法等复杂的法律问题。

通过遵守相关法律规定,创业者可以明确他们的义务和责任,并为自己的行为承担相应的法律后果。合法合规的经营有助于维护企业声誉,降低法律风险,避免潜在的法律诉讼和罚款。

3. 法律为创业提供知识产权保护

在当今知识经济时代,创新和知识产权的保护对于保持企业的竞争力至关重要。通过专利、商标、著作权等法律手段,创业者可以保护他们的创新成果和品牌价值,防止其他人的侵权行为。例如,中国实施了《中华人民共和国知识产权法》《中华人民共和国商标法》《中华人民共和国专利法》等一系列法律法规,这不仅有助于鼓励创新,促进科技进步,还可以为创业者带来商业利益。

4. 法律为创业提供合规运营的指导

无论是税务规定、劳动法规定还是环境保护等方面,法律都设定了一系列的规则和程序,以确保企业在经营过程中遵守相关法律和政策。创业者需要了解并遵守这些规定,避免违法行为带来的潜在损失和风险。此外,与政府、监管机构的良好合作可以为创业者提供更多的资源和支持,帮助他们在竞争激烈的市场中取得优势。

二、创业的经济环境分析

创业是一国经济发展的重要推动力,一个国家必须考虑和评估其宏观经济环境对创业环境和创业活动的影响。为了深入理解宏观环境对每个因素的影响及其相互作用机制,有必要建立一个系统的分析框架。杰弗里·蒂蒙斯认为创业是一个高度动态的过程,其中商机、资源、创业团队是创业过程最重要的驱动因素,由此构建了著名的蒂蒙斯三要素模型。从蒂蒙斯三要素分析框架来看,宏观经济环境对创业的影响主要通过对创业机会、创业资源和创业者三个有机要素的影响得以体现(如图3-1所示)。

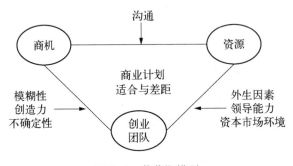

图 3-1 蒂蒙斯模型

(一)经济环境对创业机会的影响

世界经济增长速度下滑和人民币升值,使那些出口导向的中小企业受到重创。它们在影响现有出口关联型中小企业的生存和发展的同时,也提高了这些行业的门槛,抑制了该类行业的创业机会。自2007年以来,我国也出台了很多影响创业机会的政策,如新企业所得税、出口退税政策的调整,对外商投资的产业限制,能源法和节能减排政策等。各项政策的不断出台,使我国创业者机遇与挑战并存:一方面有利于为企业和创业者打造一个公平、统一的竞争环境,从而促进创业机会的出现;另一方面,它们大多倾向于技术含量高、能耗少、附加值高的行业,而这些领域的创业基本上属于机会型创业,对于生存型创业有所抑制。

(二)经济环境对创业资源的影响

在国家宏观政策的引导下,机会型创业获得了更多的政策资源支持。然而,国际经济波动和国内宏观政策调整导致原材料、资金和劳动力等要素资源的成本不断攀升,企业和创业者获取创业资源的难度显著增加,给企业的盈利带来了全面挑战。受铁矿石、煤炭等基础原材料价格上涨,国际商品价格走高,运输成本增加以及自然灾害等多重因素影响,生产成本普遍大幅提升;另外,2024年最新版《劳动合同法》实施后,企业用工成本大幅提升,该法更多地保护了劳动者的权益,使得企业在承担员工保险等直接费用的同时,也加大了企业人员管理的间接成本。

(三)经济环境对创业者的影响

随着大学毕业生人数不断增加和农村劳动力向城镇转移,我国就业形势一向比较严峻。需要指出的是,生存型创业者与机会型创业者的产生机制是不同的,前者受外部环境和经济周期的波动影响大,后者的人群分布比较稳定,更多地由其内在的意识、素质和能力决定。总之,我国潜在创业者人数在不断增加,但增加的主要是生存型创业者。由于政府对机会型创业的倾斜,生存型创业的门槛反而提高,从而阻碍了创业活动的发生和发展。《2007大学生创业调查及创业指数研究报告》显示,上海在校大学生有创业意愿的学生比例超过了七成,而实际创业的却不到一半。政府政策是导致实际创业者少以及创业成功率低的一个主要因素。

三、创业的社会文化环境分析

社会文化环境是指社会的风貌,包括观念、理想、情感、生活态度、生活方式、习俗爱好、价值标准等多种因素。一个社会在其长期的发展过程中,逐渐形成了不同的风俗习惯、伦理道德、行为准则和价值观念,这些都会对企业的生产经营活动产生很大的影响。社会文化环境对创业企业的影响可以从创业思维、创业成功率、创业风险承受能力三个方面进行分析。

(一)社会文化对创业思维的影响

在一个注重创新的社会文化环境中,人们更加容易接受和推崇创新创业。这种社会文化中,人们的思维更加开放和自由,能够不断接纳新的思想和观念,从而产生更多的创新创业者;而相反,在一个保守传统的社会文化环境中,人们更倾向于守正和稳定,对于创新创业的接受度较低。因此,社会文化对创业思维的开放性与创新度产生了直接的影响。

(二)社会文化对创业成功率的影响

不同社会文化背景下,人们对于创业的态度和价值观有所不同。在一个鼓励创新创业的社会文化中,创业者会获得崇高的社会地位,人们更加愿意给创业企业提供必要的资源和支持,增加创业者在市场中的竞争优势,从而提升创业成功率。在这样的社会环境中,创业者往往更加有动力去冒险尝试,并获得社会资源和人脉的支持;而在一个压抑创新创业的社会文化中,人们可能更倾向于选择传统成熟的行业和模式,创业并不被社会普遍认同,这将使得创业者更加孤立和困难,创业成功的机会较低。因此,社会文化支持与否直接影响着创业者的成功率。

(三) 社会文化对创业风险承受能力的影响

创业本身就是冒险行为,而社会文化对风险承受的态度则会影响个体或团队决策时面对风险时的抉择。在一个鼓励冒险精神和学习失败教训的社会文化中,创业者更加愿意承担风险,并从失败中吸取经验,不断调整和优化创业策略,提高成功概率;然而,在一个避免风险和惩罚失败的社会文化中,创业者对风险的容忍度较低,可能会选择保守的创业策略,导致创业机会的缺失。

此外,社会文化还对创业生态系统的发展起到了重要的推动作用。创业生态系统包括政府、教育机构、企业家网络等多个要素的合作和互动,是支持创新创业的重要基础;而社会文化则决定了不同要素在创业生态系统中的地位和角色。在一个鼓励创新创业的社会文化中,政府会提供创业政策和扶持措施,教育机构会开展创业教育和培训,企业家网络会给予创业者更多的支持和合作机会;而在一个不利于创新创业的社会文化中,这些要素将形同虚设,创业生态系统的发展将受到限制。

第二节 创业市场微观环境分析

微观市场环境是指对企业服务顾客的能力构成直接影响的各种力量,它与企业的经营活动有着密切的联系。分析微观市场环境的目的在于更好地协调企业与这些相关群体的关系,促进企业营销目标的实现。企业内部环境、供应商、营销中介、消费群体、竞争者构成了创业企业的微观环境。

一、企业内部环境分析

创业企业开展营销活动要充分考虑企业内部的环境力量和因素,对企业内部环境分析的目的在于掌握企业目前的资源、能力,明确企业的优势和劣势,进而使选定的战略能最大限度地发挥企业的优势,避开或克服企业的劣势,最终实现企业战略目标。创业企业内部环境分析包括:创业资源分析、创业能力分析、创业组织生态分析。

(一) 创业资源分析

创业资源是创业中必要的条件,资源越多,能力越强,在市场上的竞争力就会越强。而创业企业在资源不充足的情况下,是很难发展下去的。企业应当全面分析和评估内部资源的构成、数量和特点,识别企业在资源禀赋方面的优势和劣势。创业资源主要包括以下几种类型。

1. 机会资源

由于市场发展瞬息万变,因此一个新生事物、高新技术或是新政策的推出,都有可能直接影响整个市场的发展趋势和动向,也会影响人们的生活理念和购物需求。在这样的现状下,创业者们就应该意识到寻求机会的重要性。一个机会就有可能成就一个人的事业,轻松实现创富的梦想,因此具备敏锐的市场洞察力和分析力至关重要。

2. 资金资源

无论是什么类型的创业和投资,都是少不了资金的,这是启动项目的前提条件。就拿开公司来说,租赁办公地点、招聘员工、内部装修及采购设备,还有办理各种手续等,都是需要花钱的。当业务开展起来之后,后续所用到的资金就更多了,尤其是做工程或是承包项目时,都需要一笔不小的开支,这也是在投资之前必须要准备充分的。

3. 人才资源

在整个创业过程中,人才是必不可少的,理应做到以人为本,重视人才的培养和团队建设。大到一家公司,小到一家店面,都需要意识到团队合作的重要性,只有分工明确、各司其职,将各自的工作做好,才能拧成一股绳、提高战斗力。尤其是在科技领域,人才就更不可少了,这直接关系到自身的核心竞争力,乃至未来的发展潜力。

4. 技术资源

在科技创新的时代,有自身的核心技术,才能在市场上占据主动权。当然这里所说的技术并不是单纯的指科技,还包括手艺和方法。就拿餐饮店来说,只有具备精湛的手艺和秘制的配方,才能吸引顾客频繁光顾。不断地创新技术、升级工艺,提升综合实力和竞争力,是每一家公司或店面在市场上能够维持生存并持续发展下去的重要保障。

5. 管理资源

高科技企业的创业者大多是科技人员出身,他们本身具备较强的科研能力,但是对于企业管理知识往往有所欠缺,很多高科技创业企业败于管理不善,这意味着拥有一套完整而高效的管理制度是新创企业的宝贵资源。当然,在企业缺乏这一资源时,专业的管理咨询策划将有助于提高新创企业的生产和运作效率。

(二)创业能力分析

创业能力分析是评估创业者的关键因素之一。它可以帮助创业者更好地了解自己的优势和不足,从而制定更加精准的创业策略和发展规划,提高市场竞争力并实现可持续发展。创业能力主要由研发能力、生产管理能力、营销能力、财务能力和组织管理能力等组成。

1. 研发能力

研发能力已成为保持企业竞争活力的关键因素。企业的研发活动能够加快产品的更新换代,不断提高产品质量,降低产品成本,更好地满足消费者的需求。企业的研发能力主要从研发计划、研发组织、研发过程和研发效果等方面来衡量。

2. 生产管理能力

生产管理能力是指企业建立必要的生产设施和人员,将新产品投入大规模的生产,包括建立必要的质量保证体系和原材料采购体系的能力。管理的基本职能就是计划、组织、指挥、协调与控制,由此生产管理能力应包括计划能力、组织能力、指挥能力、协调能力与控制能力。

3. 营销能力

营销能力是指企业引导消费、争取竞争优势以实现经营目标的能力。企业的营销能力可以分解为三种能力:产品竞争能力、销售活动能力和市场决策能力。企业营销能力的内涵有大有小,这将体现为企业在市场活动中所表现出来的营销竞争力大小。这种能力的大小进而决定了企业能否在市场上长期生存和发展。

4. 财务能力

企业财务能力是指企业施加于财务可控资源的作用力,是企业所拥有的财务资源和所积累的财务学识的有机组合体,是企业综合实力的反映和企业活力的价值体现。同时,企业财务能力也是企业能力系统的一个有机组成部分,它是由各种与财务有关的能力所构成的。财务能力主要涉及两方面:一是筹集资金的能力,二是使用和管理所筹资金的获利能力。

(三) 创业组织生态分析

企业组织形成一定规模后,内部的结构、利益关系会变得错综复杂,而组织的治理结构、利益分配方式等对企业未来发展具有重要的影响。因此,组织生态建设情况成为企业内部环境分析框架的重要组成部分。企业是一个集合了战略、制度、人员、文化、资源的生态系统,分别分析企业组织生态各个组成要素及其相互关系才能对这个组织有详细的了解。

1. 战略

企业的战略选择决定了发展方向,明确了企业的发展方向和目标,企业员工便可以明确自己的工作目标和方向,从而更加有效地推动企业的发展。企业战略是企业提高竞争力的关键,通过制定合理的战略,企业可以优化资源配置、提高生产效率和质量、降低成本,从而在市场竞争中获得更大的优势。所以,企业应该根据自身实际情况制定合理的战略,明确发展方向和目标,提高竞争力,实现可持续发展。

2. 制度

企业的制度决定了企业的管控模式、资源和利益分配方式,明确了企业的行为规范和准则,同时明确了企业的权益和利益,可以使企业员工更加珍惜企业的权益,从而为企业的发展提供更好的保障。企业拥有良好的制度不仅可以保障企业权益、促进企业发展,还能增强企业员工凝聚力。因此,企业应该根据自身实际情况制定合理的制度,明确行为规范和准则,提高效率,保障权益,促进发展,增强员工凝聚力。

3. 人员

企业人员是企业的核心资源,影响着企业的生存和发展。人员不仅是企业发展的推动者,而且是战略目标的实现者;人员不仅是企业品牌形象的塑造者,而且是客户价值的创造者,更是企业文化的传承者。因此,企业必须积极吸引和培养人才,提高员工的素质和能力,激发员工的积极性和创造力,以实现企业的可持续发展。

4. 文化

企业的文化体现组织的共识、决定成员的行为准则和做事方式。健康、积极的企业文化可以帮助企业在社会中树立良好的形象,提高企业的社会声誉和知名度,还能激发员工积极性、促进团队合作、提高企业效率。创业企业应该注重培育和塑造健康、积极的企业文化,以促进企业的可持续发展。

5. 资源

企业资源在企业的生存和发展中扮演着至关重要的角色,资源是企业发展的基础,是企业竞争优势的来源,是企业创新和发展的动力,是企业可持续发展的保障。因此,企业必须重视资源的重要性,积极获取、整合和有效利用资源,以提高企业的竞争力和可持续发展能力。

二、供应商分析

在当今全球化的市场中,供应链已经成为企业成功的关键因素之一。供应链是由多个环节组成的复杂网络,其中包括供应商的选择和管理。供应商是供应链的重要组成部分,因此,从供应链的角度选择供应商时,企业需要考虑各因素。

(一) 供应商的可靠性

供应商的可靠性是选择供应商时最重要的因素之一。企业需要确保供应商按时、按质、按量地提供所需的产品或服务。为了评估供应商的可靠性,企业可以采用多种方法,例如对供应商的历史表现进行审查、对供应商的质量管理体系进行评估以及对供应商的交货期进行考察等。

(二) 供应商的成本

供应商的成本是企业在选择供应商时需要考虑的另一个重要因素。企业需要确保供应商提供的产品或服务价格合理,同时考虑到供应商的成本效益。在评估供应商的成本时,企业需要考虑供应商的材料成本、劳动力成本、运输成本以及管理成本等。

(三) 供应商的技术能力

供应商的技术能力是企业在选择供应商时需要考虑的重要因素之一。企业需要确保供应商具备必要的技术能力,以提供所需的产品或服务。为了评估供应商的技术能力,企业可以采用多种方法,例如对供应商的技术水平进行评估、对供应商的生产设备进行考察以及对供应商的技术人员进行面试等。

(四) 供应商的地理位置

供应商的地理位置是企业在选择供应商时需要考虑的因素之一。地理位置会影响企业的运输成本、交货时间以及沟通效率。在选择供应商时,企业需要考虑供应商的地理位置是否与自己的生产和销售网络相匹配,同时需要考虑地理距离是否有利于双方的合作和沟通。

(五) 供应商的环境可持续性

随着环保意识的不断提高,越来越多的企业开始关注供应商的环境可持续性。在选择供应商时,企业需要考虑供应商的环境政策和环保表现,例如供应商的环境管理体系、能源消耗以及废弃物排放等。此外,企业还需要考虑供应商的材料来源和生产过程是否符合环保要求。

三、营销中介分析

这些中介机构在市场营销中扮演着不可或缺的角色,帮助企业将产品更好地推向市场并实现销售目标。

(一) 中间商

中间商是最常见的一种营销中介,几乎所有行业都离不开中间商。中间商的存在不仅能够帮助企业将产品更好地销售出去,减轻企业的销售压力,而且为消费者提供了方便、便宜的产品。

(二) 营销服务机构

营销服务机构包括市场调研、广告媒介和广告咨询公司等,这些机构不仅能帮助企业进行市场调研、产品定位和广告策划等环节,而且为企业提供专业的咨询服务,帮助企业更好地了解市场和消费者需求。

(三) 金融机构

金融机构包括银行、信贷公司、保险公司以及其他对货物购销提供融资或保险的各种公司。公司的营销活动会因贷款成本的上升或信贷来源的限制而受到严重的影响。金融机构则为企业提供财务管理和资金支持等服务,帮助企业更好地管理资金和降低财务风险。

(四) 实体分配公司

实体分配公司则是指仓储和运输的公司,负责产品的仓储、包装和运输等环节,确保产品安全、准确地送达消费者手中。这些公司的任务是确保产品安全、准确、及时地送达消费者手中。实体分配公司提供的服务包括仓储、包装、运输、配送等环节,这些环节对于企业的营销活动至关重要。

四、消费群体分析

随着我国家庭经济状况的显著改善,我国居民的消费需求正在经历一场前所未有的变革。从基本的物质需求到追求个性化、高质量化的服务,这一转变正在重塑整个消费市场。在疫情的冲击下,许多传统的消费模式受到了限制,人们的生活方式和消费习惯正在发生深刻变化,为新型消费群体提供了广阔的发展空间。

(一) 小镇青年

小镇青年指的是生活在三线、四线城市以及县级城市中的年轻人群体。他们不仅代表了庞大的消费群体,更是推动创新和创业的重要力量。小镇青年对创业的影响,不仅仅体现在消费能力上,更体现在他们的消费观念、生活方式以及对创新的接受度等多个方面。

小镇青年往往具有更为实际和务实的消费观念,他们注重产品的实用性和性价比,而非仅仅追求品牌或潮流。这种消费观念为创业者提供了广阔的市场空间,只要产品能够满足他们的实际需求,就有可能获得小镇青年的青睐。此外,随着互联网的普及和交通的便利,小镇青年的生活方式也在发生变化,他们越来越容易接触到外部世界的新鲜事物,对创新的接受度也在不断提高。这为创业者提供了更多的创新机会,只要能够抓住他们的需求,就有可能创造出新的商业模式和产品。更重要的是,小镇青年作为创业的重要力量,他们中的很多人也具有强烈的创业意愿和行动力。他们渴望通过自己的努力改变命运,实现自己的价值。因此,对于创业者来说,小镇青年不仅是一个巨大的消费市场,更是一群潜在的合作伙伴和创业伙伴。他们不仅为创业者提供了广阔的市场空间和创新的机会,更是推动创业生态发展的重要力量。因此,对于创业者来说,深入了解小镇青年的需求和特点,将有助于他们更好地把握市场机遇,实现创业成功。

(二) 千禧父母

千禧父母,指的是在 2000 年左右出生,现已步入育有子女阶段的年轻父母群体。他们正逐渐成为一个独特且强大的消费群体,对创业市场产生了深远的影响。他们不仅拥有独特的消费观念和生活方式,而且作为新一代的父母,他们的育儿方式和期望也为创业者提供了无数的机会和挑战。千禧父母作为消费群体,其最大的特点是对品质和体验的追求。他们在选择产品和服务时,更加注重品质和用户体验,愿意为高质量的产品和服务支付更高的价格。此外,千禧父母是数字化时代的原住民,他们对科技和数字产品的接受度极高。这为创业者提供了将科技与育儿、家庭生活相结合的机会。例如,智能家居、在线教育、健康监测等领域的创业项目,都受到了千禧父母的热烈欢迎。同时,千禧父母作为新一代的父母,他们的育儿观念和方法也与传统父母有所不同。他们更加注重与孩子的互动和沟通,愿意为孩子的教育、健康和成长投入更多的时间和金钱。这为创业者提供了开发针对儿童教育、健康、娱乐等领域的产品和服务的机会。最后,千禧父母还具有强烈的社交意识,他们乐于分享自己的育儿经验和消费体验,通过社交媒体等平台影响其他家长。这为创业者提供了通过口碑和社交媒体营销来扩大品牌影响力的机会。

所以千禧父母作为消费群体对创业的影响是深远的。他们的消费观念、生活方式和育儿方式为创业者提供了无数的机会和挑战。只有深入研究调查千禧父母的需求和期望,创业者才能抓住这一巨大的市场机遇,实现创业成功。

(三) Z 世代

Z 世代是在 1995 年到 2009 年出生的一代人,他们是数字时代的原住民,拥有与生俱来的科技感和互联网思维。随着 Z 世代逐渐进入成年,成为消费市场的主力军,他们对创业的影响日益显著。Z世代的独特特征和对消费的新期待为创业者提供了巨大的机遇。

首先,Z世代具有极高的消费能力和意愿。与前几代人不同,Z世代在成长过程中享受到了更好的经济条件和教育资源,他们的消费观念更加开放和多元。他们愿意为符合自己价值观和兴趣的产品和服务买单,这为创业者提供了广阔的市场空间。其次,Z世代是真正的数字原住民。他们从小就接触到了各种智能设备和互联网应用,对科技和数字技术的接受度极高。这使得创业者有机会将数字技术深度融入产品和服务中,创造出全新的消费体验。这几年无论是雪碧广告、阿迪达斯新推出的"新年造万象"广告片,还是都市丽人的代言人从志玲姐姐换成了国民闺女关晓彤,都在告诉我们年轻的消费群体正在占领市场。同时,Z世代注重个性化和定制化,他们追求与众不同,喜欢表达自己的个性和态度,这为创业者提供了开发个性化和定制化产品和服务的机会。

(四) 银发族

随着中国社会结构的变迁和人口老龄化的加速,银发族(通常指60岁及以上的老年人群)作为消费群体的重要性日益凸显。他们不仅拥有庞大的消费潜力,而且其独特的消费习惯和需求也为创业市场带来了新的机遇和挑战(如图3-2所示)。

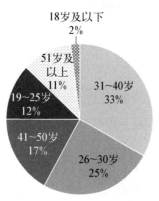

图 3-2 2019 年中国网购用户年龄结构

银发族这一庞大的消费群体为创业者提供了广阔的市场空间,尤其是在健康、养老、旅游等领域。银发族更加注重健康、养生和品质生活,愿意为符合自己需求的产品和服务买单。同时,随着科技的进步和互联网的普及,银发族对科技产品的接受度也在不断提高。这为创业者提供了开发符合银发族需求的产品和服务的机会,如智能健康设备、健康食品、线上养生课程等。银发族对创业的影响还体现在其社会影响力和文化传承上。作为社会经验丰富、人脉资源广泛的群体,银发族在创业过程中可以为创业者提供宝贵的建议和资源支持。同时,他们也是文化传承的重要载体,对于传统文化的保护和传承具有重要意义。

然而,银发族作为消费群体也带来了一些挑战。他们的消费观念相对保守,对新事物的接受度有限。因此,创业者在开发产品和服务时需要注重产品的实用性和易用性,不断创新和改进产品和服务,以赢得这一市场的青睐。

五、竞争者分析

狭义地讲,竞争者是那些与本企业提供的产品或服务相类似,并且所服务的目标顾客也相似的其他企业。广义地讲,企业和自己的顾客、供应商之间,都存在着某种意义上的竞争关系。从产品和市场两个角度结合在一起的分析是最客观的:既要考虑与本企业所提供的产品(或服务)的相似性和替代性,更要考虑与本企业所欲满足的消费者的一致性。一般情况下,若这两方面的程度都最高,便可以认定该企业为本企业的主要竞争对手。

(一)从本行业角度发现竞争者

由于竞争者首先存在于本行业之中,企业先要在本行业发现竞争者。提供同一类产品或服务的企业,或者提供可相互替代产品的企业,共同构成一个行业,如家电行业、食品行业、运输行业等。由于同行业企业产品的相似性和可替代性,彼此间形成了竞争的关系。在同行业内部,如果一种商品价格变化,就会引起相关商品需求量的变化。因此,企业需要全面了解本行业的竞争状况,制定企业针对行业竞争者的战略。

从本行业角度发现竞争者对创业企业具有多方面的启示和重要作用。首先,观察和分析竞争者的行为可以帮助创业企业了解行业趋势和市场需求,从而调整自身战略和定位;其次,竞争者的成功经验和失败教训可以为创业企业提供宝贵的参考,帮助它们避免重蹈覆辙或发现新的创新点;再次,了解竞争者的产品和服务特点有助于创业企业发现自己的竞争优势和不足,进而优化自身产品和服务;最后,与竞争者进行比较和竞争可以激发创业企业的进取心和创新能力,推动它们不断追求卓越和成长。

(二)从市场消费需求角度发现竞争者

企业还可以从市场、从消费者需要的角度出发来发现竞争者。凡是满足相同的市场需要,或者服务于同一目标市场的企业,无论是否属于同一行业,都可能是企业的潜在的竞争者。例如,从行业来看,电影可能是以同属于影视业的电视为主要的竞争对手。但是从市场的观点来看,特别是从满足消费者需要来看,消费者感兴趣的是影视作品。因此,能够直接播放视频的电子计算机构成了对电影业的竞争威胁。从满足消费者需求出发发现竞争者,可以从更广泛的角度认识现实竞争者和潜在竞争者,有助于企业在更宽的领域中制定相应的竞争战略。

从市场消费需求角度看,竞争者对于创业企业具有至关重要的作用。竞争者的存在使得市场更加活跃,从而促进了消费者需求的多样化和升级。创业企业可以通过观察和分析竞争者的产品和服务,了解消费者对于特定功能、品质、价格等方面的偏好和需求,从而更准确地把握市场机会。此外,竞争者的产品创新和服务升级也会刺激消费者需求的增长和变化,为创业企业提供了更多的创新灵感和市场空间。因此,从市场消费需求角度看,竞争者不仅为创业企业提供了市场需求的信息和反馈,还通过竞争和创新推动了市场的繁荣和发展,为创业企业提供了更广阔的市场前景和发展机遇。

(三)从市场细分角度发现竞争者

为了更好地发现竞争者,企业可以同时从行业和市场这两个方面,结合产品细分和市场细分来进行分析。假设市场上同时销售5个品牌的某产品,而且整个市场可以分为10个细分市场。如果某品牌打算进入其他细分市场,就需要估计各个细分市场的容量、现有竞争者的市场占有率,以及各个竞争者当前的实力及其在各个细分市场的营销目标与战略。从细分市场出发发现竞争者,可以更具体、更明确地制定相应的竞争战略。

从市场细分角度来看,竞争者对于创业企业具有关键作用。竞争者的存在使得市场被划分为不同的细分领域,这些领域具有不同的消费者群体、需求和偏好。创业企业可以通过观察和分析竞争者在各个细分市场的表现,了解不同细分市场的特点和趋势,从而找到适合自身资源和能力的市场切入点。此外,竞争者在不同细分市场的成功经验和策略也为创业企业提供了宝贵的参考和启示,帮助它们更好地制定市场策略和定位。因此,从市场细分角度来看,竞争者不仅为创业企业提供了市场细分的参考和启示,还通过在不同细分市场的竞争和创新,推动了市场的细化和深化,为创业企业提供了更多的市场机会和发展空间。

第三节 创业技术环境分析

科技创新在当今社会中扮演着举足轻重的角色,在创业中的重要性更是不可忽视。科技创新的核心在于满足人们对于生活的需求和追求,为社会带来更多的福祉。新技术、新产品的推出能够丰富市场供给,从而提升产品的竞争力,使企业赢得更多的市场份额,也能够提升企业的经济效益,从而实现经济的持续发展。由于科技的发展和社会的变迁,科学技术创新在创业中的新机遇和新挑战也随之涌现。

一、科技创新带来的机遇

随着人工智能、5G 网络、物联网等技术的发展,创新性产品和服务不断涌现,创新成为企业在市场竞争中的关键。这些新兴领域的出现,不仅为经济的发展创造了更多的机会,而且为年轻的创业者提供了更多的创业空间。科技创新为创业企业带来的机遇主要有以下 4 点。

(一)促进产品创新

科技创新能够促进产品的创新,这对于创业者也是非常有利的,只有不断地推陈出新,不断地满足用户的需求,才能赢得市场,获得更多的用户。对于企业而言,利用科技这个有力工具来推动产品创新和升级是至关重要的。

首先,科技创新需结合市场需求,实现产品升级。随着市场需求的变化,企业需要与时俱进,及时进行产品升级和迭代。在这个过程中,科技可以成为企业的有力帮手。例如,利用人工智能技术(AI)解决客服热线呼入量过大问题,提高企业客户服务质量;利用物联网技术(IoT)实现智能家居的全方位控制,提高用户的家居生活品质等。科技与市场需求的结合,有助于企业实现更好、更快、更有效的产品升级和改进。其次,科技驱动创新,实现产品升级。在市场竞争日益激烈的当下,企业必须不断创新求发展。而科技正是不断推动创新的一个原动力。比如,利用生物技术解决食品安全问题,开发更为健康、口感更好的食品;利用大数据技术研发智能医疗,提高医疗服务的效率和准确性;等等。

(二)提高生产效率

科技创新能够提高生产效率,降低成本,这对于创业者来说非常重要。创业初期,每分每秒都非常值钱,只有提高生产效率才能更快地获得回报,也才能确保产品的质量。例如,数字化生产已经成为企业实现可持续经营和创新的必要条件。数据与算法的激增使得企业的生产过程更精简、更灵活,从而大幅提高生产效率;智能物流技术可以解决传统物流的仓储、物流等环节产生的各种问题,比如库存过多、货物堆积、交通堵塞等,从而实现快速运输和及时配送,大幅提高生产效率和交货时间;智能制造不仅能够提高制造生产效率,还能够提高制造质量、降低人工成本、提高生产安全性、更好地控制环境影响等。

(三) 提升企业形象

科技创新可以极大地促进企业品牌的价值。如果企业能够在产品设计、研发、制造和市场营销中利用科技的优势,就能获得更好的品牌形象,让企业在新产品创新和服务方面的投资有意想不到的效益。科技创新不仅可以增强产品的性能和功能,更能够改善用户的使用体验和升级服务水平、提高客户对品牌的满意度和忠诚度,最终促进企业销售额的增长。通过全面、积极地推进技术革新,企业可以利用科技创新的优势为自己赢得更好的声誉和市场权威。科技创新让企业变得更有竞争力,甚至可以成为行业标杆。在当前高速发展的市场环境下,科技创新是企业获得成功和持续发展的必由之路。因此,企业不仅要关注技术变革,更要将科技创新贯穿于品牌战略和营销策略中,致力于打造真正意义上的科技品牌。

(四) 创造蓝海市场

科技创新往往能够创造全新的市场,这也是创业者最期望的。如果一个创业者能够在市场空白期引入全新的技术,他就有机会创造一个新的市场,最终成为市场的领导者。科技创新对新兴市场的影响非常深远。首先,科技创新带来了新兴市场的经济增长和就业机会。新技术的应用和发展促进了各个领域的创新,提高了生产效率,推动了产业升级。其次,科技创新也改善了新兴市场国家的社会福利。由于科技进步,医疗、教育等领域的服务质量得到提升,人民的生活水平得到提高。例如,在非洲一些国家,移动支付创新使得贫困地区的农民能够更便捷地进行交易,提升了他们的生活质量。最后,科技创新也提升了新兴市场国家在国际舞台上的话语权。科技创新带来了知识产权技术标准等方面的竞争力,使得新兴市场国家在全球规则制定中具有更大的发言权。

二、科技创新带来的挑战

各个行业和领域都在进行着技术创新,创业机会也不断涌现。所有的科技产品和服务的背后都是科技创业者努力和奋斗的结果。科技创新在创业中发挥着巨大的优势,不仅带来了新的机会,而且伴随着很大的挑战。

(一) 市场竞争激烈

现在,越来越多的行业都涌现出大量创业公司,导致市场竞争极其激烈。由于高新技术产业吸引了大量投资和人才,因此市场上已经存在许多相似或竞争性的产品或服务,科学技术又是在不断发展和更新中,新技术层出不穷,所以市场饱和度非常高。在这种情况下,创业者只有在市场竞争中寻找差异化和创新的策略,才能获得成功。创业者需要找到自己独特的竞争优势,并通过市场定位和差异化策略来吸引客户。创业者还必须时刻保持创新意识,不断研发新产品和服务,以满足市场需求的变化。

(二)资金需求较大

创业企业进行科技创新通常需要进行大量的研发工作,还需要召集行业高级技术人才,组建一支多学科、多领域的科研团队等,这些都需要大量的资金投入。除此以外,科技产品或服务进入市场进行推广宣传,也需要资金投入。并且在初期,创业企业还面临着现金流问题。此时创业者需要寻找到合适的资金来源,如风险投资、天使投资或政府补贴等,以支持他们的研发工作;同时需要制定合理的市场推广策略,并寻找到适合自己的市场推广渠道,以最大限度地提高曝光度并吸引客户。

三、科技创新的应用

科技创新赋予企业新的竞争力与活力,为创业者增加了创业机会。比如,移动互联网的普及,为从事电商、社交网络等领域的创业者提供了更多的空间和机会。人工智能、大数据等新技术的出现,数字化转型和智能化制造的应用,为企业提供了更为广阔的市场空间和更高的效益。以下是技术创新在创业中的具体应用。

(一)人工智能技术

随着人工智能技术的不断提升,企业可以利用其进行数据分析和预测,从而对市场趋势、消费者需求等方面做出更准确的判断和决策。例如,利用自然语言处理技术,企业可以自动翻译和分析多种语言,在一定程度上解决语言障碍所带来的挑战。此外,人工智能还可以帮助企业更高效地管理内部生产流程和库存,从而大幅度提升企业的运营效率。与传统企业相比,采用人工智能技术的企业可以根据用户的喜好和习惯实现一对一精准推荐,在产品设计和服务理念上也可以更好地满足用户的需求。在电商平台上,利用推荐算法实现商品的精准推荐,可以大大提升用户的购买率和忠诚度,人工智能可以给创业企业带来更高的效益。

(二)区块链技术

区块链技术是一个远未被充分利用的技术,它可以帮助创业公司在市场中获得领先地位。区块链技术的最大优点是它可以为交易和货币交换提供安全和透明化的机制,这对于一些被传统金融机构忽视的市场来说非常重要。例如,在全球范围内,许多发展中国家的居民仍然没有正式的银行账户,也无法获得传统金融服务。这时,如果将区块链技术应用于这些地区的支付和金融系统中,就可以提供可靠的、不受地理和政治限制的金融服务,解决社会层面上的许多问题。

(三)物联网技术

物联网是新一代信息技术的重要组成部分,是继计算机、互联网之后世界信息产业发展的第三次浪潮。物联网技术是指通过互联网将各种物理设备、传感器、通信设备等连接起来,并通过数据采集、分析和应用来实现设备之间的信息交互和自动化控制。物联网的应用范围非常广泛,在智能家居领域利用物联网技术,创业者可以开发智能家居控制系统,提供智能化的家居解决方案;在物流与仓储管理方面,创业者可以开发智能仓储管理系统,提供高效的仓储解决方案;物联网技术在健康与医疗领域也有广泛的应用,如通过传感器和监测设备,实时监测人体的生理参数,并将数据传输到云端进行分析,创业者可以开发健康监测与管理平台,提供个性化的健康服务。

(四)虚拟现实技术

虚拟现实技术是一种颠覆性的技术,可以用于与客户互动和展示产品。通过将虚拟现实技术应用于产品展示和营销中,企业可以提高客户体验并吸引更多的客户。例如,一些创业企业正在利用虚拟现实技术展示产品和场景,以帮助客户更好地了解产品并加深对品牌的认识。这种技术可以提高客户的参与度和忠诚度,并且可以帮助企业更好地宣传它们的品牌和产品。

在今天的市场竞争中,企业必须找到新的、更能吸引用户的方式,从而赢得市场的竞争。随着技术的快速发展,创业者需要始终保持警惕并紧跟技术变革的步伐,不断尝试新的技术和应用,并把它们融入企业运营模式中,以提高企业的竞争力和创新能力。

案例分析

希音——借势崛起的品牌

希音(SHEIN)是一家主营服装的国际 B2C 快时尚电子商务公司。该品牌成立于2012年,从当初默默无闻、名不见经传,一跃成为中国跨境电商行业的"一哥",更是发展成为一家全球领先的时尚和生活方式在线零售商。

希音在全球的快速崛起是现代电子商务和经济全球化背景下的一个成功案例。希音的崛起是数字化技术、供应链创新和敏锐的市场洞察力紧跟消费者需求变化的结果,未来它将继续引领全球时尚行业的发展潮流。

与各大电商平台模式不同,希音是从服装自主品牌起家,逐步形成独特的"自主品牌+平台"的双引擎发展模式。在自主品牌方面,希音通过构建一个涵盖设计、生产、销售及配送的体系,打破了生产与消费之间的壁垒。通过快捷及时的流行趋势分析和消费者反馈,希音能迅速将这些趋势转化为产品,不仅快速打开了市场,也为中国中小型服装企业搭建了深入参与海外时尚市场的桥梁。与此同时,随着其平台化战略深化,消费者可以在希音平台上找到众多品牌和产品,形成一个巨大的时尚生态圈,极大提升了消费者的购物体验。

仅仅将希音的成功视为它自身及其创始团队的成就是不够的。从就业、创业和出口等多个方面来看,希音对当地社会的贡献显而易见。其持续的增长不仅为当地带来了大量就业,还激发了地方产业经济的活力,为众多年轻人从事跨境电商创业提供了大量机遇。随着希音不断拓展海外市场,其经济贡献也有望进一步增强。

但是,希音最大的贡献还是为中国服装行业带来了深刻变革,展现出与众不同的独特价值。从表现上看,希音的成功代表着众多中国中小服装企业的成功,标志着中国服装行业在转型升级过程中的一次华丽转身。但是,从深层次来看,在希音平台经济的推动下,中国服装产业带、品牌出海的速度加快,销售模式更加灵活多样,供应链也经历了一场数字化革命。这些变化为中国服装行业发展注入了新的生命力。

希音正处于蓬勃发展的阶段,消费升级、技术进步、消费者需求和政策引导将促使其朝着更健康、高品质、创新和差异化的方向发展。企业需不断追随市场和消费者需求的变化,通过创新和差异化来提升竞争力,实现可持续发展。

资料来源:
https://baijiahao.baidu.com/s?id=1808420879032387643&wfr=spider&for=pc.

问题讨论:
1. 从宏观环境角度分析希音取得成功的原因。
2. 结合当下政治、经济、文化、技术新发展,分析希音的机遇与挑战。

本章小结

创业市场宏观环境指那些给企业造成市场机会和环境威胁的主要社会力量,可以从政治、经济、社会文化、技术四个方面分析。从蒂蒙斯三要素分析框架来看,宏观经济环境对创业的影响主要通过对创业机会、创业资源和创业者三个有机要素的影响得以体现。

在分析创业环境的过程中,不仅要考虑宏观环境,还要充分了解企业微观环境。微观环境因素对企业的营销活动有着直接的影响。企业内部环境、供应商、营销中介、消费群体、竞争者等构成了企业的微观环境。分析创业市场微观环境的主要目的是深入了解企业所处的市场环境,识别出影响企业营销活动的各种参与者,以便制定有效的营销策略,提高市场竞争力,并实现可持续发展。

与此同时,移动互联网、人工智能、物联网、数字化转型等新技术的出现不仅赋予了企业新的活力,而且让初创企业面临新机遇和新挑战。创业环境是这些因素相互交织、相互作用、相互制约而构成的有机整体。

复习思考题

1. 创业市场宏观环境包括哪些内容?
2. 经济环境和科技创新对创业有哪些影响?
3. 创业市场微观环境包括哪些内容?
4. 创业市场技术环境在创业中的机遇和挑战有哪些?

第四章 创业市场机会寻找

学习目的

通过学习本章内容,应该掌握:

1. 创业市场机会的含义及特征
2. 创业市场机会的来源及类型
3. 创业市场机会的识别过程
4. 创业市场机会的识别方法
5. 创业市场机会的评价标准

【开篇故事】

苦凉茶的乡村创业之路

程登辉大学毕业后一直找不到合适的工作。当她看到城里人很喜欢山里的土特产时,就想到将老家边远山区那些纯天然的山货运到城里来销售。打定主意后,程登辉先是带了一小部分品种来到成都"探路",结果大受欢迎。原因是这种无污染的山货,正是追求生活质量的城市居民最为喜欢的。尝到甜头后,程登辉立即在家乡找了几个帮手。她亲自前往湘西山区组织货源,并在成都租了一个20多平方米的门面,专门销售农家山货。没多久,程登辉又将小店一分为二,一边为批发部,一边为零售部。为充分利用店里的空间,她又在靠门道的位置卖起了山里的苦凉茶。用程登辉的话说,这叫全方位发掘资源,半成品都堆放在店里,拿来烧成茶水卖,利润就提高了十多倍。这些苦凉茶品种有金银花、野菊花、凉茶叶……几乎全是山上野生野长的。开始时,程登辉还担心这种难登大雅之堂的苦凉茶在城里卖不动,不想一经推出就大受欢迎。顾客反映,这种山里的苦凉茶虽然味道苦些,喝起来不如现代流水线生产出来的茶口感好,但原料地道正宗,在炎炎夏日里饮用真正能起到清热解毒的作用。而且每杯一元的价格,顾客都说"实惠、物有所值"。接着,程登辉招了两名帮工,一副放开手脚大干一场的架势,一边卖山货,一边卖熬好的苦凉茶。

初次创业的登辉，在短短一年时间里，居然靠卖山货与卖苦凉茶赚到了10万元。

资料来源：

https://www.sohu.com/a/240941371_117373.

营销感悟：

市场机会的寻找需要敏锐的洞察力。程登辉观察到城市居民对纯天然土特产的喜爱，发掘出将山货运往城市销售的市场机会。在创业过程中，我们需要时刻关注市场动态，了解消费者需求，从中发现潜在的市场机会。

市场机会的把握需要果敢的决策和行动力。程登辉在发现市场机会后，迅速采取行动，组织货源、租赁门面、销售山货，并通过销售苦凉茶进一步提高利润，充分展示了在把握市场机会时的决策和行动力。

程登辉的成功也离不开她对消费者需求的深入了解和精准把握。在创业过程中，创业者需要深入了解消费者需求，提供符合消费者需求的产品和服务，以赢得消费者的信任和支持。

第一节 创业市场机会概述

创业市场机会是指具有商业价值的创业机会，这些机会在特定市场环境下出现，并能够为创业者带来巨大的商业价值。

一、创业市场机会的含义

创业市场机会是指市场上存在的某种需求或问题，尚未被充分满足或解决，从而为创业者提供了创新和盈利的空间。这种机会通常源于消费者的需求、技术进步、政策变化等因素，需要创业者具备敏锐的市场洞察力、创新能力和执行力来抓住并实现商业价值。

创业往往从识别创业市场机会开始。创业者的初始构想或灵感，有时就是创业蓝图的起点。因此，创意活动不仅是创业的开端，而且是机会的源泉。但需注意，并非所有创意都等同于市场机会，只有具备商业潜力的创意才有可能转化为真正的市场价值。这一转化过程往往充满挑战，需要对创意进行严格的评估与筛选。

二、创业市场机会的特征

创业市场机会通常出现在不断发展的行业中，随着人口结构、消费习惯和宏观经济环境的变化，创业市场机会也会发生变化。创业市场机会在社会经济快速发展的时代具有独有的特征。

(一) 吸引力大

创业市场机会对潜在的顾客和创业者都具有较强的吸引力;这种吸引力使得创业机会具有了潜在的商业价值,成为创业可能性的重要基础。对于顾客来说,他们能够通过这些机会获得有价值的产品或服务;只有当创业机会能够满足市场中顾客的需求时,它才有可能转化为实际的商业价值。对于创业者而言,这些机会能够帮助他们实现自身价值并获得经济收益。创业机会的吸引力不仅仅体现在满足顾客需求上,还表现在能够为创业者带来可观的收益。这种收益可以是经济上的,也可以是社会声誉、个人成长等方面的。只有当创业机会具备了足够的吸引力,创业者才有可能被激发去追求和利用这个创业机会。

(二) 消失速度快

创业机会稍纵即逝,其出现和消失往往只在一瞬间,有时甚至让人措手不及。这种快速消失的特点使得创业者必须时刻保持警觉,及时捕捉并利用机会,否则很容易失去它。这种不可逆的性质使得创业者必须把握好的创业机会,尽可能将其价值最大化。为了应对创业机会消失速度快的问题,创业者需要具备敏锐的市场洞察力和快速反应能力。他们需要密切关注市场动态和政策变化,及时调整自己的战略和计划,以适应市场的变化。此外,他们还需要在发现创业机会后迅速采取行动,以避免被竞争对手抢占先机。

(三) 隐蔽性强

创业机会常常难以捉摸,人们甚至只能凭借直觉和感知去捕捉它的踪迹。创业机会常常隐匿在社会现象的深处,创业机会的隐蔽性体现在诸多层面。一方面,它们常常潜藏在看似普通的事件或趋势之中,不易被轻易察觉。在竞争激烈的市场中,现有机会往往被众多竞争对手所争夺,导致机会变得相对稀缺。另一方面,创业者需要凭借深入的市场研究和独特的洞察力,去发掘那些被竞争对手所忽视的创业机会。这些机会可能藏匿于市场的边缘地带、新兴的技术领域,或是消费者的潜在需求之中。只有通过深入探索和敏锐的洞察,创业者才能揭开创业机会的神秘面纱,把握其中的商业价值。

三、创业市场机会的来源

创业机会在很大程度上源自社会经济变革和人们生活方式重构而引起的市场需求变化,从而给创业者带来创业机会。创业者需敏锐捕捉这些创业机会,组建团队投入资金和资源,实现创业机会的实际价值。

(一) 市场需求型创业机会

市场需求型创业机会是最常见也是最直观的创业机会类型。它源于市场在某一特定时间点或持续时间段内存在的需求空白或未得到充分满足的需求。这种需求可能来源于消费者的新偏好、人口结构的变化、收入水平的提高、生活方式的更新等多种因素。

例如,随着健康意识的提升,消费者对健康食品和营养补充品的需求日益增长,这为创业者提供了开发新产品的机会。同样,随着科技的进步,诸如智能家居、可穿戴设备等高科技产品成为新的消费需求,创造出新的市场空间。

市场需求型创业机会要求创业者能够准确地识别和预测消费者需求,并且快速响应这些需求。成功抓住这类机会的关键在于对市场趋势的敏感度、对消费者行为的洞察力以及高效的产品开发能力。

(二) 创新成果型创业机会

创新成果型创业机会指的是基于技术创新或商业模式创新而产生的商业机会。这类机会通常与科技进步紧密相关,包括但不限于互联网技术、生物技术、新材料、新能源等领域的突破。

例如,互联网技术的发展带来了电子商务、社交媒体、在线教育等新的商业模式,为创业者提供了广阔的发展空间。同样,人工智能技术的进步也为创业者带来了新的机遇,如智能家居、自动驾驶等领域的应用。生物技术的进步为医疗健康领域带来了个性化医疗、基因编辑等前沿科技。这些创新不仅仅满足了已有的需求,而且创造了全新的市场和消费模式。

抓住创新成果型创业机会的关键在于对技术的敏感度和创新能力。创业者需要具备技术背景和专业知识,以便能够发现并利用技术创新带来的机会。同时,创业者还需要具备商业头脑和市场洞察力,以便将技术创新转化为商业成功。由于这类机会往往伴随着较高的不确定性和风险,因此创业者还需要具备一定的风险承受能力和风险管理能力。

(三) 社会变迁型创业机会

社会变迁型创业机会是随着社会的发展和变化而产生的商业机会。这类机会通常涉及社会结构、人口分布、文化价值观等方面的变化。

例如,随着老龄化社会的到来,老年人的生活照护和健康管理成为重要的社会需求,为创业者提供了养老服务和健康管理等方面的商机。同样,随着女性地位的提高,女性消费市场也成为创业者关注的新领域。

抓住社会变迁型创业机会的关键在于对社会变化的敏感度和适应能力。创业者需要关注社会发展的趋势和变化,了解不同群体的需求和期望,以便及时调整自己的商业策略和产品定位,满足市场需求。

总之,市场需求型、创新成果型和社会变迁型创业机会各有其特点和要求。创业者需要根据自己的兴趣和专长,结合市场环境和社会发展趋势,选择适合自己的创业机会。同时,创业者还需要具备敏锐的市场洞察力、创新能力和适应能力,以便抓住并创造更多的商业机会。

第二节　创业市场机会类型

在当今多变的市场环境中,创业市场机会的类型多种多样,可以根据其来源和性质进行分类。其中,政策型市场机会、市场型市场机会和其他类型的市场机会是三种主要的类别。接下来,我们将深入分析这三种类型的市场机会,并通过具体的例子加以说明。

一、政策型市场机会

政策型市场机会是指那些由于政府政策、法规变化或公共项目的实施而产生的商业机会。这类机会的出现,往往是为了解决某些社会问题、促进经济发展或实现特定的政治目标。政策型市场机会通常伴随着政府的支持和补贴,为创业者提供了一定的保护和优势。然而,这也意味着创业者需要密切关注政策的变化,并具备适应这些变化的能力。

政策型市场机会的一个典型例子是可再生能源领域。随着全球对环境保护和可持续发展的关注加深,许多国家开始推行鼓励可再生能源发展的政策。例如,德国的能源转型政策旨在减少对化石燃料的依赖,推动风能、太阳能等可再生能源的使用。这一政策为创业者提供了广阔的市场空间,吸引了大量投资和技术革新。另一个例子是电动汽车(EV)产业。随着全球对减少碳排放的关注,许多国家出台了一系列支持电动汽车发展的政策,如购车补贴、免费停车、免费充电等。这些政策不仅降低了消费者购买和使用电动汽车的成本,而且刺激了电动汽车市场的需求增长。在这样的背景下,特斯拉等电动汽车制造商迅速崛起,成为全球知名的企业。

除了能源和交通领域,政策型市场机会还存在于许多其他领域。例如,在医疗健康领域,政府可能会推出鼓励远程医疗、电子病历等新技术应用的政策;在教育领域,政府可能会支持在线教育、职业培训等创新模式的发展;在农业领域,政府可能会推动有机农业、智能农业等新型农业模式的实施。

然而,抓住政策型市场机会并非易事。首先,创业者需要具备深入了解政策背景和趋势的能力。这包括对相关政策的制定过程、实施细节以及可能的影响有全面的认识。其次,创业者需要具备与政府部门沟通和协调的能力。这不仅有助于更好地了解政策意图和要求,而且有助于在政策允许的范围内寻求最大化的商业利益。此外,创业者还需要具备灵活调整策略和快速响应变化的能力。政策环境往往存在不确定性,创业者需要能够迅速适应政策变化,调整自己的商业计划和行动。

总之,政策型市场机会为创业者提供了巨大的商业潜力和发展空间。通过深入理解政策背景和趋势、与政府部门建立良好关系以及灵活调整策略,创业者可以抓住政策型市场机会,实现商业成功。

二、市场型市场机会

市场型市场机会是由市场需求的变化、演进或新兴需求的出现而形成的创业机会。这类机会直接与消费者的偏好、消费行为、生活方式以及技术发展趋势等相关。市场型市场机会要求创业者具有敏锐的市场感知能力、消费者需求洞察力以及快速应变能力,以便捕捉并满足市场的未被充分满足的或新出现的需求。

一个典型的例子是智能手机应用市场。随着智能手机的普及，人们对于移动互联网的需求日益增长，这促使了各种手机应用程序(App)的大量涌现。从社交媒体、健康追踪到在线教育、电子商务、金融服务等，创业者通过开发满足特定需求的应用程序，抓住了这一市场型市场机会。例如，Snapchat 的崛起满足了年轻用户对即时、有趣且具有时效性的社交分享需求；而 Airbnb 则满足了人们对更加个性化和经济型旅行住宿方案的需求。

另一个例子是健康饮食和生活方式的潮流。近年来，随着公众对健康和营养认识的提升，市场上出现了对健康食品、有机产品、素食及健身服务等的增长需求。创业者通过开设健康餐厅、生产无添加剂食品、提供在线健康咨询服务、开发健身 App 等方式，成功捕捉了这一市场型市场机会。例如，Beyond Meat 就是凭借植物蛋白肉替代品响应了消费者对健康和环保的双重关注，成为投资者热捧的公司之一。

在捕捉市场型市场机会时，创业者通常需要关注以下几个方面：(1)消费者洞察。了解目标市场消费者的需求、偏好、购买行为和潜在的痛点。(2)技术趋势。关注科技发展动态，尤其是那些能够推动产品创新和服务模式变革的技术。(3)社会趋势。密切观察社会文化的变化，如人口结构、生活方式的演变等，这些都可能带来新的市场需求。(4)竞争环境。分析竞争对手的优势和不足，寻找市场空白点或可以改进的地方。(5)快速执行。在确认市场需求后，迅速制定策略并实施，以先发优势占领市场。市场型市场机会的成功案例往往依赖对市场细节的精准把握和对变化的快速反应。例如，Netflix 早期通过邮寄 DVD 租赁服务起家，随后凭借对流媒体市场前景的准确判断，转型为在线视频流媒体服务提供商，成功抓住了数字娱乐消费的市场型市场机会。

综上所述，市场型市场机会强调对市场变化的敏感度和对消费需求的深刻理解。创业者通过持续的市场观察、消费者调研和行业分析，可以有效地发现并利用这些机会，从而在市场中取得竞争优势。

三、其他类型的市场机会

在创业市场机会的类型中，除了政策型和市场型市场机会外，还存在其他多种形态的市场机会。这些机会可以归纳为问题型、趋势型和组合型市场机会。它们不局限于特定的政策或市场因素，而是可能源于多方面的因素结合，包括但不限于社会变迁、技术进步、经济环境变化等。

问题型市场机会是指那些由社会问题或市场存在的问题而产生出来的商业机会。这类机会通常需要创业者提供创新的解决方案或服务来满足需求或解决问题。例如，随着城市拥堵问题的日益严重，共享单车和电动滑板车服务应运而生，它们提供了便捷、环保的交通解决方案，缓解了城市的交通压力。

趋势型市场机会则与持续的社会、文化或技术趋势有关。这些机会要求创业者能够预见并把握长期发展趋势。例如，随着全球老龄化问题的加剧，老年医疗护理和健康保养服务成为一个重要的增长领域。创业者通过提供专门针对老年人的健康咨询、居家照护服务和相关辅助产品,成功捕捉了这一趋势型市场机会。

组合型市场机会则是指那些将现有产品、技术或服务以创新的方式重新组合而产生的机会。这种类型的市场机会往往需要创业者具备跨界思维和创新能力。例如,随着智能家居技术的发展,家庭安全系统开始整合智能门锁、监控摄像头和自动化报警系统,为用户提供全方位的安全保障方案。这种服务的提供者不仅包括传统的安防公司,还涉及IT企业、物联网服务提供商等多个领域的参与者。

捕捉其他型市场机会面临的挑战在于,这些机会往往不是显而易见的,它们可能需要创业者进行更深入的市场研究、拥有更宽广的视野以及更创新的思考方式。为了成功利用这些机会,创业者需要:(1)关注宏观经济和社会趋势。了解经济发展方向、人口结构变化、科技进步等因素,这些都可能带来新的商业机会。(2)培养问题解决能力。对于问题型市场机会,创业者需要能够发现并理解问题的核心,并提出有效的解决方案。(3)创新思维。在产品和服务的开发上,创业者应考虑如何通过技术创新或商业模式创新来提供价值。(4)跨界合作。由于某些市场机会可能涉及多个行业或领域,创业者需要能够与其他行业的合作伙伴建立合作关系,共同开发市场。

综上所述,其他型市场机会是多样化且具有复合特征的,它们要求创业者具备综合的分析能力、创新思维和跨界合作能力。通过准确把握问题所在、洞察社会趋势,并能够将不同的产品、技术或服务进行有效组合,创业者可以开辟新的市场空间,实现商业成功。

第三节　创业市场机会识别

创业过程开始于创业者对创业机会的识别和把握。

一、创业机会识别的影响因素

创业机会识别是创业过程中的重要环节,创业者通过积累经验技能和社会关系网,以及培养创新思维,可以更好地识别和捕捉创业机会。

(一)创业者经验技能

一旦在特定产业中有过创业经验,创业者就很容易发现新的创业机会,这被称为走廊原理,指创业者一旦创建企业,就开始了一段旅程,在这段旅程中,通向创业机会的"走廊"将变得清晰可见。毕竟,某产业内的人士一旦投身创业,将比那些从产业外观察的人更容易看到产业内的新机会。

机会识别可能是一项先天技能或一种认知过程。有些人认为,创业者有"第六感",使他们能看到别人错过的机会。多数创业者以这种观点看待自己,认为自己比别人更警觉。警觉在很大程度上是一种习得性的技能,拥有某个领域更多知识的人,往往比其他人对该领域内的机会更警觉。比如,一位计算机工程师,就比一位律师对计算机产业内的机会和需求更警觉。

(二)创业者社会关系网

个人社会关系网络的深度和广度影响着机会识别。建立了大量社会与专家联系网络的人,比那些拥有少量网络的人容易得到更多的机会和创意。社会关系可分为强关系与弱关系。强关系以频繁相互作用为特征,形成于亲戚、密友和配偶之间;弱关系以不频繁相互作用为特征,形成于同事、同学和一般朋友之间。有研究显示,创业者通过弱关系比通过强关系更可能获得新的商业创意,因为强关系主要形成于具有相似意识的个人之间,从而倾向于强化个人已有的见识与观念。而在弱关系中,个人之间的意识往往存在较大差异,因此某个人可能会对其他人说一些能激发全新创意的事情。

创业者的社会资本是指与创业者个人及组织所建立的各类社会关系连接在一起形成的一系列资源,实际上是创业者各类社会关系资源价值的集中体现。创业者的社会关系网络包括政府、金融机构、高校、专业支持机构、商业合作伙伴、朋友、家庭、同事等。社会资本通常与人力资本、财务资本相提并论,对创业活动产生的影响也越来越大,备受创业研究与实践者关注。有关研究发现,社会关系网络是个体识别创业机会的主要来源,其中的"强联系"与"弱联系"相比较,前者的信息转化率相对较高,后者更有助于个体识别更多的创业机会。

(三)创业者创新思维

创业的本质就是创造。而创业机会的识别过程也要求创造新的手段-目的关系,最终形成新的产品、新的服务、新的原材料以及新的组织方式,其本身就是一个不断反复的创造性思维过程。可见,创新思维对于创业机会识别及其后续创业活动十分重要。例如,从纷繁复杂的信息中,你有没有可能挖掘出客户的需求,并提出具有创意性、产生新价值的产品或者服务解决方案,取决于你的创新思维能力。如果缺乏一定的创新思维能力,即使你获取了高价值信息甚至明确了客户的新需求,恐怕也难以识别出蕴藏其中的创业机会。

二、创业机会识别的内容

识别某个创业机会是否是真正的创业机会,通常要对以下内容进行分析。

(一)市场需求的识别

市场需求是创业机会的重要来源。创业者通过深入分析市场,能够发现消费者未被满足或新产生的需求,进而创造出符合这些需求的产品或服务。

案例4-1 照片墙的崛起

在社交媒体和智能手机普及的背景下,人们对于移动设备上的即时分享和社交互动产生了极大的兴趣。然而,2010年前后,市场上虽然存在一些社交平台如脸书

(Facebook)和推特(Twitter),但它们主要聚焦于文字和链接分享,并不适合手机用户快速分享图片和视频。

凯文·斯特罗姆(Kevin Systrom)和迈克·克里格(Mike Krieger)注意到人们需要一个简单、直观且以图片和视频为中心的社交平台,于是开发了照片墙(Instagram)——一个允许用户轻松地拍摄照片和视频,应用滤镜进行美化,并快速分享到自己社交网络上的应用程序。照片墙的推出正好满足了人们追求视觉化沟通和分享生活瞬间的需求。

照片墙的成功在于两位创始人对市场需求的准确洞察和时机的把握。他们不仅解决了用户在现有社交媒体上遇到的痛点,还利用了智能手机普及和移动互联网的发展潮流。照片墙的易用性和社交功能迅速吸引了大量用户,最终在2012年被脸书以10亿美元的价格收购,成为社交媒体领域的一个标杆性产品。

这个案例展示了如何从市场需求出发,发现并创造商业机会的过程。对于创业者而言,关键在于敏锐观察市场变化,理解用户需求,并通过创新来提供解决方案。

(二) 目标顾客的识别

在创业过程中,精准地识别和定义目标客户是成功的关键之一。通过深入了解特定客户群体的独特需求和偏好,创业者可以开发定制化的产品或服务来满足这些需求。

案例 4-2　网飞的转型

网飞(Netflix)最初成立时是一家DVD邮寄租赁服务公司,然而随着互联网技术的发展和消费者观看习惯的改变,雷德·哈斯汀斯(Reed Hastings)及其团队认识到流媒体视频服务将是未来的趋势。他们发现了一个潜在的目标客户群体——那些希望在家中轻松观看电影和电视节目而不必前往实体店铺租借DVD的人。

网飞抓住了这一机会,于2007年推出了流媒体服务,允许用户在线观看电影和电视节目。这项服务最初作为附加服务免费提供给DVD租赁用户,但很快就显示出巨大的潜力。网飞继续扩大其数字内容库,不断优化用户体验,并最终转向专注于流媒体服务,完全摆脱了物理媒介的束缚。

网飞的成功在于对目标客户需求的精准把握和不断创新。公司通过收集用户观看数据来分析喜好,进而生产或采购受欢迎的内容。此外,网飞还开发了个性化推荐算法,为每个用户提供量身定制的内容建议,增强了用户黏性和满意度。

通过聚焦于特定的目标客户群体,即那些寻求方便、个性化娱乐体验的消费者,网飞不仅在竞争激烈的市场中脱颖而出,而且彻底改变了人们消费媒体内容的方式。

这个案例展示了如何通过对目标客户的深入洞察,识别出新的商业机会,并通过技术创新和服务优化来抓住这些机会。

(三) 行业趋势的识别

行业趋势能够为创业者提供关于市场未来发展方向的重要线索。通过分析和预测行业的发展趋势,创业者可以抓住时机,推出符合市场需求的创新产品或服务。

案例4-3　特斯拉电动汽车的崛起

在21世纪初,随着全球对可持续能源和环境保护意识的提升,电动汽车(EV)行业开始受到越来越多的关注。然而,当时的电动汽车市场还存在许多挑战,包括电池成本高、充电基础设施不足以及消费者对电动车性能和设计的期待等。

在这个背景下,特斯拉的创始人埃隆·马斯克(Elon Musk)识别出这一行业趋势,并决定进入这个市场。他看到了一个机会,即通过技术创新和高端设计来改变人们对电动汽车的看法,将其从一个简单的环保选择转变为一种高科技、高性能的生活方式象征。

特斯拉推出了其第一款电动车——特斯拉Roadster,它不仅拥有卓越的续航能力和高速性能,还具备与传统豪华跑车相媲美的设计和驾驶体验。随后,公司又推出了Model S、Model X等一系列车型,不断优化电池技术、降低生产成本,并建立起了覆盖广泛的充电网络。

特斯拉的成功在于它不仅仅是跟随行业趋势,而且通过创新推动了整个行业的发展。它改变了公众对电动汽车的认知,将电动汽车从小众市场带入主流,并促进了全球汽车产业向电动化转型的趋势。

这个案例展示了如何通过对行业趋势的洞察,发现新的商业机会,并通过技术创新和市场教育来抓住这些机会。对于创业者而言,理解并预测行业趋势,以及快速适应这些变化,是实现成功创业的关键。

(四) 技术创新的识别

技术创新是推动创业机会的重要动力。许多创业者通过开发或利用新技术来解决现有问题或满足新的需求,从而创造出独特的市场价值。

案例4-4　色拉布的短暂社交革命

在社交媒体的历史中,色拉布(Snapchat)凭借其独特的技术创新——"阅后即焚"的照片和视频分享功能——在青少年中迅速获得了巨大的成功。这个由埃文·斯皮格尔(Evan Spiegel)和鲍比·墨菲(Bobby Murphy)创立的应用,解决了一个特定的社交需求：人们希望在线分享生活瞬间，但又不想在互联网上留下永久的数字足迹。

在色拉布之前，社交媒体的内容通常是永久性的，这导致了用户在分享内容时往往三思而后行，担心未来可能会对自己产生不利影响。色拉布的创新之处在于它提供了一种全新的、非永久性的分享方式，使发送的图片和视频在被查看后的短时间内自动消失。这一特性迅速吸引了大量年轻用户，他们更倾向于自由和无压力地分享日常生活。

此外，色拉布还不断推出新的技术创新，如滤镜、地理位置标签、面部识别技术等，这些功能不仅增强了用户体验，而且推动了社交媒体内容形式的创新。色拉布的成功证明了技术创新是打开市场机会大门的关键。

这个案例展示了如何通过对技术创新的洞察和应用，发现并创造新的商业机会。对于创业者而言，跟踪最新技术的发展，理解它们如何影响消费者行为，并将这些技术应用于解决现实问题，是实现成功创业的重要途径。

（五）竞争环境的识别

分析竞争环境可以帮助创业者了解市场格局、识别潜在竞争者，并找到市场中的空白点或可以改进的地方。

案例 4-5 Shopify 在电商领域的突破

在 21 世纪的电子商务浪潮中，市场上出现了几个重量级的巨头，如亚马逊（Amazon）和 eBay 等，它们为消费者提供了广泛的商品选择和购物平台。然而，对于小型商家和个体创业者来说，他们需要的是简单易用、可自定义的在线商店搭建工具，而不是进入一个充满竞争的大型市场。

Shopify 的创始人托比亚斯·卢克（Tobias Lütke）和其他伙伴正是基于这样的认识，看到了中小型企业在建立在线商店方面的困难，于是着手打造了一个让用户能够轻松创建和管理自己网店的平台。Shopify 提供了用户友好的界面、集成的支付系统，以及多种定制选项，让商家无须技术背景即可开设专业的在线商店。

Shopify 的成功在于它找到了市场上未被充分服务的客户群体——中小型企业主，并为他们提供一个简便的解决方案。尽管面临来自大型电商平台的竞争，但 Shopify 专注于提供个性化和易于使用的服务，使其在这个细分领域脱颖而出。

这个案例展示了如何通过对竞争环境的深入分析，发现特定客户群体的需求，并通过提供符合这些需求的产品或服务来找到创业机会。对于创业者而言，理解竞争对手的优势和弱点，并找到自己的市场定位是至关重要的。

三、创业机会识别过程

创业机会识别过程通常从对市场和环境的深入洞察开始，创业者通过观察和分析，发现潜在的市场需求或未被充分利用的资源。随后，进行机会评估，考察其可行性、盈利潜力及与个人能力和资源的匹配度。在验证阶段，通过最小可行产品（MVP）或服务测试市场反应。最后，落实机会，制订商业计划并执行，将概念转化为实际运营。

（一）准备阶段

创业机会的识别从准备阶段开始，这一阶段是培养必要知识、技能和洞察力的过程。潜在创业者需要通过学习和研究来积累行业相关的专业知识，同时提升对市场趋势的敏感度。在这一过程中，持续的环境扫描和网络构建是必不可少的，这有助于发现潜在的市场需求和未被充分利用的资源。此外，个人特质如创造力、好奇心和开放性思维也是在此阶段培养的关键因素。

（二）洞察阶段

在这个阶段，潜在创业者开始识别可能的商机。通过对市场的细致观察，他们能够捕捉到消费者痛点、技术变革或行业结构变化等关键信息，从而形成初始的商业想法。这一过程往往涉及对复杂问题的简化和抽象化，以及对各种信息的综合分析。洞察力的培养有助于从众多信息中提炼出有价值的商业机会。

（三）评估阶段

一旦识别出潜在的商机，创业者就需要对这些机会进行详细评估，以确定它们的可行性和盈利潜力。这包括市场分析、竞争对手分析以及自身资源和能力的对照检查。在这个阶段，创业者应考虑产品或服务的需求大小、成长潜力、成本结构、进入壁垒等多个方面。评估阶段的目的是筛选出值得投入时间和资源的高潜力机会。

（四）验证阶段

经过初步评估后，创业者通常需要进行市场验证来测试其商业假设。这可以通过构建最小可行产品或服务来进行，以便收集潜在用户的反馈和需求数据。此阶段的关键是快速迭代和学习，通过实地测试来验证市场需求是否真实存在，并根据用户反馈调整产品或服务。有效的验证可以显著降低创业风险。

（五）落实阶段

最后，在验证了商业概念的有效性之后，创业者将进入落实阶段，即将机会转化为实际的商业行动。这涉及制订详细的商业计划、筹集必要的资金、组建团队、开发产品和市场推广等一系列活动。在这个阶段，创业者必须具备强大的执行力和领导力，以确保能够克服实施过程中遇到的挑战，并推动项目向前发展。

第四节　创业市场机会评估

创业者有创意固然重要,但并不是每个创意都能转化为创业机会。许多创业者仅凭创意去创业,最终失败了。不是每个创业机会都会给创业者带来益处,每个创业机会都存在一定的风险,因此,创业者在利用创业机会之前要对创业机会进行科学的分析与评价。以下先对创业机会的评价方法作简单介绍,然后重点介绍一个目前比较综合、全面的创业机会的评估准则。

一、创业机会的评估原则

(一)科学性原则

创业机会评估是一个复杂而关键的过程,它需要基于科学的方法和流程,采用以数据和事实为基础的客观分析。这样可以确保评估结果更加准确可靠,避免主观臆断和偏见。

创业机会评估需要采用科学的方法和流程。这些方法和流程应该基于对市场、技术、竞争环境、财务状况等各方面的深入了解和分析。例如,可以采用市场调研和财务分析等方法,收集和分析相关数据,以便更好地了解市场需求、竞争状况和财务状况等信息。同时,也可以借鉴其他领域的科学方法,如概率论、统计学、计算机科学等,来辅助评估和分析。

创业机会评估需要采用以数据和事实为基础的客观分析。数据和事实是评估创业机会的基础,只有基于可靠的数据和事实,才能得出准确的评估结果。例如,可以通过市场调研收集消费者需求、市场规模、竞争状况等数据,然后对这些数据进行深入的分析和研究。此外,还可以通过实验、模拟等方式获取数据和事实,以便更好地了解创业机会的真实情况和潜在风险。

创业机会评估需要采用科学的方法和工具进行评估,以避免主观臆断和偏见。通过定量分析和定性分析相结合的综合评估方法,我们可以更全面地了解创业机会的优势、劣势、机会和风险等信息,从而更好地制订创业计划和策略。同时,我们还需要根据实际情况灵活调整方法和指标,以确保评估结果具有实际指导意义。

(二)可操作性原则

创业机会评估应该具有实际的可操作性,能够根据实际情况进行评估和判断。需要考虑评估方法和流程的可行性和实际效果,以确保评估结果具有实际指导意义。

在评估创业机会时,应该选择简单易行的评估方法,避免过于复杂或难以操作。评估流程应该基于实际情况进行设计,以便更好地反映创业机会的真实情况。例如,可以通过市场调研和访谈收集真实的市场需求和竞争情况等信息,并进行客观的分析和评估。例如,在评估创业机会的市场潜力时,可以根据市场环境和竞争态势等因素调整评估指标和权重,以更好地反映创业机会的实际潜力。

如果存在行业标准和规范,就应该参考这些标准来进行评估。例如,在评估创业机会的技术可行性时,可以参考行业技术标准和相关法规等规范性文件来进行评估。这样可以确保评估结果与行业标准保持一致,提高评估的可操作性。

可操作性原则要求我们在评估创业机会时考虑评估方法和流程的实际可行性和实际效果。我们应该选择简单易行、基于实际情况、可调整性高、参考行业标准的方法和流程,并考虑资源和时间限制以确保评估结果的准确性和可靠性。通过这些方法,我们可以提高评估的可操作性,从而更好地把握。

(三) 目的性原则

创业机会评估应该明确评估的目的和目标,根据不同的目的和需求选择不同的评估方法和指标。明确的评估目的可以帮助我们准确地选择评估方法和制定合适的评估指标,以确保评估工作的高效和准确。

例如,如果我们以选择高潜力的创业机会作为评估目的,那么我们就会侧重于市场需求、成长性和竞争环境等方面的评估。市场需求评估可以帮助我们了解消费者对产品的需求程度,以及潜在市场的规模和增长潜力。成长性评估则可以预测创业机会的未来发展前景,包括其潜在的收入、利润和市场份额等。竞争环境评估则可以分析竞争对手的情况,帮助我们了解市场竞争状况和创业机会的独特性。如果我们选择评估创业机会的风险和可行性作为评估目的,就会侧重技术可行性、财务状况和人力资源等方面的评估。技术可行性评估可以帮助我们了解技术的成熟度和可行性,以及是否具备必要的技术资源和能力来支持产品的研发和生产。财务状况评估则可以预测创业企业的财务状况,包括资金需求、成本结构和盈利潜力等,帮助我们制定合理的财务规划和策略。人力资源评估则可以了解创业团队的能力和经验,以及是否具备必要的管理和技术技能来推动创业机会的发展。

通过明确评估目的和选择合适的评估方法,我们可以提高评估的准确性和可靠性,从而更好地把握创业机会并提高成功的概率。

二、创业机会的评估方法

对创业机会的评估通常会采用定性分析法和定量分析法。

(一) 定性分析

一些学者对创业机会的定性分析提出了评价内容。

斯蒂文森等强调评估机会需考虑其规模、存在时长、成长速度、潜在收益是否超越投资、是否带来额外扩张空间、收益持续性以及产品或服务是否真正满足顾客需求。荣纳克等则认为评价应关注市场需求的明确性、推出时机的恰当性、持续竞争优势的获取、高回报的可能性、创业者与机会的匹配度以及是否存在致命缺陷。

托马斯·W. 齐默尔曼和诺曼·M. 斯卡博罗(Thomas W. Zimmerer & Norman M. Scarborough)在著作中描绘了创业机会定性评价的流程图,以指导评价过程。这些评价内容和流程图的提出为创业者提供了全面、系统的机会评估框架。这个流程分为五大步骤：

第一步，判断新产品或服务将如何为购买者创造价值，判断新产品或服务使用的潜在障碍以及如何克服这些障碍，根据对产品和市场认可度的分析，得出新产品的潜在需求、早期使用者的行为特征、产品达到创造收益的预期时间。

第二步，分析产品在目标市场投放的技术风险、财务风险和竞争风险，进行机会窗分析。

第三步，判断在产品的制造过程中是否能保证足够的生产批量和可以接受的产品质量。

第四步，估算新产品项目的初始投资额，明确使用何种融资渠道。

第五步，在更大的范围内考虑风险的程度，以及如何控制和管理那些风险因素。

霍华德·H. 斯蒂文森、迈克尔·J. 罗伯茨和 H. 欧文·格劳斯贝科（Howard H. Stevenson, Michael J. Roberts, H. Irving Grousbeck）在《创业风险与企业家》（*New Business Ventures and the Entrepreneur*）中指出，为了充分评价创业机会。需要考虑以下几个重要问题：

（1）机会的大小、存在的时间跨度和随时间成长的速度如何；

（2）潜在的利润是否足够弥补资本、时间和机会成本的投资，而带来令人满意的收益；

（3）机会是否开辟了额外的扩张、多样化或综合的商业机会选择；

（4）在可能的障碍面前，收益是否会持久；

（5）产品或服务是否真正满足了真实的需求。

贾斯汀·G. 洛根纳克尔和卡洛斯·W. 摩尔（Justin G. Longenecker & Carlos W. Moore）提出了评价创业机会的五项标准：

（1）对产品有明确界定的市场需求，推出的时机也是恰当的；

（2）投资的项目具有持久的竞争优势；

（3）投资必须是高回报的，从而允许一定的投资失误；

（4）创业者和创业机会之间是相互合适的。

（5）机会中不存在致命缺陷。

（二）定量分析

创业机会的定量分析可采用多种方法，如专家打分、优先级比较、加权评分等。其中，量本利分析是一种有效的定量分析方法。首先，通过精确预测市场需求量，确定产品或服务的定价和销售量，从而得出销售额。接着，分析企业的总成本，包括固定成本和可变成本。最后，计算未来企业的利润，若利润达到创业者预期，则该创业机会具有较大吸引力。通过量本利分析，创业者能够更准确地评估创业机会的经济潜力和可行性。

1. 标准打分矩阵

选择对创业机会成功有重要影响的因素,并由专家对每一个因素进行打分,最后求出每个因素在各个创业机会下的加权平均分,从而对不同的创业机会进行比较。

2. 西屋(Westinghouse)法

这实际上是计算和比较各个机会的优先级,其公式如下:

$$机会优先级别 = [技术成功概率 \times (价格 - 成本) \times 投资生命周期] \div 总成本$$

在该公式中,技术和商业成功的概率以百分比表示(从 0 到 100%);平均年销售额是以销售的产品数量计算;成本是以单位产品生产成本计算,投资生命周期是指可以预期的年均销售数额保持不变的年限;总成本是指预期的所有投入,包括研究、设计、生产和营销费用。对于不同的创业机会将具体数值代入计算,特定机会的优先级越高,该机会越有可能成功。

3. 电位计(Hanan Potentionmeter)法

这是一种让创业者填写针对不同因素的不同情况、预先设定好权值的选项式问卷的方法。对于不同的因素,不同的选项的得分为 −2～+2 分,对所有因素得分加总得到最后的总分,总分越高说明特定创业机会成功的潜力越大。

4. 巴蒂(Baty)选择因素法

在这种方法中,通过 11 个选择因素的设定来对创业机会加以判断。如果某个创业机会只符合其中的 6 个或者更少的因素,那么这个创业机会就不可取;反之则说明该创业机会成功的希望很大。

三、创业机会的评估内容

创业者要对创业机会进行科学的评估。科学评估要有一系列的评估规则或指标,如果只用单一的指标,会存在过分简单的风险。市场效益包括市场定位、市场结构、市场规模、市场渗透力、市场占有率、产品成本等。其中,市场定位包括市场定位是否明确、顾客需求分析是否清晰、顾客接触通道是否顺畅等;市场结构包括进入退出障碍、上游供应商、顾客、销售商的实力、替代性竞争产品的威胁、市场竞争的激烈程度等;市场规模包括市场规模大小、市场规模成长速度等。

财务效益包括税后净利、达到损益平衡所需要的时间、投资回报率、资本需求、毛利率、策略性价值、资本市场活力、退出机制和策略等。税后净利是创业企业的税后净利润,一般而言,好的创业机会的税后净利润在 15% 以上。达到损益平衡所需要的时间如果在两年以内,则认为是比较好的创业机会,反之时间越长则越不好。好的创业机会投资回报率应在 25% 以上,毛利率在 40% 以上。评估准则由产业和市场、资本与获利、竞争优势、管理班子和致命缺陷等五个方面的 18 项子指标组成。其中一些指标给出了定量标准,但要针对不同的行业,确定不同的定量标准。评估内容具体见表 4-1。

表 4-1 创业机会评估内容

准　则	吸　引　力	
	较 高 潜 力	较 低 潜 力
一、产业和市场情况		
1. 市场		
需求	确定	不被注意
客户	可接受	不易接受
对客户回报	不到 1 年	3 年以上
增加或创造的价值	高	低
产品生命	持久；超过投资加利润回收期	不能持久；比回收投资期短
2. 市场结构	不完全竞争或新兴行业	完全竞争或高度集中或成熟行业或衰退行业
3. 市场规模	1 亿美元销售额	不明确或少于 1 000 万美元销售额
4. 市场增长率	以 30％或 50％或更高速度增长	很低或少于 10％
5. 可达到的市场份额	20％或更多；领先者	不到 5％
6. (5 年内)成本结构	低成本提供	成本下降
二、资本和获利能力		
1. 毛利	40％～50％或更高；持久	不到 20％；很脆弱
2. 税后利润	10％～15％或更高；持久	不到 5％；脆弱
3. 所需要的时间：		
损益平衡点	2 年以下	3 年以上
正现金流	2 年以下	3 年以上
4. 投资回报潜力	25％或更高/年；高价值	15％～20％或更低/年；低价值
5. 价值	高战略价值	低战略价值
6. 资本需求	低到中等；有资助	非常高；无融资
7. 退出机制	现时或可望获利的其他选择	不确定；投资难以流动
三、竞争优势		
1. 固定和可变成本		
生产	最低	最高
营销	最低	最高
分配	最低	最高
2. 控制程度		
价格	中到强	弱
成本	中到强	弱
供应渠道	中到强	弱
分配渠道	中到强	弱
3. 进入市场的障碍		
财产保障/法规中的有利因素	已获得或可以获得	无
对策/领先期	具有弹性和相应对策	无
技术、产品、市场创新、人员、位置、资源或生产能力的优势	已有或能有	无
法律、合同优势	专利或独占的	无
合同关系与网络管理	已实现；高质量；易进入现存，有很强运作能力	粗糙；有限；不易进入
班子问题		或仅创办者一人
竞争者倾向和战略	竞争性的，非自毁性	麻木不仁

续表

准则	吸引力	
	较高潜力	较低潜力
四、管理班子的问题	没有	
五、致命缺陷	没有	一个或几个

(一) 行业与市场情况

这部分内容主要包括市场、市场结构、市场规模、市场增长率、可达到的市场份额和成本结构等。

1. 市场

好的市场机会应该能满足顾客的某种具体需求。在购买或消费该产品或服务过程中,顾客所获得的价值或所节约的成本应使顾客认为值得。对创业者而言,该产品或服务的寿命应至少超过投资加利润的回收期。相反,不好的市场机会往往不重视顾客需求,同样顾客也不容易接受这种需求,而且为顾客增加或创造的价值较低。

2. 市场结构

市场结构是由现有企业数量、销售规模、进入和退出壁垒、购买者数量、行业生产能力、成本、行业特征等因素组成。市场结构是该行业是否有吸引力的关键因素。那些细分市场没有完全得到满足的行业,新兴的行业或者在成长期的行业,都存在较大的市场机会。那些市场细分得很细且基本得到满足,行业已经到了成熟期或衰退期的行业,其中的市场机会就较少。

3. 市场规模

市场规模是指市场销售量的多少。市场规模大则销售量就多,创业机会也就较多。相反,市场规模小则销售量就少,创业机会也就较少,因为一旦已经有企业占据该市场,其他企业要想进入,会十分困难。

4. 市场增长率

有吸引力的市场是市场规模较大、增长迅速且持久的。一般而言,一个行业的市场增长率在30%～50%或以上是潜力比较大的市场,相反如果增长率很低或少于10%的市场是潜力比较小的市场。

5. 可达到的市场份额

可达到的市场份额是指企业在市场中拥有的市场占有率。如果一个企业的市场占有率在20%以上,或者是市场的领导者,那么该企业的市场机会就会更多。如果一个企业的市场占有率不到5%,那么该企业会失去很多市场机会。

6. 成本结构

如果企业提供产品或服务的成本较低,那么在市场竞争中就会拥有成本优势。如果该行业的低成本来源于技术创新,那么对创业企业而言,会存在较多的市场机会。但是,如果该行业的低成本来自规模经济或经验曲线等因素,那么对创业企业言,市场机会可能就比较少了。

(二) 资本和获利能力

以下主要从毛利、税后利润、所需要的时间、价值、资本需求量和退出机制等方面来评估创业机会。

1. 毛利

毛利是指销售额减去所有的固定成本和可变成本。对创业企业而言,高的、持久的毛利对生存和发展十分关键。一般而言,毛利在40%～50%或更高可以为企业带来宽松的资金环境,相反,如果毛利低于20%,并且不能持久,那么这个创业机会就没有吸引力。

2. 税后利润

一般有吸引力的创业机会的税后利润应在10%～15%或者更高,并且持久,而那些税后利润不到5%且没潜力的机会没有吸引力。

3. 所需要的时间

所需要的时间是指创业企业达到损益平衡点和正现金流所需要的时间。如果达到损益平衡点和正现金流的时间短,就说明创业机会的潜力大,反之则潜力小。一般而言,如果达到损益平衡点和正现金流的时间在2年以下,那么创业机会的潜力较大,相反,如果在3年以上,那么创业机会的潜力较小。

4. 价值

以高战略价值为基础的创业企业的成功可能性较大,而以低战略价值或没有战略价值的创业企业比较难成功。

5. 资本需求量

需要较少或中等量的资本的创业机会有较大的吸引力。相反,如果创业需要较多的资金,且没有融资渠道,那么创业的成功概率较小。

6. 退出机制

如果一个行业的退出壁垒较低,那么创业机会的吸引力较大。相反,如果退出壁垒较高,那么行业的吸引力比较小。

(三) 竞争优势

1. 固定成本和可变成本

低成本优势是竞争优势的来源之一。成本可分为固定成本和可变成本,也可分为生产成本、营销成本和分配成本。因此,在其他条件相同的情况下,有较低的生产成本、营销成本或分配成本,那么总成本可能会较低,具有较低的总成本的创业机会比较有吸引力。

2. 控制程度

如果创业企业能够控制市场价格、成本、供应渠道和分配渠道,那么创业企业对整个行业的控制力就较强,就会有很大的成功可能性。

3. 进入障碍

如果行业内的企业能够阻碍其他企业进入,那么对于已经进入该行业的企业就容易成功。但对创业企业而言,要进入一个有高进入障碍的行业并非易事,除非能改变该行业的竞争规则。

（四）管理班子

拥有较高素质的管理人员是创业企业成功的关键因素。在创业企业中如果有行业的精英,那么创业成功的机会将较大,当然仅仅依靠一两个精英不能保证企业持续、良性地经营,还必须要有完整的、结构合理的管理班子,才能使企业成长壮大。

（五）致命缺陷

有致命缺陷的创业机会是没有吸引力的。因此,创业者要对创业机会进行认真评估,了解创业机会中是否存在严重或致命的缺陷,以避免创业失败。

案例分析

直播电商的机会探索：李佳琦的成功之道

今年直播电商行业发展迅猛,吸引了越来越多的平台加入竞争。小红书和京东等平台也纷纷进军直播电商,并取得了不错的成绩。就连苹果和巴黎世家这样的高端品牌也开始做直播,直播电商的火爆程度不断扩散。

在直播电商行业里,直播的内容和方式发生了变化。现在的主播不仅仅是简单地卖东西,更注重与观众分享产品的故事和使用心得,这也是他们受欢迎的关键之一。直播电商机构也在尝试新的策略,采用多位主播合作的方式,不再依赖个别超级主播。

然而,直播电商市场的竞争也在多个层面上展开。成功不再只依赖超级主播,而且需要构建完整的直播生态系统,实现深度联动和多点突破。虽然直播电商市场还存在机会,新晋主播有机会取得成功,但市场竞争也非常残酷,那些跟不上市场趋势的机构可能会被淘汰。

随着互联网的普及和智能手机的广泛使用,直播带货已经成为现代社会中一个非常受欢迎的商业现象。在这个领域中,出现了一个备受瞩目的名字——李佳琦。在大学期间,他开始尝试做直播,并逐渐发现自己在化妆品方面的天赋。当时,中国的直播带货刚刚兴起,但已经有一些头部主播崭露头角。李佳琦看到了这个机会,决定加入其中。通过不断地学习和实践,李佳琦逐渐在直播带货领域崭露头角。他的直播间以化妆品为主打产品,同时有一些生活用品和食品。

李佳琦的成功离不开个人的努力和环境的红利。方便快捷的交易支付能力、完善的物流系统等,这些只有在像中国这样的超级单一市场才能拥有。而今天的中国给到李佳琦的,就是一个人卖出"100万"件的能力。这个"100万"的能力,才是最关键的因素,才能让一个普通人,能够在短短两三年时间成长为一场直播销售额上千万的超级主播。一年

365天,累计直播389场,从晚上7点到夜里1、2点;几万只口红槽里,他能3秒钟找出准确色号,脱口而出特色、优势、体验效果。这些数据极大地证明了李佳琦的专业性和努力度。比起玩命的努力,他看中了视频直播的巨大风口,就如同当年的微信公众号、抖音,这种毒辣的眼光更加难得。他的前瞻性让他成了"第一人",做出了自己独一无二的风格。个人能力、机遇和平台的完美结合,成就了现在的李佳琦。

他还注重与观众的互动和沟通,经常与观众聊天、交流心得,让观众感到亲切和温暖。通过这些努力,李佳琦的直播间吸引了越来越多的观众和粉丝。他的直播间在各大社交媒体平台上也得到了越来越多的关注和转发。很快,他的知名度迅速攀升,成为中国直播带货领域中的一位明星。

李佳琦非常注重学习和创新。他经常参加各种培训和学习课程,提高自己的专业技能和知识水平。此外,他还注重创新直播内容和形式,不断推出新的主题和活动,吸引观众的关注和兴趣。

随着社会的不断发展,人们的观念也在不断演变和多元化。在直播带货领域中,观众对于产品的需求已经不仅仅是价格低廉,更注重品质、个性化、体验感等方面。李佳琦正是抓住了这一机遇,通过自己的专业素养和良好的直播间氛围,赢得了观众的信任和支持。

资料来源:

https://www.sohu.com/a/723704512_121621374.

问题讨论:

1. 李佳琦是如何发现创业市场机会的,我们从中得到什么启示?
2. 你认为李佳琦成功创业的最重要因素是什么?

本章小结

把握创业市场机会对创业者成功创业具有至关重要的意义。成功的创业者必须能够及时捕捉到有价值的创业机会。好的创业机会就像一粒优质的种子,需要具备吸引顾客、满足顾客需求等特质。

创业机会的源泉是创意。在众多创意中,创业者需要筛选出具有价值的创意,才有可能成功创业。创业机会是具有强大吸引力、较为持久、适时的创业活动空间,它存在于能够为顾客或消费者创造价值或增加价值的产品或服务中。对创业机会的研究包括其特征、来源、识别内容、识别过程、评估方法、评估内容与准则等方面。创业机会是创业的起点和核心议题,只有准确地识别出市场中的机会,才能针对性地开发出适销对路的产品或服务,从而满足市场需求并实现盈利。

如果不能准确地识别机会,创业者就难以有效地把握市场方向,制定出合适的商业计划和战略,进而实现创业成功。在创业过程中,会面临许多不确定性和风险。通过准确地识别机会,创业者可以更加清晰地了解市场需求和趋势,有针对性地规避风险,降低创业失败率。一个好的创业机会不仅可以为创业者带来商业价值,还可以吸引各种资源,包括人力、物力、财力等,从而推动企业的成长和发展。通过准确地识别机会,创业者可以更加灵活地调整战略和策略,增强企业的竞争力和市场适应性,进一步提高企业的竞争力。通过抓住机会,创业者可以实现自己的创业梦想,改变自己的命运和提高了生活质量。同时,通过创新和创造,创业者还可以提供新的产品或服务,满足社会需求,推动社会进步,提高人们的生活质量。因此,机会识别在推动社会经济发展和提高人民生活水平方面也具有重要的作用。

为了提高自己的机会识别能力,创业者需要具备敏锐的市场洞察力和分析能力。他们需要不断学习并积累经验,以便在众多机会中准确地识别出真正有价值的创业机会。只有准确地识别出市场中的机会,才能针对性地开发出适销对路的产品或服务,从而实现创业成功并推动整个社会的进步和发展。

复习思考题

1. 创业市场机会对创业有何意义?
2. 什么是创业市场机会?
3. 创业市场机会具有哪些特征?
4. 创业市场机会的来源有哪些?
5. 如何识别创业市场机会?
6. 如何评估创业市场机会?

第五章　商业模式的设计与构建

> 学习目的
>
> 通过学习本章内容，应该掌握：
> 1. 商业模式的含义
> 2. 商业模式的结构及其要素
> 3. 运用商业模式画布进行创业项目的模式设计
> 4. 商业模式的创新路径及发展趋势

【开篇故事】

KK集团的商业模式

伴随着2019年彩妆行业的爆发，KK集团瞄准这一领域，开发了新彩妆品牌THE COLORIST调色师，并于当年国庆假期在广州丽影广场开出全国首店，不仅打造了高颜值的色彩主义空间，还引领了出彩的新式陈列方式。

作为国内首个新彩妆集合品牌以及主打全球平价和轻奢彩妆的精选集合店，THE COLORIST调色师曾创下单店日均客流量1.4万人次、单店单日突破20万元的销售业绩。2021年起其在广州、深圳、北京、上海等近20个城市新铺设近50家门店，直营线下门店超过300家。

THE COLORIST调色师将全球优质彩妆品牌与消费者连接起来，以"大规模+快时尚速度"的迭代模式，不断打造自身创新力和产品力的前沿形象，为年轻一代提供高品质、个性化、有设计感的精选产品和美学体验。

作为国内新一代一站式纯彩妆集合店，THE COLORIST调色师把握并且迎合国际彩妆趋势，三重筛选更贴近年轻人的彩妆品牌，比如首批战略合作伙伴中就有资生堂、KISS ME等知名的头部彩妆品牌，还包括ZEESEA滋色、稚优泉、澳大利亚红地球、意大利KIKO等优质品牌，几乎汇聚了市面上最热的"美妆选手"。100～200元的价格吸引了大批年轻人，基于品质和体验所产生的消费者口碑筑牢了核心优势。不到两年时间,直营门店遍布全国近百座城市的 A 类商圈,成为国内线下成长速度最快、发展势头最为强劲的美妆渠道。

为了提高流量和效率,京东到家将携手京东美妆共同助力 THE COLORIST 调色师的全渠道经营,共建美妆品牌即时零售新模式。目前,THE COLORIST 调色师已有 178 家门店上线京东到家,覆盖全国 25 个省份的上百个市县区,门店附近的消费者一键下单即可享受 1 小时送达即时配送服务。

资料来源:
https://www.sohu.com/a/485383612_121119386.

营销感悟:
彩妆品牌 THE COLORIST 调色师创新的商业模式是吸引消费者的关键。作为新彩妆集合品牌,其"大规模+快时尚速度"的迭代模式,不仅满足了消费者对于新鲜、时尚彩妆的追求,而且可以不断保持品牌的新鲜感和吸引力,还通过精选全球优质彩妆品牌为消费者提供了丰富的选择,满足了不同消费者的需求。

全渠道经营是提升品牌影响力和市场竞争力的重要手段。THE COLORIST 调色师通过与京东到家、京东美妆等电商平台合作,实现了线上线下全渠道经营,为消费者提供了更加便捷、高效的购物体验,不仅扩大了品牌的覆盖面和影响力,而且提升了品牌的市场竞争力。

第一节 商业模式概述

一、商业模式的概念

对于商业模式的概念一般有两种理解:一种可简单归纳为企业从事商业的具体方法和途径;另一种则强调模型方面的意义,提出了一些由要素及其之间关系构成的参考模型。目前,不同的机构、学者、企业家都从各自角度出发,对商业模式做出了不同的定义和解释。

琼·玛格丽塔和南·斯通在畅销书《什么是管理》中对商业模式的定义如下:商业模式就是指一个企业如何通过创造价值,为自己的客户和维持企业正常运转的所有参与者服务的一系列设想。

哈佛商学院将商业模式定义为"企业盈利所需采用的核心业务决策与平衡"。例如,谷歌让普通用户免费使用其搜索引擎,然后通过定向广告从企业客户那里获取利益。

泰莫斯认为商业模式是指一个完整的产品、服务和信息流体系,包括每一个参与者及其在其中起到的作用,以及每一个参与者的潜在利益和相应的收益来源和方式。在分析商业模式的过程中,主要关注一类企业在市场中与用户、供应商、其他合作方的关系,尤其是彼此间的物流、信息流和资金流。

清华大学雷家骕教授认为,企业的商业模式是指一个企业如何利用自身资源,在一个特定的包含了物流、信息流和资金流的商业流程中,将最终的商品和服务提供给客户,并收回投资、获取利润的解决方案。

直白地说,商业模式就是企业通过什么途径或方式来赚钱。饮料企业通过卖饮料来赚钱,快递企业通过送快递来赚钱,网络企业通过点击率来赚钱,通信企业通过收话费赚钱,超市通过平台和仓储来赚钱,等等。只要有赚钱的地儿,就有商业模式存在。

总之,商业模式是为了实现客户价值最大化,把能使企业运行的内外各要素整合起来,形成高效率的、具有独特核心竞争力的运行系统,并通过提供产品和服务,达成持续盈利目标的组织设计的整体解决方案。

二、商业模式的分类

(一) 根据商业模式的内涵分类

1. 运营性商业模式

该模式重点解决企业与环境的互动关系,包括与产业价值链环节的互动关系。运营性商业模式创造企业的核心优势、能力、关系和知识,主要包含以下几个方面的主要内容。

(1) 产业价值链定位:企业处于什么样的产业链条中,在这个链条中处于何种地位,企业结合自身的资源条件和发展战略应如何定位。

(2) 盈利模式设计(收入来源、收入分配):企业从哪里获得收入,获得收入的形式有哪几种,这些收入以何种形式和比例在产业链中分配,企业是否对这种分配有话语权。

2. 策略性商业模式

策略性商业模式是在运营性商业模式的基础上更进一步,表现一个企业在动态的环境中怎样改变自身以达到持续盈利的目的。运营性商业模式创造企业的核心优势、能力、关系和知识;而策略性商业模式是对运营性商业模式的扩展和利用,涉及企业生产经营的方方面面。

(1) 业务模式:企业向客户提供什么样的价值和利益,包括品牌、产品等。

(2) 渠道模式:企业如何向客户传递业务和价值,包括渠道倍增、渠道集中/压缩等。

(3) 组织模式:企业如何建立先进的管理控制模型,比如建立面向客户的组织结构、通过企业信息系统构建数字化组织等。

(二) 以要素为基础分类

1. 产品盈利模式

产品盈利模式指企业一直保持生产高端产品、前卫产品、行业导向产品以率先进入市场,企业所有经营要素均是围绕产品差异化来培育和配置,以标杆产品较大的附加值获取最大利润。

2. 规模盈利模式

规模盈利模式是指企业把扩大市场空间或者经营范围作为对抗竞争、获取利润的基本保障的经营思路。

例如，蜜雪冰城精准的市场定位使其抓住了大部分年轻群体消费水平较低的特点，迅速占领了中学生和大学生的消费市场，并一步步地将自己的门店开进大学，开在中学旁边，让蜜雪冰城的店铺更加靠近消费者群体。目前，蜜雪冰城占细分市场份额超过30%，全国门店数量超过2万家，覆盖31个省市自治区。

3. 服务盈利模式

服务盈利模式是指通过提供顾客所需的服务，以在产品中增加和创新服务来为产品增值，从而更有效地满足顾客利益的一种盈利模式。这种模式在零售行业应用比较广泛，零售行业本身不能为顾客提供产品质量的物质价值，但能够决定产品到达消费者手中的方式和途径，服务的水平、形式、内容往往能够为产品增加价值，在盈利要素中服务是实实在在的。

除了以上两种分类，商业模式还可以从其他不同的角度分类，而且各种分类中有相互重叠交叉的部分。这正说明了经济领域里的复杂性、多样性，也反映出企业往往是多种模式并用的，也才有了各企业商业模式的独特性、个性化。

三、常见的商业模式

（一）分拆型商业模式

分拆型商业模式包括新产品开发、客户关系管理、基础设施管理三种分拆型模式，往往又共存于同一家企业，简单理解就是多元化业务的综合企业，或者纵向跨越产业链的公司。

例如，电信运营商将一部分网络的运营和维护工作外包给XX公司，XX公司可以同一时间服务多个电信运营商，可以从规模经济中获益，以更低的成本运营网络。又如，有一些企业会将一些研发外包给外包公司。

（二）长尾模式

长尾模式指的是少量多种地销售自己的产品，汇总后也有可观的销售总收入。这要求企业库存成本低，且拥有强大平台，以保证小众商品能够及时被感兴趣的买家发现并购买。长尾市场兴起的主要原因是互联网成为数字内容类商品的销售渠道，极大地降低了库存、交流和交易的成本，为小众产品开辟了新市场。

典型代表是小熊电器。小熊电器是一个非常有特色的长尾商业模式公司，它不生产主流产品，销售渠道和沟通渠道基本依靠互联网。同时，它在产品特色上也采取了差异化，走"萌系"路线。小熊电器的产品基本以不常见的小众款构成，其中销量较高的产品是养生壶、电炖盅/锅、加湿器、煎/煮蛋器、切碎机/绞肉机，合计约占整体收入的60%。除这五大类产品外,比较火爆的产品还有料理机/榨汁机、电热/火锅、电热饭盒、多士炉、酸奶机、暖奶器等。

长尾模式在日常生活中随处可见,零售业态的超市、便利店、水果店、珠宝店、服装店、化妆品柜台等都是长尾模式。

(三) 多边平台商业模式

平台通过促进不同群体间的互动而创造价值,如平台型电商、外卖平台、网约车平台等。多边平台的价值提升在于提升它所吸引的多边用户数量,即产生网络效应。多边平台商业模式服务两个或多个相互独立客户群体,通过提供客户之间沟通、交易的平台服务而获利。例如对淘宝而言,商家、用户和广告商都是其客户。

例如谷歌商业模式的核心是在全球网络发布精准定位的文字广告,实现价值主张的路径是提供强大的搜索引擎和更多服务(邮箱、地图等),吸引更多用户数量。谷歌有着独特的收益模式:从广告商赚钱,对另两个客户群体——上网浏览者和内容提供者给予补贴。

(四) 免费的商业模式

在这种模式中,至少有一个关键客户群体是可以持续免费享受服务的,而要使这个模式能最终产生利润的方法有三种,也就是免费模式的三种衍生模式:

1. 基于多边平台提供免费商品或服务模式

与多边平台商业模式结合,让某个群体的免费服务由另一个群体买单,在互联网模式中是比较常见的,如新闻门户网站通过免费的新闻内容资讯吸引大量用户,再基于巨大流量吸引广告主付费投放广告,将流量变现。提供免费内容以及平台的成本由广告主来买单。

2. 免费增值模式

免费用户只能享受到基础的、受限制的服务,花钱购买会员后就可以享受增值服务,这在内容平台上比较常见,如在网易云音乐上,必须花钱买会员才可以听流行热门音乐。免费增值模式在社区、社交类产品中也常见,比如新浪的微博,增值部分就有会员、留言、头像挂件等特权。

3. 陷阱/诱饵模式

初始免费或价格极低,吸引消费者成为客户,并引诱客户重复购买相关产品或服务,也被称为"招徕定价"或者"剃刀/刀片"模式。这种模式的关键在于所提供的或低价或免费的初始商品是否紧密连接后续消费,使企业可以从中获取较高的收益。

典型例子是吉列和喷墨打印机。早期吉列在向市场推广可替代刀片的剃刀组合时,低折扣销售甚至免费搭送剃须刀柄,而从有专利的可替代刀片的重复购买中获益。喷墨打印机的销售思路也是如此,墨盒的后续销售也是惠普打印机利润的重要来源。

(五) 开放的商业模式

这种模式适用于通过与外部合作伙伴系统地配合来创造和获取价值的企业,在知识、技术、人才密集型行业最常见,如很多医药公司和科技公司都与外部的高校、实验室等有技术研发上的合作,腾讯/网易的游戏业务也有众多外部独立开发工作室。

腾讯的"连接器"思维是这种模式的大延伸,不只技术,腾讯还通过提供"平台、流量、数据、资金"等基础架构连接众多互联网细分领域,降低自己拓展的资本投入、风险和局限性,丰富自身的产业生态圈,构建"护城河"并获取财务收益。

第二节　商业模式要素分析

一、商业模式的组成

关于商业模式的组成部分,不同的学者有不同的看法。一般而言,商业模式主要包含八个部分:产品模式、用户模式、推广模式、运营模式、业务模式、盈利模式、渠道模式、管理模式。

(一)产品模式

产品模式主要帮助企业解决用户的产品或服务需求问题。真正的实体企业,都必须以产品为驱动,推动企业不断发展。在进行产品设计的时候,一定要思考以下几个问题:

(1)你的产品是什么?

(2)你的产品有没有层次感,是否能在为自己盈利的同时带来品牌效应?

(3)你的产品能给用户带来什么好处?解决什么问题?

(4)你的产品是否有"爆点""亮点"?

(5)你的产品是否做到了精与简?

产品模式的重点在于如何提升产品的竞争力,并做好产品的迭代与创新。

(二)用户模式

用户模式主要帮助企业用产品迎合目标用户群体的需求。如果任何人都可以是你的用户,你的产品能满足任何人的需求,那就等于没有用户模式。企业在发展过程中,一定要充分了解目标用户群体的真正需求,然后根据他们的需求创造出更有针对性的产品,这样才能更好地满足消费者。

(三)推广模式

推广模式主要帮助企业通过有效的推广方式,让更多的目标用户认识、了解、爱上自己的产品。"酒香也怕巷子深",产品做得再好,如果没有宣传和口碑,也难以在市场中迅速占据有利地位。

不少企业在做推广时有充足的经费,但最终的推广效果却不尽如人意。好的产品,需要根据产品设计出相应的推广方式去把握住用户需求的"脉搏",而不是盲目营销。真正有效的推广模式,不仅能够将产品信心传递给消费者,还能通过消费者反馈,进一步做好产品完善和创新。

(四) 运营模式

运营模式主要帮助企业解决如何提升效率、降低成本、弱化风险的问题。通过信息技术的应用有效提升企业的运营效率,通过削减成本项目达到有效降低成本的目的,通过利益捆绑降低企业运营风险,这些都是常见的运营模式。

(五) 业务模式

业务模式主要帮助企业解决如何扩大市场的问题,给企业提供更多生存机会。一个企业,如果只有一两项业务,或者不对业务进行更新,势必会被那些业务能力能够与时俱进的企业所取代。

比如,德邦除了做物流运输之外,还兼顾快递配送业务。这样,"两条腿走路",能更好地扩大市场。

(六) 盈利模式

盈利模式主要帮助企业解决借助何种手段和方式获利的问题。盈利模式决定一个企业能否很好地生存,以及在发展的道路上能走多远。企业一定要有明确的盈利模式,以获得自身发展所需要的持续收入。盈利模式也是商业模式中的核心部分。

比如,一个人文旅游景点,以往是通过线上线下售卖门票的方式盈利。为了进一步增加收益,该景点便开通了电子讲解服务,游客可以以一定的租金租用电子讲解设备。这就为该旅游景点增加了一项盈利途径。

(七) 渠道模式

渠道模式解决的是如何让消费者与产品更亲密接触的问题。随着互联网、移动互联网的普及,实体渠道、电子商务渠道、移动电子商务渠道的全渠道零售模式运用而生,也必然给企业带来全新的获客渠道。

良品铺子采用多渠道模式,不仅在线下设有专营门店,还在线上多个电商平台,如淘宝、京东、唯品会等做产品销售。除此以外,第三方平台如饿了么、美团外卖、口碑外卖、百度外卖平台上设有良品铺子商铺;良品铺子还专门开通了 App 购物平台;微信、QQ 等社交电商上也有良品铺子的身影。

(八) 管理模式

管理模式主要帮助企业借助相应的技术,达成商业供应、服务、消费者需求的精准匹配。从当前的整个技术进程来看,移动技术、大数据技术以及智能决策技术的发展突飞猛进。借助这些先进的技术,可以实现商品管理的精准化、高效化,有效解决商品进、销、存管理的问题,降低库存积压损失,提高整体利润。

二、商业模式的要素分析

商业模式的构成要素对模式是否符合公司发展战略而言至关重要。

魏炜、朱武祥两位教授(2009)给商业模式下了一个精辟的定义——商业模式是利益相关者的交易结构,并以此建立了魏朱六要素商业模式模型。商业模式的构成至少包括三个方面的内容：交易主体（谁参与交易）、交易方式（如何交易）、交易定价（收支来源是什么、收支方式是什么、何时收付、价格是多少）。商业模式体系包括企业定位、业务系统、关键资源能力、盈利模式、现金流结构和企业价值六个方面。

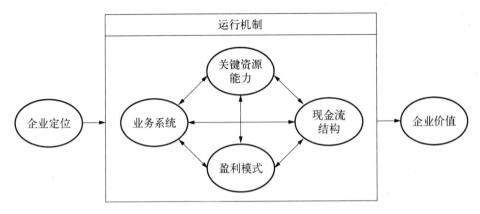

图 5-1　魏朱六要素商业模式模型

（一）企业定位

一个企业要想在市场中赢得胜利，首先必须明确其自身的定位。企业定位解决的是这样三个问题：企业为什么样的客户提供产品或服务？提供怎样的产品或服务？用什么方式来实现客户价值？这三个问题直接决定日后企业商业模式的设计。定位是企业战略选择的结果，也是商业模式体系中其他有机部分的起点。

如何确定企业的定位，可以从下列四个角度来分析：(1) 按照企业所销售的产品或服务定义自己的业务；(2) 针对某类客户群的某些或所有需求定义企业的业务；(3) 依据企业所处的行业价值链环节确定其业务；(4) 按照企业的关键资源能力及其组合来定义业务。大部分的企业只是从角度(1)或者(2)来思考自己企业的定位；但事实上，有创新性并且成功的商业模式往往来自企业定位时对角度(3)和(4)的考虑。

（二）业务系统

业务系统是指企业达成定位所需要的业务环节、各合作伙伴扮演的角色以及利益相关者合作与交易的方式和内容。业务系统是商业模式的核心之一，高效运营的业务系统不仅是赢得企业竞争优势的必要条件，而且可能成为企业本身的竞争优势。

（三）关键资源能力

业务系统决定了企业所要进行的活动，而要完成这些活动，企业要掌握和使用一整套复杂的有形和无形资产、技术和能力，这就是关键资源能力。关键资源能力解决的问题是"公司最重要的资源是什么"。企业要有核心的资源，要在整个价值链的某一个或者几个方面有核心的竞争力，才能在价值链中作为主导者，才能按照自己的想法设计业务体系。业务系统和盈利模式是需要根据企业的关键资源能力来设计的。

任何一种商业模式构建的重要工作之一都是明确企业商业模式有效运作所需的资源

和能力，如何才能获取和建立这些资源和能力。企业主要资源包括金融资源、实物资源、人力资源、信息、无形资源、客户关系、公司网络、战略不动产等，而企业的能力被划分为组织能力、物资能力、交易能力、知识能力等。

（四）盈利模式

盈利模式是指企业如何获得收入、分配成本、赚取利润。良好的盈利模式不仅能够为企业带来收入，更能为企业编织一张稳定共赢的价值网。

盈利模式解决的是如下问题：谁给企业带来利益？如何给企业带来利益？投资成本将流向何处？企业如何获得收入、分配成本、赚取利润？

（五）现金流结构

现金流结构给出的是企业经营过程中产生的现金收入扣除现金投资后的状况，其贴现价值反映了采用该商业模式的企业的投资价值。不同的现金流结构反映企业在定位、业务系统、关键资源能力以及盈利模式等方面的差异，体现企业商业模式的不同特征，并影响企业成长速度，决定企业投资价值、企业投资价值递增速度以及受资本市场青睐程度。

（六）企业价值

企业价值就是企业的投资价值，是企业预期未来可以产生的自由现金流的贴现值。企业价值是评判商业模式优劣的标准。企业价值由其成长空间、成长能力、成长效率和成长速度决定。好的商业模式可以做到事半功倍，即投入产出效率高、效果好，包括投资少、运营成本低、收入的持续增长潜力大。

定位是商业模式的起点，企业价值是商业模式的归宿，是评判商业模式优劣的标准。企业的定位影响企业的成长空间，业务系统、关键资源能力影响企业的成长能力和效率，加上盈利模式，就会影响企业的自由现金流结构。

第三节　商业模式设计与选择

一、商业模式的设计

（一）商业模式画布

商业模式画布（Business Model Canvas，BMC）是由亚历山大·奥斯特瓦德（Alexander Osterwalder）和伊夫·皮尼厄（Yues Pigneur）共同提出的概念，是指把商业模式设计的九个关键模块整合到一张画布之中，就可以灵活地描绘或者设计商业模式。这个概念的创新点在于企业仅需一页纸去描绘其商业模式。

商业模式画布覆盖了商业的四个主要方面：客户、产品服务、基础设施和财务生存能力。这四个方面又可以细分为九个要素，如图 5-2 所示。

关键合作伙伴	关键业务	价值主张	客户关系	客户细分
企业为了让商业模式有效运作所需要的供应商和合作伙伴	企业运用关键资源执行的关键业务活动	企业为客户创造有价值的产品或服务	企业和客户建立的关系以及如何维系关系	企业所服务的客户群体分类
	关键资源 企业为了让商业模式有效运作所需要的核心资源		渠道通路 企业接触客户的方式	
成本结构 商业模式运作所需要的成本			收入来源 企业从客户群体中所获得的收入	

图 5-2　商业模式画布

1. 价值主张

价值主张描述企业为客户提供什么独特价值,以及这些价值如何满足客户的需求或解决他们的问题。价值主张的主要要素如下。

(1) 目标用户:明确产品或服务是面向哪些人群。了解目标用户的需求、偏好和行为模式,有助于企业更精准地传递价值。

(2) 用户痛点:识别目标用户现阶段存在的痛点问题,即他们尚未得到满足的需求或面临的问题。

(3) 解决方案:提供具体的解决方案,说明企业如何通过其产品或服务解决目标用户的痛点。这包括产品或服务的功能、性能、特点等,以及它们如何满足用户的需求。

(4) 性能与定制化:企业可以通过提供高性能的产品或服务,以及满足个别客户或客户细分群体的特定需求来创造价值。

(5) 品牌价值:客户可以通过使用和显示某一特定品牌而获得价值,这涉及品牌的知名度、美誉度和忠诚度等方面。

(6) 便利性:确保产品或服务易于获取、使用便捷且用户友好。这包括提供方便的购买渠道、良好的售后服务等,以提高用户满意度和忠诚度。

2. 客户细分

在商业模式画布中,客户细分是首要考虑的因素,因为它决定了企业的目标市场。通过深入了解客户的特征和需求,企业可以制定更加精准的市场策略和产品服务。客户细分群体类型可分为如下五种。

(1) 大众市场:指基本不会区分的客户群体,通常具有广泛而普遍的需求。客户具有大致相同的需求和问题，价值主张、渠道通路和客户关系都聚焦于这一大范围的客户群组。

(2) 小众市场：指在较大的细分市场中具有相似兴趣或需求的一小群顾客所占有的市场空间。这类市场通常具有特定的需求或兴趣，企业需要为这一小群客户提供定制化的价值主张和解决方案。

(3) 区隔化市场：这类市场通常将消费者依不同的需求、特征区分成若干个不同的群体，每个群体都有其独特的消费习惯和需求，企业需要针对不同群体提供略有不同的价值主张。

(4) 多元化市场：是指通过经营多样化的业务来满足更广泛的市场需求，以完全不同的价值主张迎合完全不同需求的客户细分群体。

(5) 多边平台或多边市场：指服务于两个或更多的相互依存的客户细分群体的市场模式。这类市场通常通过网络平台等形式实现，平台上的不同用户群体之间相互依存，共同创造价值。

3. 渠道通路

渠道通路表示如何选择和利用渠道来接触和交付其价值给客户，包括线上和线下渠道、分销商、合作伙伴等。

(1) 线上和线下渠道：线上渠道指的是通过互联网、移动设备等线上平台进行销售的渠道，主要包括电商平台、社交媒体、品牌官网等。线下渠道指的是通过实体店面、市场等线下场所进行销售的渠道，如商场、超市、专卖店等。

(2) 分销商：指将商品从生产商直接或间接地分发给最终客户的中间商。他们通常购买商品库存并以自己的名义进行销售，承担库存管理、市场推广和售后服务等职责。

(3) 合作伙伴：是指企业与其他组织或个人建立合作关系，共同协作完成产品销售、市场推广等业务活动的合作伙伴。合作伙伴的形式多种多样，包括经销商、代理商、批发商、零售商等。

4. 客户关系

客户关系指的是企业为了达到经营目的，主动与特定目标人群建立并维护关系的过程。客户关系可以分为以下六种类型。

(1) 自助服务型：在这种关系类型中，企业为客户提供自助服务所需要的渠道或平台，客户可以自主解决问题，减少对人工服务的依赖。常见于服务类平台产品，如电商平台的自助查询系统、银行的ATM机等。

(2) 自动化服务型：这种关系将复杂的自助形式与自动化流程相结合，通过技术手段实现客户关系的自动化管理。如在线广告投放平台的自动化投放、智能客服系统等。

(3) 在线社区型：企业建立在线社区，供用户之间沟通交流，互相帮助解决问题，促进社区成员之间的互动。如知乎、豆瓣等社区平台。

(4) 共同创造型：企业与用户共同创造价值，实现共赢。在这种关系中，用户不仅是产品或服务的接受者,而且是其创造者或改进者。如开源软件社区、众包设计等。

(5) 个性化服务型:企业针对个别客户提供定制化的服务,建立深度联系。高度个性化,能够满足客户的特殊需求,提升客户满意度和忠诚度。

(6) 一对一服务型:企业为每个客户分配专属的客户经理或代表,提供个性化的服务和支持。常见于高端服务业,如私人银行、高端定制服务等。

5. 关键资源

关键资源用来描绘让商业模式有效运转所必需的最重要因素。关键资源类型可分为如下四种:

(1) 实体资产:包括生产设施、不动产、系统、销售网点和分销网络等。

(2) 知识资产:包括品牌、专有知识、专利和版权、合作关系和客户数据库。

(3) 人力资源:在知识密集产业和创意产业中,人力资源至关重要。

(4) 金融资产:金融资源或财务担保,如现金、信贷额度或股票期权池。

6. 关键业务

关键业务指的是运用关键资源所要开展的业务。关键业务可分为如下六种:

(1) 产品开发与生产:包括产品的研发、设计、制造和质量控制。这涉及技术创新、供应链管理、生产流程优化以及产品质量保证等方面。企业需要确保其产品或服务能够满足市场需求,具有竞争力和差异化。

(2) 市场营销与销售:包括市场调研、品牌建设、广告宣传、销售渠道管理、客户关系维护以及销售策略制定等。

(3) 客户服务与支持:优质的客户服务与支持是企业赢得客户信任和忠诚度的关键因素。这包括售后服务、技术支持、客户投诉处理以及客户关系管理等。

(4) 供应链管理:是企业产品从原材料采购到成品交付整个过程中各个环节顺畅运作的保证,包括供应商选择与管理、库存管理、物流运输、分销渠道管理等。

(5) 人力资源管理:涉及员工的招聘、培训、绩效评估、薪酬福利以及员工关系等方面。

(6) 财务管理:是企业实现稳健运营和可持续发展的重要保障,包括资金管理、成本控制、财务分析、预算编制以及税务筹划等方面。

7. 关键合作伙伴

关键合作伙伴是企业在业务运营中需要与之合作的外部实体,如供应商、分销商、技术提供商等。关键合作类型主要有以下四种。

(1) 非竞争者之间的战略联盟:这种合作伙伴关系通常发生在两个或多个在市场中不直接竞争的企业之间。它们可能共享相似的市场愿景、技术、资源或客户群体,但各自的产品或服务不构成直接竞争。

(2) 竞争者之间的战略合作:这通常发生在双方认为通过合作可以获得比单独行动更大的利益时。这种合作可以帮助它们保持或提升竞争力,同时减少不必要的资源浪费。

(3) 合资公司：合资公司是两家或多家企业共同投资建立的独立法人实体。它们通常具有明确的业务目标和范围，并在共同管理下运营。通过合资公司，企业可以更快地进入新市场、获取新技术或扩大生产规模。

(4) 供应商和采购：供应商为企业提供所需的原材料、零部件、设备或服务，而采购方则支付相应的费用。建立稳定、可靠的供应商和采购关系对于企业的生产运营至关重要。

8. 成本结构

成本结构是企业在经营过程中发生的各种成本类型，帮助企业了解和控制成本，优化资源配置，提高利润率。成本结构类型可分为以下两种。

(1) 成本驱动：这是最经济的成本结构，采用低价的价值主张、最大限度自动化和广泛外包。

(2) 价值驱动：专注于创造价值，增值型的价值主张和高度个性化服务通常是以价值驱动型商业模式为特征。

9. 收入来源

收入来源用来描绘公司从每个客户群体中获取的现金收入（包括一次性收入和经常性收入）。收入来源可分为如下七种。

(1) 资产销售：销售实体产品的所有权。

(2) 使用收费：通过特定的服务收费。

(3) 订阅收费：销售重复使用的服务。

(4) 租赁收费：暂时性排他使用权的授权。

(5) 授权收费：知识产权的授权使用。

(6) 经济收费：提供中介服务并收取佣金。

(7) 广告收费：提供广告宣传服务并收费。

(二) 商业模式设计步骤

根据九大要素间的逻辑关系，商业模式的设计可以分四个步骤进行（如图5-3所示）。

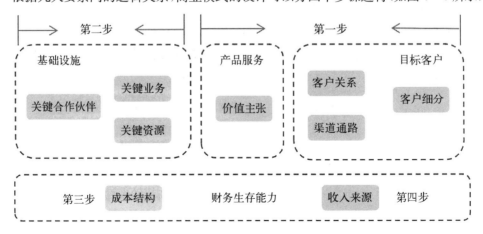

图5-3 商业模式设计四步骤

第一步,定位价值与获取收入:企业需从价值创造与收入的角度出发,明确其向目标客户提供的独特价值主张,并精准定位客户细分群体。随后,通过构建有效的渠道通路,确保价值能够顺畅地传递给目标客户,并在此过程中建立起稳固的客户关系。这一阶段的成功实施,为企业的商业模式奠定了坚实的基础。

第二步,构建基础设施:企业需聚焦于基础设施的构建。这包括评估并整合核心资源与能力,设计高效的关键业务流程,以及寻找并建立与重要伙伴的战略合作关系。这些基础设施的完善将为企业提供强大的支撑,确保商业模式能够顺利运行并持续创造价值。

第三步,确定成本结构:在成本结构方面,企业需进行细致的分析与规划。通过评估运营商业模式所需的各项成本,包括固定成本和变动成本,企业可以制定出合理的成本控制策略,确保在提供高质量产品或服务的同时,保持成本效益的最优化。

第四步,调整收益方式:企业需根据市场环境的变化和自身发展的需求,灵活调整收益方式。通过制定合理的定价策略、优化销售渠道、调整产品组合等手段,企业可以确保商业模式能够持续为企业带来稳定的收益和利润增长。

小米生态链是一个典型的通过跨界合作和生态系统构建来实现价值创造与收入增长的商业模式。第一步,小米通过精准的市场定位和用户需求分析,确定了以智能手机为核心,逐步拓展至智能家居、可穿戴设备、智能出行。在获取收入方面,小米不仅通过销售智能手机产品获得直接收入,还通过生态链企业销售的多元化产品实现了收入的多元化和持续增长。第二步,小米生态链构建涵盖技术研发、供应链管理及销售渠道三大支柱。在技术上,小米加大投入,强化创新与用户体验;在供应链管理上,与顶尖供应商建立长期合作,确保品质与成本控制;在销售渠道上,线上电商和线下体验店融合,全面覆盖目标客户。第三步,在确定成本结构方面,小米通过规模化采购和精益化管理,有效控制了产品的成本。此外,还通过软件服务、内容生态等进一步降低了对硬件产品销售的依赖,提升了整体盈利能力。第四步,小米生态链通过多元化产品组合、生态链企业合作与股权投资、品牌授权与渠道支持,以及服务创新与成本控制,灵活调整收益方式,实现了从单一产品销售到多元化收入增长的跨越,构建了可持续发展的商业模式。

综上所述,这种以用户为中心、创新驱动、合作共赢的商业模式,不仅为小米带来了可观的经济效益,更为整个智能硬件行业树立了新的标杆。

二、商业模式的核心原则

企业能否持续盈利是我们判断其商业模式是否成功的唯一外在标准。持续盈利是对一个企业是否具有可持续发展能力的最有效的考量标准,盈利模式越隐蔽,越有出人意料的好效果。

李振勇(2007)认为,商业模式的核心原则是指商业模式的内涵、特性,是对商业模式定义的延展和丰富,是成功商业模式必须具备的属性。它包括:客户价值最大化原则、持续盈利原则、资源整合原则、创新原则、融资有效性原则、组织管理高效率原则、风险控制原则和合理避税原则八大原则。

（一）客户价值最大化原则

满足客户需求，是企业谋求发展的首要目标。充分挖掘客户需求，也代表了将客户的价值最大化。客户从购买中找到价值和满足，企业也可以获得更高的利益，从而形成良性的发展。一个商业模式能否持续盈利，是与该模式能否使客户价值最大化有必然关系的。客户价值最大化的核心在于理解客户需求，在此基础上通过不断优化产品和服务，提供更好的价值，并增强客户的忠诚度和满意度，从而实现企业和客户双赢。

（二）持续盈利原则

企业能否持续盈利是我们判断其商业模式是否成功的唯一的外在标准。持续盈利是指既要盈利，又要有发展后劲，具有可持续性，而不是一时的偶然盈利。

（三）资源整合原则

资源整合就是要优化资源配置，就是要有进有退、有取有舍，就是要获得整体的最优。

在战略思维的层面上，资源整合是系统论的思维方式，是通过组织协调，把企业内部彼此相关又彼此分离的职能，把企业外部既拥有共同的使命又拥有独立经济利益的合作伙伴整合成一个为客户服务的统一体，取得"1+1＞2"的效果。

在战术选择的层面上，资源整合是优化配置的决策，是根据企业的发展战略和市场需求对有关的资源进行重新配置，以凸显企业的核心竞争力，并寻求资源配置与客户需求的最佳结合点，目的是要通过制度安排和管理运作协调来增强企业的竞争优势，提高客户服务水平。

（四）创新原则

成功的商业模式不一定是在技术上的突破，而是对某一个环节的改造，或是对原有模式的重组、创新，甚至是对整个游戏规则的颠覆。商业模式的创新形式贯穿于企业经营的整个过程之中，贯穿企业资源开发研发模式、制造方式、营销体系、市场流通等各个环节，也就是说，在企业经营的每一个环节上的创新都可能变成一种成功的商业模式。

（五）融资有效性原则

融资模式的打造对企业有着特殊的意义，尤其是对中国广大的中小企业来说更是如此。企业生存需要资金，企业发展需要资金，企业快速成长更是需要资金。资金已经成为所有企业发展中的障碍和难以突破的瓶颈。

企业在融资过程中，必须对影响融资活动的各种因素进行分析，并遵循一定的原则。只有这样，才能提高融资效率，降低融资风险与融资成本。此外，企业还要合理选择和优化资金结构，做到长短期资本、债务资本与自有资本的有机结合，以有效规避和降低融资中各种不确定性因素给企业带来的风险。

（六）组织管理高效率原则

高效率是每个企业管理者都梦寐以求的境界，也是企业管理模式追求的最高目标。

从企业角度主要可从工作饱和度、组织支持度和员工满意度等三方面着手。工作饱和度指企业通过内部分工,分配给员工个人的工作量是否饱和;组织支持度是指企业是否为员工有效开展工作提供必要的条件或资源;员工满意度则是指企业是否在文化氛围、制度体系和人际关系等方面营造出良好的内部环境,科学的奖励激励方案也有助于推动员工为企业做出贡献。从员工层面出发,可以通过敦促员工提升个人的专业知识、关键能力,使其更高效地开展工作、完成难度更高的工作任务,从而提高个人效能。

(七) 风险控制原则

设计再好的商业模式,如果抵御风险的能力很差,就会像在沙丘上建立的大厦一样,经不起任何风浪。这个风险不仅指的是系统外的风险,如经济形势、市场竞争、监管要求、消费者行为等,而且指的是系统内的风险,如技术投入、人员变更、资产管理、经营成果等。

(八) 合理避税原则

合理避税是企业减少财务成本、提高竞争力的有效途径。合理避税是指在法律允许的情况下,以合法的手段和方式来达到纳税人减少缴纳税款目的的经济行为。合理避税做得好也能大大增加企业的盈利能力,但在选择时一定要仔细甄别。

三、商业模式的选择

独特新颖的商业模式会得到投资者的青睐,能够推动创业者走向事业的高峰。但是也应该看到,现实中对许多不切实际、不可行的商业模式的过度投资,导致许多失败。在选择商业模式时应该关注以下四个重要问题。

(一) 注重企业经济要素中的智力资本

国家统计局数据显示,2021年,数字经济新产业、新业态、新模式等"三新"经济增加值为19.70万亿元,占GDP的比重为17.25%。企业必须提供整体性解决顾客问题的方案,创造价值链。企业不仅是卖产品的组织,更是卖智慧的组织,企业必须告别旧的生产要素而发展新的生产要素,尤其是智力资本。智力资本中的人力资源显得特别重要,因此企业必须注重人力资源的开发和培育。

(二) 重视知识的信息化和价值化

在信息时代,商业模式必须十分重视知识的信息化和价值化,否则商业模式会因为知识的封闭贬值而过时。对企业而言,在知识经济下,竞争力重点在于知识如何为企业创造经济价值,其交流模式是动态实时的交流和沟通。知识的信息化和价值对企业降低成本并提供更多的顾客让渡价值非常重要。

网易游戏经过二十多年的快速发展,已成为中国领先的游戏开发公司。网易游戏一直处于网络游戏自主研发领域的前端,凭借历年来稳定的精品游戏输出,截至2020年,网易连续四年位居全球手游发行商收入排行榜第二位。网易游戏知识管理成果让人吃惊,满满干货,精华知识9万多、知识专题1 200多、WIKI 22 000多、易博视频6 800多、易知260期。79.4%的员工参与过知识分享,每天有50%员工在阅读知识。

(三) 注重管理的沟通

在新兴的商业模式中,企业知识资本跨部门共享,知识管理带来的开放平台和公共数据库信息打破组织功能界限。伴随着市场竞争的日益激烈和数字化浪潮的冲击,企业对数字化时代的知识管理理论及管理实践又有新的需求。

宝洁和沃尔玛的协同管理是典型例子。双方通过电子数据交换(EDI)和卫星通信实现联网,借助信息系统,宝洁公司能迅速知晓沃尔玛物流中心内宝洁产品的销售量、库存量、价格等数据。这样不仅能使宝洁公司及时制定出符合市场需求的生产和研发计划,而且能对沃尔玛的库存进行单品管理,做到连续补货,防止滞销商品库存过多,或畅销商品断货。

在数字化转型趋势下,企业的知识创造及管理应以激活共有资源为基础,以用户和业务解决问题为出发点,打造"知识管理+"生态体系,促进知识与业务、应用场景的有机融合,实现知识管理及创造体系的生态闭环和持续改进。

(四) 降低企业成本

商业模式重塑的目标是要极大地降低交易成本,具体可以采取以下方法。

1. 以战略联盟的方式降低成本

联盟成员之间相互合作,联合开发新产品,联合采购销售,联合推销新产品,联合售后服务等。联盟的建立可以集中各成员的优势,发挥巨大的规模效应,降低研究开发、推广产品、开拓市场、销售和服务等的成本,提高企业的抗风险能力。例如惠普和康柏并购就是为了降低运营成本。目前很多企业在借助不同时区的合作伙伴实行 24 小时生产运作,寻找最佳资金来源地、最具成本效益的生产地和最能赚取利润的销售地。

2. 研究比竞争对手更好的控制支出的方法,使企业永远保持竞争优势

宜家作为当今全世界最大的家具和家居用品跨国零售企业之一,以低廉的价格提供了种类繁多的美观实用的家居用品,同时公司的销售额在全球也迅速增长。低廉的价格背后是有效的成本控制。

3. 注重价值链的成本分析,运用价值链来降低成本

价值链不仅包括企业内部各链式的活动,而且包括企业外部各链式的活动。价值链上各项活动都有密切联系,从供应商的选择到产品的设计、生产流程的确定、产品的生产销售,都要加以重视,切实地对成本进行实时监控和信息反馈,有助于企业内部成本的控制,改善企业竞争的成本优势。

第四节 商业模式创新及发展趋势

一、商业模式的创新路径

商业模式创新是指企业价值创造提供基本逻辑的创新变化,它既可能包括多个商业

模式构成要素的变化，也可能包括要素间关系或者动力机制的变化。商业模式创新的路径必须是可操作的、能够产生充分增长的、比竞争对手更有优势的。

罗辛布林等（2003）的研究提出商业模式的创新应当体现在三个方面：谁是公司的目标消费者？公司为目标消费者提供什么样的产品和服务？公司怎样将产品和服务传递给目标消费者？

商业模式创新的路径可以从以下五个方面入手。

（一）目标消费者创新

目标消费者是企业价值创造的对象和利润获取的来源。每一个创业者在创业之前都会明确定位自己的目标消费者。然而随着外部环境的变化，客户的需求也在不断变化，这就要求企业做好顾客研究工作，根据企业的变化重新细分市场和选择新的目标消费者。这样可以帮助创业者发现新的商机获取潜在的利润，从根本上创新企业商业模式。比如元气森林，主打"零糖零脂零卡"，满足消费者对于健康软饮的诉求，猛攻无负担不长肉的差异化定位，一举成为现象级单品，为国内新消费市场交上了一份满意的答卷。元气森林对目标消费群体的创新性选择与锁定非常关键，推动了其在市场上的爆红。

（二）客户价值创新

客户满意是价值实现的条件。要想提高顾客满意度，关键是把握顾客的核心价值。例如低端客户可能比较注重产品的性能和功效，而不是特别关心产品服务价值和形象价值，这时产品价值就成了核心价值，其他价值是非核心价值。对于高端客户来说，形象价值和服务价值就成了核心价值。客户价值创新就是要求创业者真正理解客户的核心价值，并开发出一套全新的商业模式，以最大限度地满足客户的核心价值。

以倍思科技为例，作为一家重视技术创新与设计创新的数码品牌公司，倍思科技有着非常明确的产品价值观——"实用而美"。2022年，倍思推出了一款65W的数字式快充插线板，极大地解决了用户桌面充电的痛点。对于插线板这种随处可见的品类，倍思并没有使用市面上常见插排的外观，而是走出了极简风，美观大方且极具设计感；从实用角度来看，这款插线板解决了用户桌面电子设备多、充电需求复杂、传统插线板无法满足需求的痛点，极大地优化了桌面空间，成为一款高效工作型的产品，实现了桌面办公一个就够的用户需求。

倍思科技的产品线十分多样，深入了多样化的使用场景，如智能终端周边、办公电子产品、车载出行场景，也涵盖了车载周边、清洁类产品，以及当下需求旺盛的户外储能产品等。

（三）产业链协同创新

一个企业作为产业链上的某个环节，如果能和其他环节尤其是关键环节有效整合，则必然会使整个产业链实现协同创新，从而实现价值链整体效益的倍增。

例如，比亚迪作为全球新能源汽车龙头，在新能源汽车上中下游关键产业链上都有布局，像上游的锂矿等初级材料供应链，中游的电池制造、电机、电控等，下游的各种生产销售供应链等。

（四）资源整合创新

商业模式的核心是资源要素的整合。成功的商业模式应当能使企业运行的内外资源要素创新地整合起来，形成高效率的、具有独特核心竞争力的持续盈利的优势。尤其是资源的跨行业整合，往往在商业模式上同竞争对手形成了差异性，等于为企业制定了新的竞争规则，也等于区隔了传统的竞争对手，为企业的成长创造了宝贵的空间和时间。

例如携程最初是学习新浪、搜狐做网站的，后来收购了当时最大的酒店预订中心——现代运通；又切入机票预订领域，并购机票代理公司北京海岸；不久又将华成西南旅行社收入囊中，正式进军自助游市场。

（五）价值链创新

在高度竞争的环境下，企业考虑利润产生的环节和自身实力，在价值链中选择合适的位置，发展与供应商、分销商、合作伙伴的联系，发挥协同效应，形成共同为顾客提供价值的网络。

例如，制造业的价值链除了加工制造，还包括产品设计、燃料采购、物料运输、订单处置、批发销售、终端营销。在这七个环节中，加工制造环节价值最低，其他六个环节则是整条产业链中更有价值、更能赚钱的部分。

二、商业模式的创新类型

德布林咨询公司在研究了近两千个最佳创新案例后发现，所有伟大的创新都是以下十种基本创新类型的某种组合。

（一）盈利模式创新

盈利模式创新是指公司寻找全新的方式，将产品、服务和其他有价值的资源转变为现金。出色的盈利模式往往反映了对客户和用户真正需求的深层次理解，以及关于新的盈利或定价机会在哪里的洞察。这种创新常会挑战一个行业内旧有的产品体系、定价策略以及收益模式。常见的例子有，企业采用溢价方式，为所提供的产品和服务收取高于竞争对手价格的费用；或者企业采用拍卖的形式，完全由市场定价。

（二）网络创新

在当今高度互联的世界里，没有哪家公司能够独自完成所有事情。网络创新让公司可以利用其他公司的流程、技术、产品、渠道和品牌。

在华为与西门子的合作中，华为希望借助西门子所拥有的技术专利，弥补自己的技术短板。另外，华为也顺势让西门子在欧洲代理华为的数据通信产品。凭借西门子在欧洲良好的客户关系，华为数据通信产品的销售很快突破1亿美元。这就是网络创新的优势所在。

（三）结构创新

结构创新是通过采用独特的方式组织公司的资产（包括硬件、人力和无形资产）来创造价值。它可能涉及从人才管理系统到重型固定设备配置等的方方面面。结构创新的例子,包括建立激励机制,鼓励员工朝某个特定目标努力,实现资产标准化从而降低运营成本和复杂性。

小米公司始终坚持同工同酬,以"全面薪酬"与"以绩效为导向"的薪酬策略,公平地为员工提供有竞争力的薪酬与福利,除了国家法定福利之外,还向员工提供商业补偿保险、年度体检、生日福利、结婚福利、生育福利、周年纪念和员工关怀。为了激发员工活力,小米推行了股权激励计划。此外,小米十分重视人才培训,为全球范围内的员工提供通识、企业文化、前沿科学技术、管理技能、科学思维方法等不同类型课程,旨在帮助员工提升基本素质、职业素养、专业能力和领导力。

(四)流程创新

流程创新涉及公司主要产品和服务的各项生产活动和运营。创新需要彻底改变以往的业务运营方式,使公司具备独特的能力,高速运转、迅速适应新环境,并获得领先市场的利润率。

20世纪80年代的福特公司为了降低管理成本,公司拟推行自动化,以争取将处理账款的员工人数压缩至400名。但当他们看到日本马自达汽车公司只有5名员工处理应付账款时,都非常震惊,这显然说明福特在某些环节出了问题。他们重新梳理了整个应付款账流程,去掉了"费用清单"环节,使得人员直接缩减到125名。

(五)产品性能创新

产品性能创新是指公司在产品或服务的价值特性和质量方面的创新,这类创新既涉及全新的产品,也包括能带来巨大增值的产品升级和产品线延伸。产品性能创新常常是竞争对手最容易效仿的一类。

与席梦思、舒达等品牌床垫相比,Simba床垫的最大特点就是其Aerocoil魔力钛气圈。这种锥形结构的弹簧,无论睡姿如何变化,都能够迅速感应并自动调整、承托身体的各个部位,提供绵密精准的有力支撑和恰到好处的舒适贴合。床垫的锥形结构能够迅速感应人体的姿态,同时避免弹簧间的碰撞,保持静音,维护安静舒适的睡眠环境。在欧美等地,Simba床垫一经推出,就成为广受欢迎的选择,并且在全球范围内拥有广泛的市场和业务。

(六)产品系统创新

产品系统创新是指将单个产品和服务联系或捆绑起来,创造出一个可扩展的强大系统。产品系统创新可以帮助企业建立一个能够吸引并取悦客户的生态环境,并且抵御竞争者的侵袭。例如,宝洁自进入中国市场以来,持续地在卓越的产品、包装、消费者沟通、市场营销和渠道执行上加大投入,提升品牌力、产品力和渠道力。其中包括:大力投入产品创新,加速拓展产品线布局;通过营销创新,打造穿越周期的长青品牌;升级与战略伙伴的合作,把引领品类增长作为宝洁的核心目标,推动品类发展,创造长期价值。

(七)服务创新

服务创新保证并提高了产品的功用、性能和价值。它能使一个产品更容易被试用和享用;它为顾客展现了他们可能会忽视的产品特性和功能;它能够解决产品顾客遇到的问题并弥补产品体验中的不愉快。

海底捞始终秉承"服务至上、顾客至上"的理念,以创新为核心,改变传统的标准化、单一化的服务,提倡个性化的特色服务,致力于为顾客提供"贴心、温心、舒心"的服务。2023年,随着文娱行业的复苏,海底捞意识到演唱会、音乐节等是扩展场景的全新机会。海底捞的员工在演唱会门口,穿上制服,举着广告牌,开上免费大巴,引导散场观众,登上路边的大巴,把他们"捞"到店里就餐。

(八)渠道创新

渠道创新包含了将产品与顾客和用户联系在一起的所有手段。虽然电子商务在近年来成为主导力量,但实体店等传统渠道还是很重要——特别是在创造身临其境的体验方面。这方面的创新老手能够发掘出多种方式将他们的产品和服务呈现给顾客。

元气森林在线下渠道扩张的瓶颈期,转向线上渠道铺设,在小红书、微信、抖音等社媒投放大量广告,利用 KOC、KOL、明星推广、跨界联名、直播等方式提升品牌认知度。除了京东和天猫,元气森林在小红书和微信都开设了线上商城,布局私域流量的同时可以简化消费者购买路径。此外,元气森林也进军传统商超、地市零售商店,拓展经销商,与传统渠道玩法融合,如代理政策、经销商客情、地市区域等,进行全渠道铺设,实现更多用户覆盖。

(九)品牌创新

品牌创新有助于保证顾客和用户记住企业的产品,并在面对竞争对手的产品或替代品时选择适合自己的产品。好的品牌创新能够传递出一种"承诺",吸引买主并提供一种与众不同的身份感。

喜茶在行业普遍使用茶粉和奶精等原材料制作茶品时,率先使用新鲜的原叶茶、牛奶和芝士,研发推出芝士茶,一举开辟新茶饮赛道。随后,喜茶持续进行产品研发,推出了"满杯""芝芝""多肉"等让消费者眼前一亮的系列新茶饮产品;还发掘和引进春见柑橘、油柑、黄皮等国内区域性特色水果进行新品研发,持续开发出引领全行业风潮的独特茶饮产品,在赢得消费者和市场认可的同时,也逐渐建立起了自身的品牌影响力。

(十)顾客交互创新

顾客交互创新是要理解顾客和用户的深层愿望,并利用这些来发展顾客与公司之间富有意义的联系。顾客契合创新开辟了广阔的探索空间,并帮助人们找到合适方式,把自己生活的一部分变得更加难忘、富有成效并充满喜悦。

例如星巴克在上海推出全球最大 AR 咖啡烘焙厂,占地两层,约 2 700 平方米,使用 3D 物体识别技术,在店面中的十几个关键位置隐藏 AR 线索,顾客使用 AR 扫描功能,沉浸式探索"从一颗咖啡豆到一杯香醇咖啡"的故事,宣扬咖啡文化,打造全流程融合的体验式零售。

创新的同时还要注意,只选择一两种创新类型的简单创新不足以获得持久的成功,尤其是单纯的产品性能创新就很容易被模仿、被超越。企业需要综合应用上述多种创新类型,才能够打造可持续的竞争优势。

三、商业模式的发展趋势

(一) 跨界融合新业态

自进入"互联网+"4.0时代以来,跨界融合成为商业模式创新的新趋势,通过培养行业新生态的方式,跨界融合取得了长足发展。如国民品牌鸿星尔克携手五大国漫,率先在行业内布局国漫IP系列产品支线,还联合小度一起为消费者打造出科技感十足的"智能健身房"新体验;传统车企长城联合腾讯、阿里、百度、中国电信、中国联通、中国移动、华为和高通8家战略伙伴共建全域智慧生态等。这些都是企业跨界融合的成功尝试。

未来"互联网+"时代,企业的竞争绝不仅是产品与服务的竞争,更是跨界融合的竞争。随着科技不断发展、互联网渗透率不断提升,行业间边界越来越模糊,行业与企业的跨界竞争壁垒不断降低,使得跨界竞争成为新常态。客观而言,跨界融合需要企业利用竞争优势打造新的生态,秉承共享、共赢与合作原则,完善商业生态系统,扬长避短强化企业核心竞争力。

(二) 市场配置共享经济

经济全球化背景下,以众创空间(WeWork)、爱彼迎与共享单车等为代表的共享经济商业模式大热,凭借着其独特的管理模式与商业模式,颠覆了传统商业模式。从资源配置角度而言,共享经济的价值在于提高资源配置率,激活闲置资源,让参与者获取共享红利,并实现多方共赢互利的目的。

以爱彼迎为例,自2008年成立以来,品牌已经在全球两百个国家拥有两百万套房源,全球范围内的客户量超过3 500万户,品牌估值已经超过250亿美元。我国从短租平台到出行交通工具,再从物品分享到知识技能共享等,共享经济商业模式也取得了飞速发展。根据中国共享经济发展报告,2022年我国共享经济市场交易规模约38 320亿元,同比增长约3.9%,参与人数超过5亿人,涉及领域包括房屋短租、生活服务、生产能力以及金融、知识技能和交通出行等方面,诞生了小猪短租、神州租车、哈啰单车与滴滴出行等新兴企业。

(三) "三流"融合新闭环

信息流、资金流与物流是商业模型的基本要素。其中,物流是产品与服务的表现,资金流是支付与资金运转的表现,信息流是商业信息与产品信息的互动。在"互联网+"时代的未来,利用"三流"合一打造商业闭环,将有助于推动企业的可持续发展,京东、苏宁与阿里巴巴等企业,均是打造商业闭环的杰出代表。

首先是信息流的把握,要借助微博、微信等平台,充分发挥互联网工具的作用与价值,深入了解客户需求,及时、准确采用大数据分析,为商业模式创新与产品服务创新奠定坚实基础;其次是物流体系的构建,充分实现产品价值,提高产品附加值。在互联网时代,企业的产品信息与品牌的价值信息能够轻松通过互联网传递。为了打造商业闭环,现代企业首先需要秉承"线上线下结合"的发展理念,通过与物流公司、互联网公司合作,打造线上线下无缝的服务体系;再次是资金流的保障,借助第三方支付渠道与金融管理部门,保障资金的良性循环,打造商业模式的生态圈,实现对消费者行为数据的全方位了解。

(四)小众市场长尾模式

对于传统制造企业而言,借助互联网平台直接面对消费者,其优势在于降低消费者的购买成本,同时提高服务商的运作效率,有助于充分满足消费者的个性化需求。借助个性化、小批量、多样化的小众市场长尾模式,生产销售企业利用信息化技术充分掌握了分散客户的个性化需求,打破了传统商业流通环节的信息不对称瓶颈,能够按需生产、定向销售,通过创新与创意的融合,打造企业核心竞争力。

例如,上文提到的小熊电器便得益于大数据技术的飞速发展,运用电商平台加上精准营销,使消费者可以更便捷地比较不同产品的功能、价格、受欢迎程度等信息。商家也能从日积月累的数据里,研究用户群的消费习惯、功能要求、竞争对手的薄弱点等,来制定战略、设计开发产品。通过十来年的线上大数据积累,小熊电器掌握了海量的消费者数据,这是小熊电器的一大竞争优势。

案例分析

天真蓝:商业模式创新开拓新天地

毕业于计算机专业的周扬,2010年在上海创办了主要提供精致证件照、个人形象照、合影写真服务的影像服务品牌——天真蓝 Naive Blue(简称天真蓝)并兼创意总监。天真蓝从一间88平方米的小店开始,赢得百万客户,门店持续扩张。

周扬毕业后,从事软件开发工作,在为传统的快照快印店客户提供自助订单机开发时,接触到了其中的业务。当时他就认为,"证件照是一件没有做好的事情"。而且,他发现市场上也没有专门拍证件照的品牌。

天真蓝最初的目标客户群体是对求职证件照有刚需的毕业生。为了弥补淡季空当,周扬想到了没有明显"淡旺季"的结婚登记照片。以往,大家以为结婚照只能在民政局拍,而在民政局拍的结婚照却比较草率,并没有被拍好。天真蓝采用错峰销售的手段,在求职季的旺季结束后,充分地挖掘结婚照的市场。

和传统的路边照相馆相比,天真蓝的一大特色是将化妆、服装搭配、造型等纳入了整个拍照流程体系,大大提高了照片的美感。他把拍照服务拆解成了不同的环节,新人每人负责一个专门环节,从而实现标准化。

到2012年底,天真蓝首家店实现了盈亏平衡。2014年初,微博大V罗永浩转发了一条关于天真蓝的微博,让其在网络上一夜爆红。短短几天内,天真蓝的微博粉丝从7 000多涨到9万多人,线下预约爆满。

天真蓝于 2017 年推出了改造线下小型私营照相馆的加盟店"方快"和"方快 PLUS"子品牌,将业务拓展至下沉市场。"方快 PLUS"注重提供精品生活摄影服务,专注快照服务,对社区化快照店进行改造、挂牌和更新,利用人工智能提升人工效率,通过集中、远程、高效率的修图技术赋能路边快照店,将天真蓝的服务更广泛地推向市场。"方快"的出现是一次拥抱 AI 技术的革新,有效地优化了门店、降低了成本、提高了毛利;"方快"品牌赋能街边照相馆的商业模式,更是让天真蓝突破了 To C 业务,打开了 To B 市场。

随着互联网和新科技的发展,许多产业的界限变得模糊,而用户资源是有限的,只有共享才能实现双赢。所以,天真蓝也开始玩"跨界",利用互联网技术及大数据分析优势,与各类化妆品、服装品牌、生活方式 IP 联动合作——为雅诗兰黛、欧莱雅、植村秀定制了风格拍摄,与得物 App 合作了"我就是我的理想型"潮流主题大片……通过跨界合作,天真蓝不断突破自身边界,覆盖了更广阔的用户人群。

天真蓝转型意识强,在新时期依托大数据打造产业链,在移动互联网等新技术的推动下抓住机遇,调整经营思路,在创新的同时回归照相服务本身的价值,从需求中来,到需求中去。

资料来源:
https://www.sohu.com/a/235734366_100075974.

问题讨论:
1. 天真蓝的商业模式有何创新之处?
2. 分析天真蓝的商业模式,我们能得到什么启示?

本章小结

商业模式是对一个组织如何行使其功能的描述,是对其主要活动的概括。一个好的商业模式,也是创业成功的必备要素。为了实现客户价值最大化,商业模式把能使企业运行的内外各要素整合起来,形成高效率的、具有独特核心竞争力的运行系统,并通过提供产品和服务,达成持续盈利目标。根据不同的分类标准,商业模式也有不同的类型,适用于不同的企业。

商业模式画布能够帮助团队催生创意、降低猜测,确保他们找对了目标用户、合理解决问题。根据画布设计商业模式,要了解目标客户并确定他们的需求,要思考企业如何接触到用户,制作怎样的业务,怎么使产品盈利,凭借什么筹码实现盈利,投入产出比是怎样的,关键合作伙伴是谁,以及如何维护客户关系等。有了商业模式画布,就能帮助创业者更好地思考自己的商业模式。

商业模式不会是一成不变的,有时候商业模式的创新能够产生充分增长的利润以及竞争优势。对于企业而言,这也是保持长期竞争优势的重要因素。而在考虑商业模式创新时,未来发展趋势也是重要的影响因素,如技术进步、共享经济、互联网、跨界融合等。

在日益激烈的竞争中,新的商业模式层出不穷,而这也是商业社会的魅力所在。

复习思考题

1. 为什么商业模式在创业中如此重要?
2. 商业模式的含义是什么?它与管理模式的区别是什么?
3. 商业模式的选择需要注意什么?
4. 商业模式的创新类型有哪些?
5. 解构新锐企业的商业模式给我们什么启示?

第六章 创业企业的营销战略

> **学习目的**
>
> 通过学习本章内容,应该掌握:
> 1. 创业企业进行市场细分、选择目标市场、市场定位的方法
> 2. 创业企业竞争战略的基本类型
> 3. 创业企业品牌战略管理的基本决策问题
> 4. 创业企业顾客战略包含的基本内容

【开篇故事】

农夫买马

有位农夫想要为他的小女儿买一匹小马。在他居住的小城里,共有两匹小马出售,从各方面来看,这两匹小马没什么差别。

第一个人的小马售价为 500 美元,可以直接将马牵走。第二个人则索价 750 美元,但是他告诉农夫,在农夫做决定前,农夫和他的女儿可以先试骑小马 1 个月,而且他准备了小马 1 个月所需的草料,并让他自己的驯马人每周 1 次到农夫家去教小女儿如何喂养及照顾小马。最后他说,在第 30 天结束时,他会驾车到农夫家,或是将小马取回,把马舍清扫干净;或是收取 750 美元,将小马留在农夫家。经过权衡,农夫最终选择了第二个商人。

30 天后,卖马人来到农夫家,询问农夫买不买这匹马。农夫因为非常爱他的女儿,征求他女儿的意见。他女儿经过与这匹马一个月的相处,已经建立了深厚的感情,农夫毫不犹豫地支付了 750 美元,买下了这匹马。

资料来源:

https://mp.weixin.qq.com/s/hPOS3wylX6Oy6q5_az3N8A.

营销感悟:

在创业企业的竞争中,获胜的最根本方法是构建以客户需求为中心的企业营销战略体系,要让客户说"好",将顾客所有的风险因素弱化甚至消除,将有可能会给你的生意带来好处的因素尽量放大。

第一节 创业企业的定位战略

创业企业的营销活动,有很多不规则和不系统的行为。这是因为创业企业在市场上成长的时间比较短,企业营销人员的市场经验和体会市场的时间有限,只能用一个阶段的经验去诠释市场营销的全部含义。因此,对创业企业进行营销战略设计十分必要。对创业企业而言,如何准确定位市场,在目标顾客群体的心智阶梯上占据一个独特、有价值的位置,以最大限度降低产品开发成本,是营销战略制定过程中的关键问题。

一、创业企业的市场细分

由于创业企业执行计划的资金和人力有限,因此必须将精力集中在最具购买力的消费者身上。同时,聚焦在一个细分市场的开发有助于创业企业较早地造势,在目标客户群中更快地建立认知和口碑,在细分领域建立起自己的竞争壁垒,这正是创业者积累第一桶金的秘诀。

(一)市场细分的内涵

市场细分是新创企业根据自身条件和营销目标,以需求的某些特征为分类标准或变量,把整体市场分割为若干个具有不同需求特征的消费者群的过程或方法。值得强调的是,市场细分不是对产品的分类,而是对消费者的分群,每个消费者群可以说是严格的细分市场。那么,实行市场细分对新创企业会产生什么作用呢?让我们先看一个案例。

案例 6-1　露露乐蒙的市场细分

20世纪末的北美市场,瑜伽已经成为众多中产阶级女性热衷的一项运动,但是并没有专业的瑜伽服装产品。露露乐蒙(Lululemon)由奇普·威尔逊(Chip Wilson)于1998年在加拿大创立,并于当年售出第一条瑜伽裤。当时的运动服饰的头部品牌主要设计的是专业高强度运动产品。耐克(Nike)和阿迪达斯(Adidas)的重点放在了专业运动鞋/跑鞋的市场争夺上,而忽视了当时已经开始流行的瑜伽文化。瑜伽品类本身处于一片蓝海之中,市场几乎空白。

与耐克和阿迪达斯的定位不同,露露乐蒙在初始阶段进军瑜伽领域,且受众群体基本为收入高、对生活品质有要求的年轻女性。她们的品牌忠诚度、高价接受度更高,对产品的舒适度和时尚性更为重视。一旦抓住这类高端群体,就更容易获得行业领先地位,形成更稳定的品牌忠诚度。当更多运动品牌加码女性运动市场时,露露乐蒙已经抢占先机,获得了差异性优势。2000年露露乐蒙公司开设了第一家商店,但仅仅八年后的2008年,露露乐蒙开始在113家零售店销售价值3.5亿美元的产品。2019年,它在全球拥有460家商店,有15 000多名员工,产品覆盖瑜伽裤、短裤、上衣、毛衣、夹克和内衣,以及瑜伽垫、包、发饰和水壶等。露露乐蒙成功运用细分的市场定位与头部运动品牌的错位竞争,使得公司在早期发展时有足够的空间来发展壮大。

由上述案例我们可以清楚地看到市场细分对创业企业的重要意义。归纳起来,市场细分的意义具体有以下三个方面:

(1) 进行市场细分,有利于创业企业更深入全面地了解顾客。在市场细分的基础上,创业企业可以增强市场调研的针对性,切实掌握目标市场消费需求和行为的变化情况,分析潜在需求,发展新产品,开拓新市场。

(2) 进行市场细分,有助于企业更好地根据自身资源和能力情况,扬长避短,优化公司生产成本以及营销花费,选择最有利的细分市场进行产品开发,提高创业企业竞争能力。

(3) 进行市场细分,有利于企业制定最佳营销战略和有针对性的营销组合策略,精准传递品牌信息,有效地执行营销计划,获得顾客的忠诚。

(二) 创业企业细分市场的依据

消费者的需求、动机以及购买行为因素的多元性,是市场细分的内在根据。市场细分要对顾客需求进行分类,就必须有分类标准。现实中,顾客包括消费者与生产者,其需求存在巨大差异,因而细分依据也不太相同。下面对消费者市场细分的依据进行详细叙述。

根据现有市场营销理论,消费者市场细分标准一般包括4个一级细分标准:地理变量、人口变量、心理变量和行为变量。每个一级细分标准又包括很多二级细分标准,具体见表6-1。

表6-1 消费者市场的细分标准

一级标准	二级标准
地理变量	地理区域、自然气候、资源分布、城乡状况等
人口变量	年龄、性别、家庭规模、职业、收入、教育程度、宗教信仰、种族、社会阶层、家庭生命周期、身体特征等
心理变量	生活方式、个性、性格、态度、购买动机、兴趣爱好等
行为变量	购买时机、购买频率、消费利益、使用状况、忠诚程度等

1. 按地理状况的市场细分

由于处在不同地理环境下的消费者对于同一类产品往往会有不同的需要和偏好,因此他们对企业的产品、价格、销售渠道、广告宣传等营销措施的反映也常常存在差别。有关地理状况的细分变量,主要包括消费者所居住的地区,如东北、华北、西南、华南或山区、平原、内陆、沿海,以及这些地区的自然特点,如人口密度、气候、城市规模等。企业可以分别利用各个地理变量或其组合来进行市场细分。

早期华为进入通信市场的时候,中国的电信市场非常广阔,用户的需求多种多样,繁杂无比,但竞争也比较激烈,尤其要面对强大的国外厂商和合资品牌厂商。华为作为市场后入者和挑战者,不可能在城市市场上与强大对手硬碰硬,所以选择了对手的薄弱环节——农村市场作为突破口,以"农村包围城市"这个地理细分市场的策略取得创业成功。

2. 按人口统计的市场细分

按人口统计的市场细分是以描述人口一般性特征的人口统计变数,如年龄、性别、收入、职业或民族等将市场划分为不同群体。由于以人口统计变数来细分市场比其他变数更容易衡量,且适应范围比较广泛,因此许多消费者市场可按这一方法进行细分。同时,这些人口统计特征也会直接指向某些利益和行为特征,如青年女性的时尚偏好、中老人的保健需求以及高收入者的奢侈偏好等。

某创业企业打算选择30~45岁、拥有硕士学位、年收入超过10万的未婚女性作为目标用户。仅根据这些信息,不难推断这个产品或服务是针对忙碌的、有事业心的、快节奏生活的女性。这是一个利基市场,当他们接触到这一人口统计类别的女性时,最有可能看到最高的转化率。这正是按人口统计细分市场的优势。

3. 按心理的市场细分

按心理的市场细分是将购买者按其社会阶层、生活方式、性格、态度而细分成不同的群体。属于同一人口或地理细分市场的消费者可能表现出差异极大的心理特征。心理因素较为抽象,对于不少创业者而言不太容易把握。

当下在服装、化妆品、家具、餐饮、游乐等行业,企业越来越重视按照人们的生活格调来细分市场。生活格调是指人们对工作、消费、娱乐的特定习惯和倾向性方式。它的形成与环境条件有关,直接成因却是人们的个性、兴趣、价值观等心理因素。比如,长期疫情席卷下的世界,人们的内心被阴霾笼罩。直到2023年步入后疫情时代,色彩斑斓的多巴胺穿搭诞生和崛起,用以对抗坏情绪。

4. 按行为的市场细分

按行为的市场细分就是按照消费者购买或使用某种商品的时间、购买数量、购买频率、对品牌的忠诚度等变数来细分市场。作为直接体现消费者购买意愿的一种细分变量,它可以帮助创业企业量体裁衣,制定更好的营销方法,打造更贴心的客户体验。

网飞研究了轻度用户的观看行为和偏好之后,在平台上专门开发新功能,像是竖起大拇指的互动评分按钮、自动播放下一集等,成功提高了轻度用户的使用频率。再以牛奶为例,同样是牛奶,不同顾客饮用的时机是不一样的。有些顾客可能习惯在早餐的时候喝一杯牛奶补充相关的能量,另一些顾客可能习惯在晚上睡觉前喝一杯牛奶,认为有助于睡眠。蒙牛据此推出一款叫晚上好奶的牛奶,针对有安神助眠偏好、睡前喝牛奶的消费者。

（三）创业企业市场细分的方法

创业企业市场细分的方法主要有单一变量法、主导因素排列法、综合因素细分法、系列因素细分法等。

1. 单一变量法

所谓单一变量法，是指根据市场营销调研结果，把影响消费者或用户需求最主要的因素作为细分变量，从而达到市场细分的目的。例如，玩具市场需求量的主要影响因素是年龄，针对不同年龄段的儿童设计适合不同需要的玩具早就为玩具商所重视。除此之外，性别也常作为市场细分变量而被企业所使用，妇女用品商店、女人街等的出现正反映出性别细分为大家所重视。

2. 主导因素排列法

主导因素排列法即用一个因素对市场进行细分，如按性别细分化妆品市场、按年龄细分服装市场等。这种方法简便易行，但难以反映复杂多变的顾客需求。

3. 综合因素细分法

综合因素细分法即用影响消费需求的两种或两种以上的因素进行综合细分，例如用生活方式、收入水平、年龄三个因素可将妇女服装市场划分为不同的细分市场，如图 6-1 所示。

老年
年龄
中年
青年
收入水平
高
中
低
朴素型
时髦型
有男子气质型
生活方式

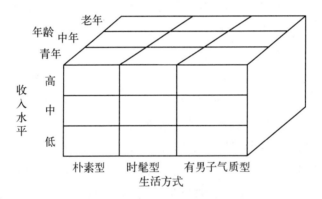

图 6-1　综合因素细分法

4. 系列因素细分法

当细分市场所涉及的因素是多项的，并且各因素是按一定的顺序逐步进行，可由粗到细、由浅入深，逐步进行细分，这种方法称为系列因素细分法。它可以使目标市场变得越来越具体，例如某地的皮鞋市场就可以用系列因素细分法（具体见图 6-2）做如下细分。

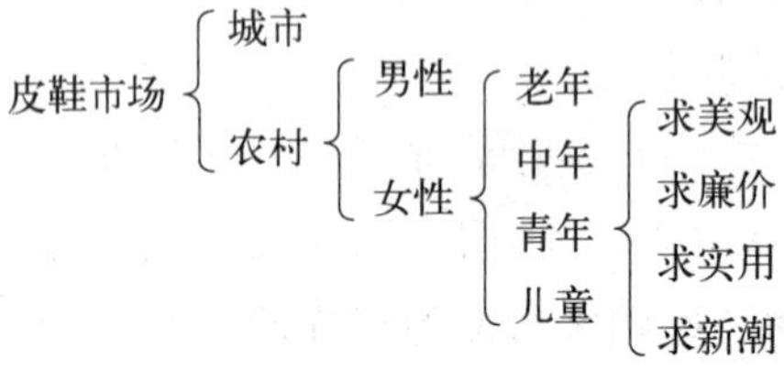

皮鞋市场
城市
农村
男性
女性
老年
中年
青年
儿童
求美观
求廉价
求实用
求新潮

图 6-2　系列因素细分法

(四)有效细分市场的关键问题

今天的很多商品、很多工作岗位、很多经营模式,在十年前甚至是五年前都不存在,市场细分的速度正在加快。但是创业者必须认识到,细分市场并不是真实的,也从来不是一成不变的,没有绝对的对错。毕竟消费者的脸上没有印着某个细分市场成员的标记,细分过程源自对消费者购物习惯和媒体习惯的适当的数据收集与分析,以及营销者富有创造性的洞察力。

良好的细分市场是企业投入一定的营销资源就有较高的成功机会的目标市场,这需要创业企业在实施细分市场的过程中遵循以下基本原则。

1. 可区分性

企业能通过细分变量识别消费者,各细分市场之间有足够的需求差异性,从而用自己的产品接近消费者。反之,消费者之间仅有细微的需求差异,导致辨识不清,针对各细分市场推出的产品或品牌之间过度竞争,不具备可区分性。

2. 可测量性

各细分市场的数量规模、购买力等重要特征可以测度和推算。例如,2021年中国男性群体与女性群体数量分别为7.23亿人与6.89亿人,两个细分市场具备可测量性。

3. 可盈利性

消费者会在这个细分市场停留相当长的一段时间,顾客数量与需求规模合适,企业进入这些细分市场后可以长期稳定盈利。

4. 可进入性

创业企业根据自身的内部资源条件和外部环境约束,可以凭借合适的战略,通过促销与分销渠道进入并占领各细分市场。假如细分市场进入门槛太高,或禁止进入,则不具备可实现性。

二、创业企业的目标市场选择

市场细分及目标市场战略,是创业企业的一个重要议题。它所要解决的是企业长远发展和生产经营的产品去向,即"卖什么"以及"卖给谁"的问题。创业企业应将资源集中于谨慎选择的目标市场上。

(一)划分出可能的全部细分市场

根据细分程度的不同,市场细分有三种方法,即完全细分、按一个影响需求因素细分和按两个以上影响需求因素细分。

1. 完全细分

假如有六个购买者的需求完全不同,那么每个购买者都可能是一个单独的市场,完全可按照这个市场所包括的购买者数目进行最大限度的细分,即这个市场细分后的小市场数目也就是构成此市场的购买者数目。但绝大多数时候,从经济效益看是不可取的,而且实际上也是行不通的。因此,大多数销售企业还是按照购买者对产品的要求或对市场营销手段的不同反应,作概括性的分类。

2. 按一个影响需求因素细分

对某些通用性比较大,挑选性不太强的产品,往往可按其中一个影响购买者需求最强的因素进行细分,如可按收入不同划分,或按不同年龄范围划分。

3. 按两个以上影响需求因素细分

大多数产品须按照两个或两个以上的因素细分。当然以多个需求特征组合作为市场细分的依据时,销售者可以更精确地划分目标市场,但这样一来却增加了细分市场的数目。因此,本细分方法中所说的两个以上影响需求因素并不是无限的。

（二）确定最有吸引力的细分市场

每个创业者都希望能获取到最大数量的用户,但这样其实在逻辑上是有矛盾的,因为追求数量在一定程度上就意味着没有细分,想要服务好所有的用户,想让所有人都为你点赞,是一件根本行不通的事。例如当年的锐澳(RIO),在一个品牌下面推出数十款预调鸡尾酒,竞争对手也以很快的速度推出趋同性很强的商品,最终让消费者疲惫不堪,RIO神话从顶峰不断下滑,最终惨淡收场。

考虑到细分之后带来的复杂性,创业企业需要评估公司以及用户能否承受。确定最有吸引力的细分市场本质上是为了让创业企业能够用最小的成本换来最大的收益,因为创业企业无论从资金、人才还是其他资源来看,都是非常有限的；而在确定最合适的细分市场的决策中,目标市场营销战略的实施是至关重要的一个环节。创业企业应根据外在环境和自身的资源状况及竞争优势,确定在所有的细分市场中,哪个细分市场不仅能为企业带来最大化利润,而且能实现良好的社会效益。

（三）目标市场选择的三种基本战略

根据是否进行了市场细分与选择细分市场数量的多少,目标市场营销战略模式可以分成三种：无差异性营销战略、差异性营销战略与集中性营销战略（见表6-2）。

表6-2 三种目标市场营销的战略比较

	无差异性营销战略	差异性营销战略	集中性营销战略
是否细分	否	是	是
细分市场数量	—	多	多
目标市场数量	—	多	少
经济性	成本低	成本高	适中
需求满足性	差	好	好
适合企业	—	资源丰富的企业	资源较少的企业

续 表

	无差异性营销战略	差异性营销战略	集中性营销战略
适合产品	同质产品	异质产品	异质产品
竞争优势	低成本竞争优势	差异化竞争优势	集中化竞争优势

1. 无差异性营销战略

无差异性营销战略是指企业把整体市场看作一个大目标市场,不进行细分,用统一的营销策略组合对待整体市场。该模式具有成本经济性的优点。有些创业企业在刚刚开始时会采用无差异化营销,等到取得一定成功和发展后,再选择其他营销策略。

但这种战略只关注产品,因而本质上是传统的产品观念,也可能部分创业者认为特定产品的需求差异很小,于是只关注需求的无差异部分而选择忽略需求差异性部分。这种战略对大多数产品并不适合。

2. 差异性营销战略

差异性营销战略是指企业采取市场细分,把整个市场划分成若干需求相同或相近的细分市场,然后根据各个细分市场特征制定对应的市场营销策略。例如,宝洁为洗涤市场推出十多个品牌,每个品牌分别针对一个细分市场。这种营销战略的优点表现在,如果企业能在各细分市场上取得较好的经营效果,则易树立起良好的企业形象,为赢得顾客忠诚奠定基础。这种战略的实施灵活性大,可以满足不同消费者群体的需要,提高产品的竞争力,不但增加销售额,而且有效抵御了竞争者在不同细分市场中的进攻。

但差异性营销策略也有其不足之处。由于实行差异化策略,随着产品品种的增加,销售渠道的多样化,以及市场调研、广告宣传等营销活动的扩大与复杂化,生产成本、管理费用、销售费用必然会大幅度增加。采用这一策略必然会受到企业资源的制约,雄厚的财力、较强的技术力量和素质较高的营销人员,是实行差异性营销的必要条件。

3. 集中性营销战略

集中性营销战略亦称密集营销战略,是指企业集中力量于某一细分市场上,针对该市场开发具有特色的营销活动。这种战略实施成本低,能在短期内收到好的促销效果。采用集中性营销战略的企业,追求的不是在较大的市场上占有较小的市场份额,而是在较小的市场上占有较大的市场份额,也就是宁当鸡头,不做凤尾。比如,长城汽车从1995年开始,锁定皮卡这类产品,通过三年的时间在这个领域做到了中国第一;做拖把的品牌有很多,但很少有像大卫那样专门做拖把。这种战略主要适用于资源有限的创业企业。因为企业小,无力顾及整体市场,无力承担规模大的细分市场的费用,所以在大企业忽视的小市场上易于获得营销成功。

这种战略的优点是,企业可深入了解特定细分市场的需求,提供最佳服务,提高自身的地位和信誉。此外,实行专业化经营,有利于降低成本。只要目标市场选择恰当,集中性营销战略常为企业建立坚强的立足点,获得更多的经济效益。

当然,集中性营销战略也存在不足之处,主要表现在企业将所有力量集中于某一细分市场,当市场消费者需求发生变化,或者面临较强竞争对手时,企业的应变能力差,经营风险大,使企业可能陷入经营困境,甚至倒闭。因此,使用此战略时,选择目标市场要特别谨慎。

(四)根据创业企业实力选择适合的目标市场

在市场细分方面经验丰富的成熟企业一般选择数目较少的细分市场,通常为5~8个。在细分的过程中,它们可能会发展出很多更独立的细分市场,但接着会采用合理化步骤将这些市场进行归类,降到一个更小的数字。通常对于创业企业来说,一开始就把目标市场定为一个规模大的细分市场是一个糟糕的选择,因为会碰到大而强的竞争对手。抓主要矛盾和矛盾的主要方面,更加精准务实地去找到最匹配特定目标的受众群体往往是最佳的选择。创业企业选择目标市场需要从有比较优势的领域开始做起,专注小众市场。因为一旦占领了一个小众市场,创业企业就可以接着去找新的小众市场,如此一来企业市场和目标受众逐步扩张到邻近的市场就更加有理可依、有据可施、有市可拓。

靠阿胶起家的东阿阿胶,当时在阿胶品类当中独占鳌头,占市场70%的份额。可是阿胶在那时主要是老年女性用来冬季补血,而且较为低端,缺乏市场空间,面临边缘化的问题。价格低,利润低,原料越来越少,多数企业没法开工,行业前途令人担忧。近十年来东阿阿胶发生了非常大的变化,在广东、江苏、浙江、上海、北京、山东这些非常重视滋补的地方,用阿胶滋补已经变成了一种新的时尚。东阿阿胶从阿胶的领导品牌慢慢发展成现在滋补品的领导品牌,成功从小众市场逐步扩展到邻近市场。

案例6-2 屈臣氏的目标市场选择

屈臣氏从一个成立于1828年的广州小药房,发展为首屈一指的个人护理用品、美容、护肤商业业态的巨头企业,在内地的店铺一度扩张到3 000多家,门店密集度甚至赶超麦当劳。旗下经营的产品可谓包罗万象,来自20多个国家,有化妆品、药物、个人护理用品、时尚饰物、糖果、心意卡及礼物等,简直是化妆品店、药店和饰品店等的集合体。

经过多年的敏锐观察和市场动向的分析,屈臣氏发现,亚洲女性与西方国家女性的消费习惯明显不同。欧美女性在每个店的平均逗留时间是5分钟,亚洲女性却足足逗留20分钟,她们愿意投入大量时间去寻找性价比更高或是更好的产品。1989年,屈臣氏在内地市场上开了第一家以"个人护理"概念经营的门店,令人耳目一新。其目标消费者主力是15岁至35岁之间的女性消费群体,这一年龄段的女性群体具有较强的时尚观念。她们追求精致的生活,容易接受新鲜事物;她们有独立的消费能力,容易产生冲动消费;她们的品质意识也很强,所以更加注重产品的品质以及给她们带来的体验。

屈臣氏的产品组合都是目标消费者日常所需而且是相对高频的。关爱生活细节的屈臣氏,在店里甚至卖起了束发橡皮筋和发夹,并陈列在小工具或收银台旁边等显眼之处。货架上、收银台上和购物袋上都会有一些可爱的标志,给人以温馨、愉快、有趣的感觉,无处不在体现着"健康、美态、欢乐"的理念。为了方便女性客户,用1.40米的货架替代1.65米的货架;为了增加顾客选择的时间和舒适度,特意将走廊的宽度适当增大;为了让顾客更容易兴奋起来,店面颜色更多使用浅色。以上都是主题化商超氛围的主要体现以及抢占消费者心智的最重要手段。总之,只要是这个目标年龄段女性需要的,它就会不遗余力地全方位满足需求。

2022年,屈臣氏提出"美好新试界"全新品牌主张,以"视、听、嗅、触、味"五种感觉为模型,为顾客打造立体五感美妆消费体验,更将线下门店打造成放松自我、感受关爱的第三方场所,顾客不仅可享受属于自己的变美瞬间,还能与他人一起分享美好,实现年轻人社交需求的满足。为了提高竞争力、拓宽市场,屈臣氏必须不断满足消费者的需求,创新升级产品品质和体验,迎合年轻消费群体不断变化的喜好。

三、创业企业的市场定位

创业企业的市场定位成功与否,直接关系到创业企业整体经营与运作的成败,因此至关重要。

(一) 市场定位的任务

为获得竞争优势而进行的目标市场定位包括以下主要任务:首先要确定企业可以从哪些方面寻求差异化;其次是找到企业产品独特的卖点;最后要开发总体定位战略,即明确产品的价值方案。

1. 寻求差异化

差异化指为使企业的产品与竞争者产品相区分,而设计一系列有意义的差异的行动。根据迈克尔·波特(Michael Porter)的理论,企业的竞争优势来源于两个主要方面:成本领先或者差异化。实际上,为了向消费者提供更多的价值,企业产品定位就是从差异化开始的。而与顾客接触的全过程都可以进行差异化,通常,可以从以下5个方面着手进行。

(1) 产品差异化。

实体产品的差异化可以体现在产品的诸多方面:

① 形式差异,即产品在外观设计、尺寸、形状、结构等方面新颖别致。例如,对闹钟的外形进行不同的卡通形象设计。

② 特色，即对产品基本功能的某些增补，率先推出某些有价值的新特色无疑是最有效的竞争手段之一。例如，为热水壶增加"水温感应器"、为某种食品增加防潮包装、手机壳后面印上愤怒的小鸟的元素、在童鞋里面增加定位系统等。企业往往要在用高成本为顾客定制特色组合，还是使产品更加标准化而降低成本之间进行决策。

③ 性能质量，即产品的主要特点在运用中可分为低、平均、高和超级等不同的水平。

④ 一致性，即产品的设计和使用与预定标准的吻合程度的高低。一致性越高，则越意味着买主可以实现预定的性能指标。

⑤ 耐用性，即产品在自然或苛刻的条件下预期的使用寿命。对于技术更新不快的产品，耐用性高无疑增加了产品的价值。

⑥ 可靠性，即在一段时间内产品保持良好状态的可能性。许多企业通过降低产品缺陷来提高可靠性。

⑦ 可维修性，即产品一旦出现故障进行维修的容易程度。标准化的零部件、一定的维修支持等都会使产品更受欢迎。

⑧ 风格，即产品给予消费者的视觉和感觉效果。独特的风格往往使产品引人注目，有别于乏味、平淡的产品。

综合以上各个要素，企业应从顾客的要求出发，确定影响产品外观和性能的全部特征的组合，提供一种最强有力的设计使产品（服务）实现差异化和准确定位。

（2）服务差异化。

竞争的激烈和技术的进步，使实体产品建立和维持差异化越来越困难，于是，竞争的关键点逐渐向增值服务上转移。服务差异化日益重要，主要体现在订货、退货、交货、安装、客户培训与咨询、维修养护等方面。例如，最早进军电商的淘宝，在自家平台推出了"7天无理由退换货"的服务，即是服务差异化的体现。在众多的电商平台中，"7天无理由退换货"给了消费者更大的保障，不仅可以提高淘宝电商的产品质量，而且保障了消费者的权益。

（3）人员差异化。

人员差异化主要通过人的工作能力大小，有无任职资格，品格是否谦恭、诚实、可靠，以及工作是否认真负责，是否具备沟通能力等方面体现。但最基本的一点在于，无论高层管理者还是普通员工，都要强烈意识到自己的一言一行、举手投足都代表着企业形象，要以企业利益为前提约束自我行为。例如，海底捞服务员充满朝气，统一着装，提供体贴周到、无微不至的服务，为长发女生提供橡皮筋，为戴眼镜的顾客递上眼镜布，帮顾客照看小孩、唱歌助兴。

（4）渠道差异化。

通过设计分销渠道的覆盖面、建立分销专长和提高效率，企业可以取得渠道差异化优势。例如，三只松鼠在渠道上不断进行探索和创新，更加注重线上销售，利用电商平台进行直销。在保持天猫、京东等线上主流电商平台销售方式的同时，三只松鼠积极布局抖音、小红书、快手等社交电商和直播电商，通过达人直播及自直播等方式，对重点单品、礼品组合等进行宣传销售，充分保证线上产品的销量，促进公司业务利润稳健增长。

(5) 形象差异化。

消费者在消费时会清楚感受到不同企业的形象差异,这种差异可以对目标顾客产生强大的吸引力和感染力,促其形成独特的感受,最终可能会影响消费者的决策。所以企业应当向外界传达其产品独特的利益和定位,树立鲜明、独特的形象。例如,有效的形象差异化需要做到:建立一种产品的特点和价值方案;通过与众不同的途径传递这一特点;借助可以利用的一切传播手段和品牌接触(如标志、文字、媒体、气氛、事件和员工行为等),传达触动顾客内心感受的信息。例如,麦当劳的金色拱门、绿色汽车品牌特斯拉以及耐克的对钩等,都塑造了鲜明的企业或品牌形象。

2. 寻求独特的卖点

任何产品都可以进行各种程度的差异化,然而并非所有商品的差异化都是有意义或有价值的。有效的差异化应该能够为产品创造一个独特的"卖点",即给消费者一个鲜明的购买理由。正如"怕上火喝王老吉""渴了、累了喝红牛""白天吃白片不瞌睡,晚上吃黑片睡得香",创业企业应努力找到自己的产品或服务让人难以抗拒的优势,特别是在一两个关键联想上,让消费者认可其专业和领先地位。

有效的差异化必须遵循以下基本原则:

(1) 重要性。该差异化能使目标顾客感受让渡价值较高带来的利益。

(2) 独特性。该差异化竞争者并不提供,或者企业以一种特殊的方式提供。

(3) 优越性。该差异化明显优于消费者通过其他途径而获得的相似利益。

(4) 可传播性。该差异化能被消费者看到、理解并传诵。

(5) 排他性。竞争者难以模仿该差异化。

(6) 可承担性。消费者有能力为该差异化付款。

(7) 盈利性。企业将通过该差异化获得利润。

值得注意的是,创业企业在产品定位时应该尽量避免以下常犯错误:

(1) 定位不足。这是指企业差异化设计与沟通不足,消费者对企业产品难以形成清晰的印象和独特的感受,认为它与其他产品相比没有什么独到之处,甚至不容易被消费者识别和记住。

(2) 定位过分。这是指企业将自己的产品定位过于狭窄,不能使消费者全面地认识自己的产品。例如,一家同时生产高、低价位产品的企业使消费者误以为只能提供高档产品。定位过分限制了消费者对企业及其产品的了解,同样不利于企业实现营销目标。

(3) 定位模糊。这是指由于企业设计和宣传的差异化主题太多,或定位变换太频繁,消费者对产品的印象模糊不清。混乱的定位无法在消费者心目中确立产品鲜明、稳定的形象,必定失败。

3. 确定价值方案,开发总体定位战略

消费者根据自身的价值判断进行购买决策,确定价值方案就成为总体定位战略的核心内容。所谓价值方案,就是指企业定位所依赖的所有利益组合与价格的比较。消费者往往以此作为价值判断的依据。

$$V=B/P$$

V 表示价值，B 表示总利益，P 表示价格。

例如，沃尔沃的定位以安全性为基础，尽管售价高昂，但由其可靠性、宽敞、风格等特点构成的价值使人感到物有所值。

通常，企业可以从以下五种价值方案中选择一种进行总体定位：优质优价；优质平价；价廉物美；利益相同，价格较低；利益较低，价格更低。在确定了总体定位战略后，企业还应该就其选择的定位与目标市场进行有效的传播和沟通。

(二) 市场定位的方法

企业推出的每种产品，都需要选定其特色和形象。现有产品在其原有定位已经不再具有生命力时，亦需要重新作出定位。对产品进行市场定位，可以应用以下五种方法。

1. 根据产品的特色定位

构成产品内在特色的因素有很多，如所含成分、材料、质量、价格等。这些因素都可以作为市场定位可选择的策略。

例如，在中国鱼丸市场，安井鱼丸总是超市里的热销产品，尤其在秋冬季节。一开始，海欣才是鱼丸市场的"一哥"。安井一度因经营困难请求海欣对其进行收购，但海欣拒绝了安井的请求。香港著名影星周星驰先生在《食神》这部电影里向大家普及了"会弹的鱼丸才是好鱼丸"这一认知。安井用"好丸才会弹"的广告语非常形象地告诉消费者，"弹"是衡量鱼丸品质好坏的重要标准。至于鱼丸为什么会弹，消费者直觉上会产生两点联想，那就是"鱼肉含量高"和"鱼肉鲜度好"。安井凭借"会弹的鱼丸"成功翻盘，成为鱼丸市场当之无愧的领导者。

2. 根据顾客获得的利益定位

产品提供给顾客的利益是顾客最能切实体会到的，可以作为定位依据。创业企业应该尽可能鼓励顾客使用产品或服务，以顾客可以了解和体验的方式感受到产品或服务的与众不同。1975年，美国米勒啤酒公司推出了一种低热量的"Lite"啤酒，将其定位为喝了不会发胖的啤酒，迎合了那些经常饮用啤酒而又担心发胖的人的需求。在有些情况下，新产品更应强调某一种属性。如果这种属性是竞争者无暇顾及的，这种策略就更容易见效。

3. 根据产品的专门用途定位

为老产品找到一种新用途，是为该产品创造新的市场定位的好方法。小苏打一度被广泛用作家庭的刷牙剂、除臭剂和烘焙配料等，现在却有不少新产品代替了上述一些功能。国外一家厂商开始把小苏打作为冰箱除臭剂、阴沟和垃圾污物的防臭剂出售。另一企业出售的羹汤，把小苏打作为调味汁和肉卤的配料。还有一家公司，原本把小苏打作为夏令饮料的原料之一介绍给顾客，以后又试图把其定位为冬季流行性感冒患者的饮料。

4. 根据使用者定位

企业常常试图将其产品指向某一类特定的使用者，以便根据这些顾客的看法塑造恰当的形象。法国有一个制药厂,生产一种具有松弛肌肉和解热镇痛效能的药品,药厂针对不同用户作不同内容的宣传。法国人饮酒过量者较多,便宣传这种药品可以帮助酒后恢复体力;英国人、美洲人最怕感冒,便说明此药可以治疗头疼感冒;芬兰滑雪运动盛行,便强调该药品有助于消除疲劳;在意大利患胃病者较多,便又再三解释药品的止疼功能。因此,这种本来并不复杂的药品在不同市场上获得最适宜的形象,畅销许多国家。

5. 根据竞争定位

这是与竞争对手产品相比较后而进行的市场定位,有两种方式:一是迎头定位,即与竞争对手采取对抗性策略,如百事可乐的市场定位是针对可口可乐而言;二是避强定位,即避开竞争锋芒,另辟蹊径,占领被竞争者忽略的某一市场空隙,突出宣传本产品在某一方面的特色。

第二节 创业企业的竞争战略

一、创业企业的基本竞争战略

由于综合竞争力有限,创业企业应该采用扬长避短、避实就虚的竞争策略,发挥自身专业化专注优势,攻击对手的薄弱之处,如对手的产品缺陷、定位错误、定价过高或过低、渠道混乱、资金紧张等,建立自身利基市场,方可立于不败之地。

在复杂多变的市场环境中,每一家创业企业都在寻求生存与发展的方向和途径。一般而言,"竞争战略之父"美国学者迈克尔·波特在《竞争战略》一书中提出的成本领先战略、差异化战略、集中化战略是被实践反复检验的三种比较成功的基本竞争战略。

创业犹如走独木桥,竞争与风险并行。依据企业现状和竞争要求,导入合适的竞争战略,是创业企业营销活动的重要环节。

(一) 创业企业的成本领先战略

1. 成本领先战略的内涵

成本领先战略也称为低成本战略,是指企业通过有效途径降低成本,使企业的全部成本低于竞争对手的成本,甚至是在同行业中最低的成本,从而获取竞争优势的一种战略。

某平台上有个很火的卖保健品的品牌,原来厂家就是做很多大品牌保健品的代工,现在自己在平台上做品牌,卖得很不错。靠什么呢?便宜。它的定价就是比那些大牌便宜一半,消费者难以抵抗低价诱惑。

衡量成本优势的基本原则是:在保证与竞争对手提供同等的顾客价值的前提下,降低企业相对于竞争对手的成本。即在不降低溢价的前提下,降低相对成本。如尽量削减不增加产品差异性的成本。不考虑顾客价值盲目降低成本的行为,绝不可能造就企业的成本优势。

成本领先战略的成功取决于企业是否坚持不断地实施该战略。成本不会自动下降,它是艰苦工作和持之以恒地重视成本工作的结果。

2. 实现成本领先战略的途径

怎样实现低成本是实施这一竞争战略的关键。企业可以通过多种方式在与各种竞争力量的较量中处于有利地位。但是,成本领先并不意味着仅仅获取短期成本优势或者仅仅削减成本,它是一个"可持续成本领先"的概念,即企业通过持续不断的努力来保持其低成本的地位,从而获取可持续性的竞争优势。其实现的主要途径有如下四种。

(1) 利用企业规模、产品范围来降低成本。企业通过在内部加强成本控制,在研究开发、加工生产、市场销售和广告策划等领域把成本降到最低限度,扩大企业规模,从而增强竞争力。

(2) 通过管理层和员工的培训学习来降低成本。建立促进企业内部各部门和业务单位之间共享学习的机制;通过保留骨干员工、同员工签订保密合同条款等措施来防止企业知识的向外扩散;向竞争对手学习,通过了解竞争对手产品的工艺、出版物以及与竞争对手的供应商保持关系来获取其学习成果。

(3) 实施流程再造以降低成本。企业再造工程也称企业再生工程,就是为了获得可以用诸如成本、质量、服务和速度等方面的业绩来衡量的巨大成就,而对企业过程进行根本性的再思考和关键性的再设计。

(4) 以技术创新来降低成本。科学技术是第一生产力,企业可以通过技术创新活动来开发新产品、新工艺、新材料,从而达到降低成本的目的。

(二) 创业企业的差异化战略

1. 差异化战略的内涵

创业企业的差异化战略是指企业根据客户的独特需求,设计个性化服务,以赢得顾客的消费偏好,提高顾客感知价值,从而实现企业盈利。

这种战略的重点是创造被全行业和顾客都视为独特的产品和服务。差异化战略的方法多种多样,如产品的差异化、服务差异化和形象差异化等。实现差异化战略,可以培养用户对品牌的忠诚。因此,差异化战略是使企业获得高于同行业平均水平利润的一种有效的竞争战略。

2. 创业企业差异化战略的实现途径

(1) 有形差异化。

有形差异化即创业企业从有形的方面对产品和服务实行差异化。很多产品差异化的潜力部分是由其物理特点决定的。对于那些技术比较简单,或者满足顾客简单需要,以及必须满足特定技术标准的产品,差异化机会主要受技术和市场因素的影响。而对那些比较复杂,或者满足顾客复杂需要,以及不必满足严格的标准的产品,将存在更多的差异化机会。

有形差异化主要涉及产品和服务的可见的特点,这些特点影响顾客的偏好和选择过程。它们包括产品的尺寸、形状、颜色、体积、材料和所涉及的技术。比如王饱饱,凭借产品研发和生产技术的创新,推出了一系列符合年轻人个性口味的麦片,同时搭配高颜值、大颗粒的果干,打破了市场既有麦片的常规口味和形态,并在美味与低热量之间实现了平衡,重新定义了麦片。除以上因素外,有形差异化还包括产品或服务在可靠性、一致性、口味、速度、耐用性和安全性上的差异,实际上,延伸产品的差异也是有形差异化的重要来源,这些延伸产品包括售前售后服务、交货的速度、交货方式的适用性,以及将来对产品进行更新换代的能力等。

对于一般消费品,以上差异化因素直接决定了顾客从产品获得的利益。而对生产资料,上述差异化因素影响购买企业在其业务领域赚钱的能力,因此,当这些因素降低购买企业的成本或增强其差异化的能力时,它们将成为差异化的重要来源。

(2) 无形差异化。

当顾客感觉产品或服务的价值并不取决于有形的特性时,创业企业可以通过无形差异化取得竞争优势。

实际上,顾客仅仅通过可见的产品特性或性能标准选择的产品数量是非常有限的,社会因素、感情因素以及心理因素都影响产品或服务的选择。对于一般消费品,人们对专有性、个性化和安全性的追求往往是强有力的刺激因素。比如,泡泡玛特的差异化优势不止于产品,从撕开包装到取出玩具的那十几秒,特别是抽到隐藏款时会产生愉悦感,这种娱乐和情感体验为品牌带来差异化优势。

当某种产品或服务是为了满足顾客的较复杂的需求时,差异化的关键在于企业产品整体形象,这一点对那些质量和性能在购买时难以度量的"经验"产品或服务尤其重要。这些产品包括化妆品、医疗服务或教育等。换句话说,差异化不仅与产品的物理特性有关,而且可以扩展到产品或服务的很多方面,只要提供的差异能为顾客创造相应的价值。这意味着差异化包括企业与其竞争对手在所有方面的差异。

(3) 维持差异化优势。

随着经济增长速度放缓,人口增长近几年也在不断减少,很显然目前经济处于存量时代,企业要保持差异化优势面临更大挑战。利用大数据和分析技术,企业可以深入了解市场和客户行为,从而制定更准确的战略和决策。数据驱动的决策可以帮助企业预测市场趋势、理解客户需求,并及时调整战略方向。在存量市场中持续开展创新活动对企业的竞争优势至关重要。保持创业企业创造独特产品的能力,通过不断推出新产品、改进服务、开拓新市场来维持差异化优势,可能是一种更有效的方法,尤其是在竞争不断加剧,人们的生活水准越来越高,同时更加追求多样化和个性化的经济和社会环境下。

独特、有价值且可信赖的品牌形象有利于企业赢得消费者的忠诚度和口碑,从而保持差异化优势。此外,在存量市场中,潜心研究顾客消费需求的特点,并提供个性化的解决方案和卓越的客户体验是维持差异化优势的关键。

(三) 创业企业的集中化战略

1. 集中化战略的内涵

集中化战略又称集中专一化战略,是指创业企业主攻某个特殊的顾客群、某产品线的一个细分区段或某一地区市场。企业业务的专一化能够以更高的效率、更好的效果为某一狭窄的战略对象服务，从而超过在较广阔范围内竞争的对手们。

例如，乳业两大巨头蒙牛和伊利产品线众多，有牛奶、常温酸奶、低温酸奶，主要针对普通消费者；而卡士酸奶聚焦于餐饮渠道，做高端酸奶，定位为欧式风格的酸奶品牌，切入了一个比较明确的细分市场做差异化，这就是典型的集中专一化战略。

如同差别化战略一样，集中化战略可以具有许多形式。集中化战略和差异化战略最大的区别在于：差异化战略做的是整个市场，而集中化战略做的是细分市场。原则上，创业企业要尽可能地选择竞争对手最薄弱的环节和最不易受替代品冲击的目标。当企业的资源或能力有限，不允许选定多个细分市场作为目标，企业凭其建立起来的商誉和企业服务来抵御细分市场的竞争者时，可采取集中化战略。

2. 创业企业集中化战略的实施要点

创业企业在实施集中化战略过程中，首先需要关注产业是否具有足够的规模和增长潜力，如果没有市场潜力、没有利润空间，那企业是不会愿意做的。其次需要关注消费者是否表现出具有特殊偏好或者需求，任何市场无论是差异化或集中化，都是源自消费者的需求。最后需要密切关注是否存在试图专攻同样市场的竞争对手，因为行业的领导品牌或一线品牌拥有实力，如果这类企业愿意切入细分市场，那么实施集中化战略的创业企业是没有实力去抗衡的。但是往往一些大品类的领军品牌或者一线品牌，对细分市场不够重视或者还没有重视，给了这些实施集中化战略的品牌一个市场发展的机会或者空窗期。

3. 创业企业集中化战略的实施途径

（1）低成本聚焦战略。

创业企业在实施集中化战略时，可瞄准自然利基市场。这些大品牌看不上的市场，产业速度发展不是特别强，未来可预期增长率又不是很高。比如指甲剪品牌就是做细分专一化的市场。

比如必胜客刚进入中国市场时主卖比萨，是一个差异化较明显、细分较明确的一个市场，这是当时汉堡企业或国内餐饮企业通常不愿意涉足的一个细分行业。还有二手车经销商，在汽车行业中属于低成本聚焦的战略市场。这种低成本聚焦战略的特点是企业运营成本比较低。

（2）最佳价值聚焦战略。

最佳价值聚焦战略是另一种创业企业集中化战略的实施途径，适合的是潜在利基市场。实施最佳价值聚焦战略容易打造一些潜在的隐形冠军企业，本身的市场空间并不小，只是暂时没有被行业的领军品牌或一线品牌所重视。

该战略源自两种力量：一是消费者需求的变化和升级，即原来的市场或原来的品类，一定要随着消费者的消费意识形态的变化或者消费需求的变化而升级；二是产业自身的升级，比如更新的技术、更好的价值链整合有取代原来品牌的可能。

典型的代表企业是王老吉。凉茶属于饮料行业一个很聚焦的细分市场，属于小品类,在南方市场区域性的品牌又比较多,但是它潜藏着利基市场,是能够形成隐形冠军的。王老吉通过对凉茶的重新定位"怕上火喝王老吉",一度成为超越可口可乐的饮料企业,这就是典型的通过集中化战略做大品类的典型案例。另外,三只松鼠通过聚焦城市白领、线上渠道成为休闲零食的第一品牌;江小白做文艺范的低度酒,成为中国中低端白酒品牌的领导者之一。这些品牌找到了市场的契合点,抓住了趋势,抓住了风口,成为"风口上的猪"。

二、市场跟随者战略

(一) 市场跟随者的基本概况

所谓市场追随者,是指愿意维持原状、通常害怕得不偿失而跟随领导者企业在营销中使用模仿策略的企业。此类企业不进行产品革新,而是模仿或改进革新者所推出的新产品。

这并不等于说市场跟随者没有策略。一个市场跟随者必须很清楚地了解它应如何保持现在的顾客及如何赢得一定数量的新顾客。每个跟随者还必须选定其目标市场,并在地点、服务和融资等方面给予目标市场一些独特利益。同时,应注意保持低制造成本及高产品品质与服务,并及时进入开发的新市场。

(二) 市场跟随者的竞争战略

市场跟随者的竞争策略大体有三类。

1. 紧密跟随

紧密跟随即尽可能在各个细分市场和市场营销组合策略上模仿市场领先者。它们并不进行任何创新,只是寄生性地利用市场领导者的投资而生存。

2. 距离跟随

距离跟随即与领导者企业的产品保持一定的差异性,但在主要市场、产品革新、一般价格水平和促销等方面全力追随领导者企业。

3. 选择跟随

选择跟随即对市场领导者的产品进行学习和改进,只是选择性模仿市场领导者行之有效的策略,并选择不同的市场销售其产品,避免与领先者发生直接竞争。

总之,跟随者并不意味着被动,或是一味模仿领导者,它必须为自己设定独特的成长路线,并以不至于引起强烈竞争报复的方式行事。虽然它的市场占有率较市场领导者企业低,但同样赚钱,甚至赚得更多。其成功的关键就是了解市场细分与集中,有效研究与开发,强调利润而非市场占有率,以及有坚强的高层管理。

三、市场补缺者战略

(一) 市场补缺者的基本概况

几乎每个产业都有许多小企业在市场的某一部分运行,并且小企业试图避免与主要企业发生冲突。这些小企业发现及占有某些细小市场,并借助专业化对那些可能为大企业所忽略或放弃的市场提供有效的服务,因此它们被称为市场补缺者。

(二) 市场补缺者的竞争战略

1. 补缺基点的选择

选择市场补缺基点时,多重补缺基点比单一补缺基点更能减少风险,增加保险系数。因此,企业通常选择两个或两个以上的补缺基点,以确保企业的生存和发展。

2. 专业化营销

以下11个"专家"角色可供市场补缺者选择。

(1) 最终用户专家。企业可以决定专门为某一类型的最终用户提供服务。例如,法律事务所可以专门为刑法、民法或工商企业法等范畴内的市场服务。

(2) 垂直水准专家。企业可专门从事生产分配循环的某一阶段。例如,铜器制造商可以专门生产粗铜、铜制零件或铜制成品。

(3) 顾客规模专家。企业可集中力量向小型、中型或大型的客户销售。许多市场拾遗补阙者专门服务于购买量小的顾客,因为这些顾客往往被大企业忽略了。

(4) 特定顾客专家。企业把销售对象限定为一个或几个主要的顾客。

(5) 地理区域专家。企业销售点集中于某个地方、地区或世界某区域的需求。

(6) 产品或产品线专家。只生产一种产品或产品线。在实验设备的产业中,有许多企业只生产显微镜,甚至缩小到只生产显微镜片。

(7) 产品特性专家。企业专门生产某种型式的产品。

(8) 订单专家。企业只接受顾客订单,专门生产指定的产品。

(9) 品质价格专家。企业选择在市场的低端或高端经营。比如,某企业在小型电子计算机市场上专门生产高品质、高价格的产品。

(10) 服务专家。企业提供一种或几种其他企业所没有的优异服务。

(11) 销售渠道专家。这种企业只为一种销售渠道服务。比如,某饮料企业只向汽车加油站供应一种大容器装的软饮料。

由此可见,小企业有许多机会能以有利可图的方法来服务顾客。虽然好的机会可经过较系统的方法开发出来,但是也有许多企业找到这种机会只是出于偶然。

第三节 创业企业的品牌战略

一、品牌与品牌作用

(一) 品牌的含义

英国广告大师大卫·奥格威(David Ogilvy)认为:"品牌是一种错综复杂的象征——

它是产品属性、名称、包装、价格、历史声誉、广告方式的无形总和,品牌同时也因消费者对其使用的印象以及自身的经验而有所界定。"通俗地说,品牌是产品和消费者之间的关系。

关于品牌的定义很多,其中较权威的是美国市场营销协会给品牌的定义:"品牌是一种名称、名词、标记、符号或设计,或是它们的组合,其目的是识别某个销售者或者某群销售者的产品或劳务,并使之同竞争对手的产品和劳务区别开来。"品牌又是企业的一项重要资产,是整体产品的一部分。品牌包括品牌名称和品牌标志。品牌中可以发出声音的部分是品牌名称,品牌中可以识别但不能发声的部分是品牌标志。

(二)品牌价值

品牌的价值主要体现在三个方面。

1. 识别价值

识别价值主要体现在品牌代表了产品的生产商是谁,来源于企业的商标活动,获得了商标的独占性,一定意义上还代表了产品生产的合法性。顾客对识别价值的感受主要是生理的、客观的。

2. 代言价值

代言价值主要体现为品牌承载了产品的品质及其他功能特点,来源于产品的生产活动。顾客对代言价值的感受也是生理和客观的。

3. 符号价值

这是品牌价值的本质所在,是品牌自身的,符号体现了品牌的社会心理学含义及其社会身份特征。正是有了这样一种社会心理学含义,品牌才有了其独特的价值,完成了产品从实际功能到兼具某种象征意义的生成、蜕变和升华。品牌的符号价值来源于市场过程,顾客的感受是心理的、主观的。一般所谓的品牌价值,主要来源于此。当然符号价值必须建立在代言价值和识别价值的基础上,三者之间相互联系、相互作用。

(三)品牌作用

品牌能为企业带来许多价值和利益,主要体现在如下六个方面。

1. 聚合效应

知名品牌更容易得到社会认可与信任,使企业能够聚合社会资本、人才、管理经验甚至政府资源,为我所用。

2. 磁场效应

知名品牌尤其是有较高美誉度的品牌,在消费者心目中有极高的威望,使消费者形成品牌忠诚,重复购买;企业也可节省大量市场营销费用,在各种合作和联盟关系中有更大的条件优势。

3. 衍生效应

由于知名品牌有很高的声誉,聚合了足够的资源,因此,企业更有条件根据顾客需求的变化衍生新的产品或服务,容易进行品牌扩张。

4. 内敛效应

品牌会增强企业的凝聚力,聚合员工的智慧及才干,使企业形成一种积极向上的企业文化。

5. 宣传效应

有美誉度的知名品牌和企业在任何市场都是稀缺资源,都是媒体、公众关注的焦点,即使企业不做广告,消费者、公众、政府也会把优势名牌企业作为地区形象甚至国家形象进行推介。从某种角度而言,世界级品牌是一个国家的"名片"。

6. 带动效应

大量研究表明,品牌价值更大的地区往往也是经济更为发达的地区。名牌产品和企业可以像龙头一样带动上下游关联配套企业的发展,带动地区经济的发展。

品牌是企业最持久也最强有力的资产。对于创业企业来说,要积极打造品牌,并将其视为战略规划的重要组成部分。只有尽早进行品牌建设,才能使创业企业在激烈竞争中脱颖而出,实现可持续发展。

二、品牌化决策

每个小孩出生时,父母都会带着希望和愿景给孩子取名,名字是人们与周遭联通的具象符号,但名字不能代表一个人的全部。人的外貌、个性、价值观、谈吐等和名字一起共同组成一个人完整的特征。企业也是如此,创始人同样需要为企业设计个性、价值观、外化形象,只不过企业的成长过程更多是人为因素主导。企业从创立之初,就应该思考其品牌建设。

所谓品牌化,就是在消费者心智中对营销实体建立品牌资产的过程,通俗地讲,就是把普通产品变成品牌产品。建立品牌伊始,就应该把它看成一个拥有基因、有明确意义的品牌。了解以下一些基本决策有助于创业企业品牌化工作的开展。

(一) 界定品牌身份

品牌身份代表了自我概念,包含了品牌的价值观、个性等人格化的属性,嵌入在品牌与利益相关者的交互活动之中。品牌身份由品牌所有者或委托代理者实施管理,成为企业重要的优势资源,并因其独特性、不可模仿性和价值创造性而成为企业的核心竞争力。

正如乔布斯曾经强调过,打造品牌并不是写下你的使命宣言,而是创建你的价值观清单,以便你可以将其与你认为可以成为你客户的人相匹配。推出新产品时,有一些基本问题需要首先明确,包括目标市场、产品定位(不同于其他产品的优势及竞争的范畴)、消费者期望的承诺和利益。创立品牌就是要为产品"说话"(为产品说话的不是广告)。创立品牌所要明确的问题包括:品牌归谁所有?在评估有关产品取得的预期效果之前,必须首先明确"谁"在说话?这个品牌为什么存在?它的价值、目标是什么?也就是要界定品牌身份(详见表6-3)。

表 6-3　界定品牌身份的检验要点

检 验 要 点	含　　义
品牌的存在理由	如果品牌不存在,消费就会失去什么
立场	品牌站在什么立场说话
愿景	与产品类别或这个世界相关的品牌愿景是什么
价值	品牌的核心价值是什么
使命	品牌要给人们的生活带来什么变化
范畴	在完成使命时品牌的合理范畴是什么,属于何种或哪些产品类别
稳固的行为或产品	什么行为或产品能最好地传达品牌的使命和价值,哪些行为或产品最能代表品牌计划
品牌风格与语言	品牌典型的语言和风格要素是什么
品牌想象中的顾客	不是实际的购买者,而是符合品牌身份的顾客

资料来源：Kapferer J N. *Strategic Brand Management: New Approaches to Creating and Evaluating Brand Equity*. New York：The Free Press，1992.

在品牌化过程中,品牌身份需要与公司状况保持一致的文化特征,如果不一致就要进行修改,始终保持二者之间的传递沟通。

(二)设计品牌名称与标识

1. 品牌名称设计

品牌名称指的是品牌中可以用语言描述的部分可能与企业名称一致,也可能不一致。品牌名称是品牌的代表,体现了品牌的个性和特色。好的品牌名称既可以吸引消费者的独特联想,也能反映产品的特点,有强烈的冲击力,增强消费者的购买欲望。因此,在创立品牌的时候,我们应该首先把注意力集中在选择一个出色的名字上。好的品牌名称要做到简单、易读、易认、易写、易记,与产品的形象及特点吻合,发音响亮、悦耳,避免与销售地区文化背景相悖的忌语,并且符合有关法律规定。按照不同标准,可将品牌名称划分为不同的类型。

(1)按照品牌名称的文字类型划分。

可将品牌名称划分为文字型品牌如江南布衣、海澜之家等,数字型品牌如 361 运动品牌、999 药业等。

(2)按照品牌名称的出处划分。

可将品牌名称划分为人名品牌、动植物品牌、地名品牌和独创品牌。其中,人名品牌以人物名称作为品牌的名称,这些人物大多是企业的创始者、设计者或知名人物,如张小泉、李宁、李子柒等。

(3) 按照品牌的特性划分。

可将品牌名称划分为功能性品牌、效果性品牌和情感性品牌。其中，功能性品牌是指产品以自身功能、效用、成分或用途来命名，如美图秀秀、农夫山泉、网易严选等；效果性品牌意在向消费者传递产品在某方面的价值的信息，以期在消费者心目中留下深刻的印象，比如奔驰、养生堂、健力宝等；情感性品牌则是通过情感增加产品与消费者的沟通，以期消费者对产品产生情感共鸣，比如饿了么、茶颜悦色、自嗨锅等。

2. 品牌标识设计

品牌标识是通过视觉来帮助消费者识别和传播，因此它的设计必须具有强烈的识别性形象，能使人们在复杂的环境下瞬间产生理解和记忆。在设计品牌标志时要遵循形体完整、抽象程度适中的原则，有利于顾客正面联想、认知、记忆和回忆。

(三) 确定品牌使用者策略

一般而言，创业企业有三种可供选择的策略。企业可以决定使用自己的品牌，这种品牌叫作企业品牌、生产者品牌、全国性品牌；企业也可以决定将其产品大批量地卖给中间商，中间商再用自己的品牌将物品转卖出去，这种品牌叫作中间商品牌、私人品牌、自有品牌；企业还可以决定有些产品用自己的品牌，有些产品用中间商品牌。

1. 使用制造商品牌

使用制造商品牌意味着制造商自身为该产品的推出人。对创业企业而言，使用自己的品牌无疑是建设品牌资产的首要途径。品牌一旦建立并处于良好的管理之下，由此带来的利益就可能是长远的。全世界很多著名的品牌如可口可乐、万宝路、雀巢就是经营者几十年、上百年长期投资与努力的非凡成就。

2. 使用中间商品牌

使用中间商品牌意味着制造商将产品以大宗方式授予销售商，由各销售商自定品牌，推向市场，以这种方式推出的品牌也被称为自有品牌、商店品牌、分销商品牌。目前，使用中间商品牌的现象有明显上升趋势，变成品牌竞争的一个重要因素。制造商品牌与中间商品牌之间经常展开激烈竞争，这就是所谓的品牌战。

3. 兼顾使用制造商与零售商品牌

制造商还可能将某些产品标上自己的名称，而将某些产品标上中间商的品牌出售，例如宏碁电脑以 Acer 品牌在美国市场上销售电脑产品，也替 IBM 生产电脑产品，再以 IBM 品牌在美国市场出售。一般而言，如果企业要在一个对本企业的产品不熟悉、不了解的市场上推出产品，或者本企业在市场上的商誉远远不及分销商的商誉，则适合采用中间商品牌。等到商品为市场所接受后，再转而使用制造商品牌，或者两者同时使用。

4. 使用特许权品牌

使用特许权品牌即通过付费的形式，"租用"对消费者已拥有魅力的品牌名称进行经营，这在儿童玩具、食品、服饰、游艺活动等领域广泛使用。一般拥有强势品牌的制造商将自己的品牌名称或符号通过收取许可费用的方式给其他企业使用。许可品牌的范围非常广泛,一些组织如美国马球协会,一些品牌如烟草品牌(万宝路、骆驼)、汽车品牌(吉普)、重工机械品牌(卡特彼勒)、迪士尼卡通人物(米老鼠、唐老鸭、怪物史莱克等),以及像《星球大战》《变形金刚》等电影中的角色经常出现在衣服、文具、玩具等产品上。

(四)确定品牌统分策略

如果企业决定其大部分或全部产品都使用自己的品牌,那么还要进一步决定其产品是分别使用不同的品牌,还是统一使用一个或几个品牌。这就是说,在这个问题上有四种可供选择的策略。

1. **个别品牌**

个别品牌是指企业各种不同的产品分别使用不同的品牌。其好处主要是:(1)企业的整个声誉不致受其某种商品的声誉的影响。例如,如果某企业的某种产品失败了,不致给这家企业的脸上抹黑,因为这种产品用自己的品牌名称。(2)某企业原来一向生产某种高档产品,后来推出较低档的产品,如果这种新产品使用自己的品牌,也不会影响这家企业的名牌产品的声誉。

2. **统一品牌**

统一品牌是指企业所有的产品都统一使用一个品牌名称。例如,美国通用电气公司的所有产品都统一使用"GE"这个品牌名称。企业采取统一品牌名称策略的好处主要是:(1)企业宣传介绍新产品的费用开支较低;(2)如果企业的名声好,则其产品必然畅销。

3. **分类品牌**

分类品牌是指企业的各类产品分别命名,一类产品使用一个牌子。森达集团就曾采取这种策略,将高档男鞋的品牌定为"法雷诺",高档女鞋为"梵诗蒂娜",都市前卫男鞋为"百思图",都市前卫女鞋为"亚布迪",工薪族男女鞋为"好人缘"。这主要是因为:(1)企业生产或销售许多不同类型的产品,如果都统一使用一个品牌,这些不同类型的产品就容易互相混淆。例如,美国斯维夫特公司同时生产火腿和化肥,这是两种截然不同的产品,需要使用不同的品牌名称,以免互相混淆。(2)有些企业虽然生产或销售同一类型的产品,但是为了区别不同质量水平的产品,往往也分别使用不同的品牌名称。

4. **企业名称加个别品牌**

这种策略是指企业对其不同的产品分别使用不同的品牌,而且各种产品的品牌前面还冠以企业名称。例如,美国凯洛格公司就采取这种策略,推出凯洛格米饼、凯洛格葡萄干。企业采取这种策略的好处主要是:在各种不同新产品的品牌名称前冠以企业名称,可以使新产品合法化,能够享受企业的信誉,而各种不同的新产品分别使用不同的品牌名称,又可以使各种不同的新产品有不同的特色。

三、创业企业品牌战略的关键要素

由于资源以及预算的限制,创业企业品牌建设是一项挑战。在具体打造和实施品牌战略的过程中应关注以下关键要素。

(一) 明确目标受众

创业企业应该明确自己的目标受众,包括目标客户的年龄、性别、地域、兴趣爱好、购买行为等。明确目标受众可以帮助创业企业更好地了解客户的需求和偏好,从而定位品牌形象和传播渠道,提高品牌的认知度和美誉度。

(二) 独特的品牌定位

创业企业需要制定独特的品牌定位,以便在激烈的市场竞争中脱颖而出。品牌定位包括品牌的核心竞争力、品牌的价值主张、品牌的目标受众、品牌的市场定位等。整个定位过程实际上是企业选择、塑造并传播品牌差异,并使目标顾客形成独特品牌形象的过程。创业企业应该确定自己的独特性,制定独特的品牌定位,以提高品牌的认知度和美誉度,如小米的"青春"、洋河的"蓝色经典"等。

(三) 优秀的品牌形象

创业企业的品牌形象应该是独特的、吸引人的、专业的和符合品牌定位的。品牌形象包括品牌名称、标识、口号、网站、产品包装等多个方面。创业企业应该为自己的品牌形象定下明确的标准和规范,从而确保品牌形象的一致性和稳定性,如"候鸟天堂"鄱阳湖、"魅力水乡"周庄等。

(四) 整合传播品牌元素

创业企业需要利用多种渠道进行宣传,以提高品牌的曝光率和影响力。不同的宣传渠道适用于不同的受众,如社交媒体适合年轻人,电视广告适合老年人等。创业企业应该根据目标受众的不同选择不同的宣传渠道,并制定相应的宣传计划和预算。

(五) 创建口碑和忠诚

创业企业的品牌口碑是打造品牌的重要组成部分。创业企业应该注重产品品质和服务质量,为客户提供优质的产品和服务,从而赢得客户的信任和支持。同时,创业企业应该积极与客户互动,听取客户的反馈和建议,从而不断完善产品和服务,利用公共关系,借助低成本促销或赞助手段,通过社交媒体平台,与具有共同兴趣、需求和价值观的受众建立联系,进行双向互动,更好地满足他们的需求,提升品牌形象和品牌的忠诚度以及认知度。比如,通过下载瑞幸咖啡 App 免费获得一杯饮料,从而实现拉新。而邀请的新用户通过自己的链接下单后老用户也可以免费得一杯,这就大大增加了分享率,甚至会有用户专门建群分享领券。

建立良好的品牌口碑需要长时间的积累和维护,创业企业需要注重细节、创新和创意,才能获得成功。

四、创业企业品牌战略选择

创业企业品牌战略主要有以下两种。

(一) 敢为天下先

在经济产业的发展历史进程中,新兴的产业或者新兴的市场会相继出现。这些新兴的产业或者市场既有巨大的诱惑又隐藏着莫大的风险,一旦成功,回报是惊人的。正如鲁迅所言,第一个吃螃蟹的人面临着生死两选的局面:要么被螃蟹毒死,要么品尝鲜美的蟹肉。

采用这一战略的小企业品牌的战略目标是占领新兴产业或者新兴市场。这一战略的目标是不可能奢望塑造大的强势品牌的,虽然每一个品牌机构都想成为叱咤风云的品牌巨鳄,但是不能就此否认它的初始愿望是为了占据永久性的领导地位。

在所有小企业品牌战略中,这是一个赌博性很强的战略,风险高而成功率很低,不容许有失误,也不可奢望有第二次机会。比如,山东临沂的双月圆集团,在创业时进军的是教育产业。当时临沂是仅次于浙江义乌的中国第二大小商品集贸中心,人们的富裕程度较高,很多老板忙于生意而没有时间教育孩子,希望有某一类型的私立学校,也希望能有高档的居住环境和条件。双月圆的创始人王卫军就敢为天下先,大胆进入教育产业,先创立双月圆私立学校,再把教育收入投入当地的高端房地产业,一举成功,成为当地的领导品牌,并且在向上海、济南和青岛进军的同时,也在有条不紊地向相关产业进军。

"敢为天下先"战略听起来好像是在讲述企业家的胆略,但这不是全部。采用这一战略必须有周密的思考和审慎的分析。不是说哪个人在突然间冒出来一个自认为绝妙的好点子,就匆忙付诸实施,这样是不可能成功的。要使这样看来像是孤注一掷的战略取得彻底的成功,就必须对经济形态、发展趋势等有科学的分析和深思熟虑。

(二)"坐轿子"

股市里有一个俗语叫"坐轿子",意思是指趁股市的庄家抬高某一只股票时也跟进持仓,待赚到自己理想的价位时抛出(当然必须赶在庄家溜走、股价大幅度下跌之前),从而营利。小企业的"坐轿子"战略更偏向于创造性模仿方面。

我们都知道日本大和民族是一个最善于学习外来文明的民族,日本文化也是一个杂糅了中国文化和欧美文化但又将其巧妙地融合在一起的复合性文化。这一特征反映在日本的小企业创业领域,就是它们善于学习和借用别人已经创造的东西,进而应用和再创新出有自身特点的东西,也就是创造性模仿或者叫作模仿性创造。采用这一战略的日本小企业家有时好像比被模仿企业更能够理解创新所代表的东西。

在日本的汽车工业领域、家电产业领域、计算机产业领域等,这一现象不是个案。以宣称"车到山前必有路,有路必有丰田车"的丰田公司为代表的日本汽车制造业界,在19世纪30年代起步,开始生产欧美技术已经相对成熟的汽车;而在世界大战以后,继续学习和运用欧美的技术来制造汽车;为了攻入美国的市场,进行借牌生产;在创造性研发和资本积累到一定程度之后,开始使用自己的牌子进行推广和传播,一举成功。现在仅丰田公司一家的汽车年产量就达世界汽车总年产量的10%左右。

在这些战略开始运用的时候,所在的市场已经形成,这一新兴产业已经为人们所接受并且追捧;通常市场的需求远远地超过企业的生产和供应能力;市场的划分已经众所周知或者可以知晓,可以通过市场调研得出现有消费者或潜在消费者群体,并且他们的消费心理和消费行为已经可以把握和预测。

"坐轿子"战略的目标并不单单是坐享其成,而是在"坐"的同时,拼力学习、创新性应用,为了塑造强势品牌积蓄力量。其战略目标是在少冒风险的前提下,占据市场和行业的领导地位。

"坐轿子"战略的艺术性很大,它要求企业具有市场敏锐性、灵活性,并且时刻把握市场的动态发展。

第四节　创业企业的顾客战略

当今时代,顾客运营、会员经济、用户圈养、私域流量……越来越多与顾客相关的概念不断涌现,将顾客纳入创业企业的战略核心。只有洞察并满足顾客需求,邀请顾客参与价值创造与价值传递的过程,才能使企业确保持续竞争力。

一、顾客战略的含义

创业企业往往会高估自己,因为只有自己相信自己,强化扩大自我优势,才会有创业的勇气。然而商场无情,高估自我,低估对手,忽视顾客需求,企业阵亡就是大概率事件。创业企业的顾客战略是企业对如何建立和管理客户关系的目标及目标实现途径的整体性把握。顾客战略至少应该包括以下四个核心要素。

（一）顾客细分

顾客战略的中心在于把顾客群分解为可以有效管理的细分顾客群体,进而形成合理的顾客关系组合结构。对于每一种客户细分,企业都应该考虑顾客对产品和服务需求的共性,再细分为对于每一种产品和服务的积极或被动的需求,即推式需求或拉式需求。

（二）顾客竞争

在一个竞争激烈的市场环境中,有效的顾客战略必须能够服务于竞争。企业竞争力应该体现在：既能保持原有的顾客份额,又可以获得一些新顾客；同时能够对顾客的构成进行优化,淘汰不合格的劣质客户群,赢得和挽留优质客户群。

（三）顾客吸引力

培育顾客忠诚和建立牢固的情感纽带,形成直接吸引力,同时形成口碑式的间接吸引力也是非常关键的,因为这将是企业通过交叉销售和升级销售来保持和提取更大顾客价值的重要因素之一,也是尽可能发掘优质顾客和吸引有利可图的其他企业的优质顾客的重要因素。

（四）顾客管理能力

在实际运营中,大多数企业会面临某些问题。例如,在企业中谁来管理客户？谁来负责处理顾客的事宜？企业的每一位员工都应该积极地为顾客提供服务,而不是仅仅将其归为顾客服务部门的责任对象。企业作为一个有机的整体,必须构建强大的、全面的顾客服务和管理体系。

由此看来,有效的顾客战略能够帮助创业企业明确谁是客户、客户想要什么、我们能为客户做什么等问题,有助于确保对顾客关系进行有效管理,而不是简单地把顾客当作营销活动的对象。

二、顾客精准化策略

有效顾客战略的实施,能够帮助创业企业找到自己的理想顾客。为了实现精准化顾客寻找过程,需要关注以下三方面的问题。

(一)需求真伪的验证

所有的产品设计和创业项目都要以顾客为核心。但很多创业企业在设计的时候会不知不觉地把创业者自己的需求当作顾客的需求,但事实上这种需求通常并不是顾客真正的需求,所以按照创业者需求做出来的商品,可能不会吸引顾客为此付款。

因此创业企业理智看待顾客需求这一点非常重要,要懂得走出去,做好市场调查研究,真正去了解顾客内心的想法,这样才能帮助企业获得持续成长。以下问题将有助于需求真伪的辨别。

1. 顾客是谁

(1)你做出来的产品谁会使用?他们是不是直接的购买者?谁会对产品购买或者使用产生一定的影响?

(2)顾客会在什么样的场景下、情况下去购买你的产品?又会在什么样的情况下获取你产品的信息?谁能愿意帮你主动宣传产品?

(3)购买者和使用者一般是什么身份?他们大概在什么年龄范围之内?大多数是什么职业?有什么爱好?大概的生活范围是什么?顾客有什么特点?大概的消费观是什么?这些都是需要你去深刻了解的。

(4)一般怎么才能购买到产品?网络,还是实体店,还是团购,还是电话预购?

2. 顾客需求

(1)顾客对于产品的需求是否是真实的需求?顾客愿意为了这个需求去付款吗?

(2)顾客目前是用什么替代方式去满足其需求的?顾客是否愿意获取新的方式来代替其目前方式?

(3)价格是否适合大众消费水平?你主张的产品价格是否能让顾客在满足需求的同时,也会有能力去购买?

(二)增长空间的分类

什么样的产品有增长空间呢?这个产品应能满足顾客需求,而且是真实存在的需求。增长空间一般分为场景空间和任务空间两大类。

1. 场景空间

在某个特定的场景下,用户产生的需求并没有被满足甚至没有被发现。比如,在上下班高峰期,如果你打车回去,会觉得十分困难不说,还会产生昂贵的车费,特别是在拥堵的时候,在确定的路线上,用户有尽快打到车且能最大限度地节省车费的需求,车辆供应者也有最大限度的获利需求,所以拼车和顺风车就满足了这样的要求。

2. 任务空间

任务空间意味着产品或者项目承担着某个任务或职能。比如便于携带的豆浆,大部分的销售发生在早上,甚至许多购买的用户是开车打包的用户,这说明豆浆便于携带,也能满足人们对于早餐的需求,所以购买者的增加,也给豆浆带来了一种潜移默化的口碑宣传。

(三)增长思维的保持

无论是成熟企业还是创业企业,都应该随时保有增长思维,这样才能让企业和产品时刻具有竞争力,不至于被市场渐渐抛弃。为了能让品牌持续增长,通常可以从下面三点着手。

1. 口碑传播的设计

尽可能设计一个好的方法,让用户在用完产品的时候,自己愿意去宣传,这要求创业企业的产品有足够的吸引力。换句话说,就是让顾客有良好的用户体验,这样才能让他们足够信任,带来好感,也愿意为你去宣传。如果这方面做得好,就能省掉不少宣传费用。

2. 分享设计

这个设计在生活中很常见的,比如微信朋友圈就是一个分享的平台。在分享设计上,可以考虑如何让用户更愿意分享与自我相关的东西,或者使用户分享这个东西能够体现自己的生活品质、知识、思想等,这样才能激起消费者分享的欲望。

3. 网络效应

这是一个互联网时代,网络能带来的影响力同样是不能忽略的。利用网络扩大商品的宣传,并且产生积极的网络效应,让创业企业的产品快速增加用户量,这方面的优势必须充分挖掘和利用。

三、顾客互动管理

(一)顾客互动的含义

顾客互动的概念十分广泛,产品与服务的交换、信息的交流和对业务流程的了解等都包含其中。为了在市场上为顾客提供能够为其带来优异价值的产品和服务,企业需要充分利用信息的潜在内涵和各种互动技巧,努力在顾客的购买流程中发展与顾客的合作关系。

可以说,顾客与企业双方的任何接触,都可视为互动。特别是在移动互联网背景下,创业企业尤其需要把信息交流视为互动管理的一个重要组成部分。就像小米通过建立小米之家将顾客紧密地联系在一起,实现企业和顾客的持续对话,从而获得了众多狂热"米粉"。

(二)顾客互动的类型

企业与顾客之间的互动可以根据不同的标准加以区分,主要包括人工与机器,个人互动与媒体支持互动等。其中,媒体支持互动允许完全独立的个体之间的互动,从而扩大了潜在的互动人员范围。但是,个人互动特别是面对面互动总是同步的,一个人不可能从与他人互动的空间里脱离出来。个人互动是最强烈的互动方式,在直接对话中,所有的语言和非语言的表达主要由互动方来掌控;媒体支持互动只能具有相当有限的模拟互动程度(详见表6-4)。

表6-4 顾客互动类型及其比较

互动方	人工			机器	
互动方式	个人互动	媒体支持互动			
同步性	同步	同步	不同步	同步	不同步
模拟沟通能力	高	中	低	很低	很低
数字沟通程度	中	高	高	很高	很高
提升潜能	中	高	很高	很高	很高
适应能力	很高	高	高	低	低
顾客类型	高价值顾客	大众顾客	大众顾客	大众顾客	大众顾客
需要支持类型	咨询与沟通	时间性比较关键的信息与交易	标准化的信息	自助服务	简单信息
举例	个人对话	视频会议、银幕共享、电话、闲聊	书信、电子邮件、SMS	互动式语音应答、自助服务助理和基于网络的自助服务	自动SMS应答、自动电子邮件应答

资料来源:Senger E, Coronover S, Riempp C. Customer Web Interaction:Fundamentals and Decision Tree. Eight America's Conference on Information Systems,2002:270.

案例6-3 美捷步——电商界的"海底捞"

美捷步(Zappos)是由华裔企业家谢家华投资并管理发展起来的企业。谢家华是哈佛学霸出身,自主创业做互联网"鞋王",35岁就以10亿美元身价登上《财富》亿万富豪榜。在谢家华的管理下,美捷步以其极致的用户服务和用户体验,创造了它的网购帝国。

"三双鞋"是美捷步的一个极具代表性的服务条款。如果有在网上购买鞋子体验的朋友,就应该非常有感触,在网上买鞋子,最怕尺码不合适。美捷步首创性地提出了"三双鞋"服务,即顾客买一双,美捷步就会寄出三双给客户。

比如,客户选择38码,美捷步就寄37、38、39码三双鞋,让客户可以选择最吻合自己尺码的鞋,然后把另外两双包运费退回。客户在一年内,无论有没有穿过,只要包装完好,都可以包运费无理由退货。

美捷步把用于购买流量宣传广告等市场和公关传播的费用全部取消,用来专门补贴于服务顾客,从而将满足顾客的需求做到极致。

美捷步还会为了给客户制造"惊喜服务"(Woo Experience),主动将用户服务悄然升级。比如,当用户选了3~5天的正常送货期,它们会在第二天就把货送到,给用户一个小惊喜;在产品说明上,每一双鞋子都有8个角度的照片,能够帮助客户细致地了解产品。

美捷步在客户服务上更是做到了极致。客服热线中心是美捷步最核心的部门,被称为用户忠诚度团队。与大多数互联网企业敷衍刻板的客服不同,美捷步的客服团队被赋予充分的自由:它的运作模式是每周7天,每天24小时提供服务;与用户交流不以通话数量为业绩标准,不考核通话时长,也不设立交流的模板化内容。不向顾客推销东西。鼓励员工每次通话时都发挥自己的个性与顾客建立情感联系。把顾客的每一次通话都看作建立服务品牌的关键投资。客户的投诉是另一次表现机会,是另一次超出客户期望的机会。

比如,如果消费者在美捷步没有找到想买的鞋子,客服人员就会为消费者推荐3家竞争对手的网站,帮助消费者找到满意的鞋子。如果客户有任何想要倾诉的问题,则客服都会陪客户聊天、开解,几乎是有问必答。美捷步客服最长一通电话打了6小时。

根据统计,美捷步平台的退货率高达25%,但是,良好的服务带来的是客户的高留存度与口碑传播度。美捷步老客户的留存率和忠诚度极高,拥有高达75%的重复用户,这种依赖用户忠诚度的商业经营模式在零售业中非常罕见,这些回头客的交易额是新客户的15倍,维护成本却只有新客户的1/6。

凭借极致的用户服务和用户体验,美捷步迎来了快速的发展,公司的销售额突飞猛进,从1999年创立开始,到2008年时已经超过10亿美元,成为美国最大的鞋类电商网站,销售额一度占到全美鞋类的1/4。2009年,美捷步被亚马逊以12亿美元的高价收购,创下了美国电商收购历史的最高纪录。

四、顾客体验管理

(一)顾客体验管理的内涵

顾客体验管理是近年来兴起的一种崭新的客户管理方法和技术,它的基本思想是以提升顾客整体体验为出发点,注重与顾客的每一次接触,通过协调整合售前、售中和售后等各个阶段以及各种接触渠道,有目的、无缝地为顾客创造差异化的顾客体验,强化顾客感知价值,从而达到降低组织成本或增加组织收益的目的。通过对客户体验的有效把握和管理,提高客户对公司的满意度和忠诚度,并最终提升公司价值。

顾客体验的提升不是自发性的,组织可以通过顾客体验管理,使顾客获得更好的产品或服务体验。在目前产品同质化严重的情况下,体验成为客户选择时的重要因素。即使在产品或服务差异化竞争时,顾客体验管理也可以帮助创业企业发现客户的"买点"和"痒点",从而更好地服务客户。另外,客户体验管理可以帮助企业更好地了解竞争对手情况。当客户在体验和反馈时,心中会进行品牌对比,通过客户情绪和行为数据可以获取竞争对手的信息,从而针对性地提高或改进自己的劣势。

(二)顾客体验管理的基本方法

顾客体验进行管理的方法很多,如触点体验管理、顾客旅程体验管理、顾客关系周期体验管理等,这些顾客体验管理方法的关注点不同,对于顾客体验提升的影响力和组织运作的影响层次也不尽相同。

1. 触点体验是顾客体验管理的重点

组织通过识别影响顾客体验的关键触点(如销售人员、实体门店、电话热线、活动、广告、网站等),对触点进行管理,提升顾客触点的产品、服务、流程等的体验感受。有关调研数据显示,触点体验以60%的最高认同率被认为是整体顾客体验感知中最为重要的一环。

2. 顾客旅程体验管理

随着顾客体验管理的不断实践与发展,研究者对顾客旅程与顾客体验的关系有了新发现。2015年,麦肯锡的一项研究显示,顾客旅程与顾客满意度的相关度和对组织收益贡献度远高于触点。即使组织在单个触点上表现良好,整体的顾客体验也可能并不理想。如今,顾客体验领先的组织更注重端到端的顾客旅程体验管理,而不仅仅是触点体验;通过顾客旅程体验评估,分析洞察,发起改进行动,以优化顾客体验。

3. 顾客关系周期体验管理

顾客关系周期指的是顾客与组织从建立关系到结束关系的各个环节。对于顾客关系周期的体验管理,组织需要关注各个阶段的整体关系体验,而不仅仅是那些直接对增长有贡献的阶段,比如组织不能只关注购买旅程阶段的顾客体验,而忽视维系阶段的顾客体验。

(三)创业企业顾客体验管理的挑战

1. 衡量顾客体验项目的投资回报

创业团队普遍期望能看到投资顾客体验项目带来的价值,否则顾客体验项目可能在预算审批阶段遇到阻碍。组织希望对顾客体验管理的投资能带来收入和利润的增长,习惯用指标量化顾客体验工作的价值。有调研显示,顾客体验相关的收入是衡量顾客体验投资成功与否最普遍的标准,其次才是净推荐值、服务成本和顾客留存率。

由于客户的满意度永远是会被超越的,一旦产品满意度上升,对企业的期望也会升级,因此,客户体验设计的背后都有成本设计。作为创业企业,需要了解所有客户体验管理背后的思维底盘是,要根据品牌定位和价值主张确定超越客户希望的体验点和客户即使有需求也不做改善的体验点。

2. 顾客体验数据的质量、整合和洞察

基于顾客体验数据的决策是顾客体验管理持续改进的关键基础,组织通过收集、整合不同来源的顾客体验数据,分析洞察顾客体验问题,推动顾客体验提升。

调查是获取顾客体验数据的主要方式,但存在局限。顾客体验调查的数据质量除了受参与者范围的影响外,样本规模、问题设计和调查方法都可能对其造成影响。另外,由于顾客对问卷调查方式的倦怠,问卷回收率很低。

顾客体验数据整合难度大,难以形成有效完整的顾客洞察。将不同渠道、不同来源的顾客体验数据进行整合,打通不同系统间的数据壁垒,是顾客体验管理工作面临的挑战。若顾客体验洞察的有效性、完整性和实时性大打折扣,则不能有效支持业务、产品和服务的迭代优化。

(四)顾客体验管理发展趋势

1. 数字化顾客体验

数字技术是提供卓越客户体验的关键。数字化顾客体验应包括从购买前考虑到购买后参与的所有步骤,如支持和品牌宣传,为客户提供无缝的体验。

数字渠道也应该是顾客联系你的默认触点。就聊天机器人而言,不能仅仅复制在网站FAQ中找到的通用信息,而是应该通过上下文相关的信息个性化地并主动地解决客户需求。因此,数据在数字化客户体验中起着关键作用。组织应该分析不同的数据集,如客户调查、行为和习惯,以增强个性化并跟上新的客户体验趋势。

2. LLM

强大的新型大语言模型(Large Language Models,LLM)的进步为OpenAI的ChatGPT、谷歌的Bard和Meta的LlaMA等应用程序提供了动力,为下一代客户体验工具铺平了道路。LLM和人工智能搜索引擎是提高客户体验效率和显著降低成本的游戏规则改变者。

尽管GPT可能是最发达的,但也不能低估其他LLM,因为它们有望在不久的将来出现和发展。采用人工智能的联络中心通过虚拟座席和座席辅助技术提供了更好的客户体验。

3. 自动化

自动化也是CX Network的2023年《全球客户体验现状研究报告》中的十大趋势之一。很多受访者表示公司正在转向自动化,以解决共同的挑战,并通过员工和客户体验降低成本。自动化也推动了客户体验流程的简化并且能满足员工不断变化的期望。

案例分析

2块钱创业，从收酒瓶到资产2亿元

很多人想创业，但并不是每一个人都能够成功创业；大多数人是因为资金短缺中断了创业道路；而刘玉栋用2元钱创业，从收酒瓶到身家2亿元；其实创业就是需要勇气，也需要眼光。

虽然是20世纪70年代生人，但刘玉栋身上充满了20世纪60年代人的气质和精神——精干、不善言谈、低调、勤奋。

刘玉栋家境贫寒，兄弟姐妹多，但他从小独立性强。1987年，只有16岁的刘玉栋，念完初中带着2元钱去济南"打天下"。那时他没什么手艺，最后只能跟着一个师傅学修理自行车。做了2年多的学徒，挣了2万元，"当时白天除了在店里修自行车，晚上还要到自行车厂去装自行车，工作虽然辛苦，但收获大"。一个不到20岁的年轻人有2万元，那个时候很少见。

于是刘玉栋违背父母让其回家结婚的意愿，在济南大厦附近花300元/月租了一个门头，专门修理自行车。当时来修理自行车的人大多喜欢吸烟和喝酒，细心的刘玉栋专门从别处进了一些烟酒放在店铺里辅助经营。时间长了，他感觉从别人那里进货成本高，头脑灵活的他把眼光盯到代理上。

谁也不会把大批量的货放给这个只有19岁的年轻人，胆大的刘玉栋带着1万多元钱，来到当年旺销的兰陵白酒的酒厂。厂长毫不犹豫地拒绝了他。刘玉栋并没有气馁，"他不卖酒给我，我就不走"。刘玉栋回忆说，在厂长的点拨下，他跑遍了整个济南，包括商河、济阳等地方收酒瓶。厂长没有失信，最终把酒卖给了他。"想做的事，就要不惜代价去做，应该把困难当作机遇，当作锻炼的机会。"现在，刘玉栋还庆幸自己的坚持，"这与我在农村生活养成的勤奋、努力的品质分不开"。

1992年，在得知美国两家洋行开始从事可口可乐、德芙等产品中国代理贸易后，21岁的刘玉栋跑到北京与这两家洋行谈判，要求在济南代理经销。精明加上努力，刘玉栋如愿以偿。他又陆续代理了费县老白干、景芝白干、泰山特曲等山东的白酒。到了1994年，公司每年的销售额达到上百万。刘玉栋完成了原始积累。

更大的动作还在后面。2002年10月，刘玉栋联手泸州老窖，开发了泸州老窖"古酿""窖藏"两个系列共二十多个新产品，并取得其全国独家代理权，在全国各主要省市设立分公司，建立了自己的销售渠道和物流配送网络，形成了以济南为中心、依托山东、辐射全国的市场布局。刘玉栋代理的产品不仅是酒水，还涉及副食调料、熟肉制品、保健食品、日用百货等领域。"我们除了做流通环节，现在还进入了生产环节，并打造了自己的食品品牌'达达'牌，这标志着我们正式进入生产环节，具有标志价值。"2003年，刘玉栋仅在济南地区的销售就达到1.5亿元，全国销售超过2亿元。

"只有专业化才能取胜",刘玉栋有着自己一套特殊的经营思路。虽然目前,刘玉栋经营的这家企业建成了全国最大的专业酒类网络,但他仍在强化、延展自己的网络,"我们的网络已覆盖了山东70%的县级城市,不过还在建设更深层次的营销网络,对于流通行业,网络是最有价值的"。

创业的路上就是要不断学习,就是要不断去争取;很多的时候创业就是需要你有魄力,只有不断去学习,不断去创新,这样才能让创业的道路更辉煌!想要成功创业就需要你不断去学习!

资料来源:

https://www.sohu.com/a/108363396_353366.

问题讨论:

1. 从刘玉栋创业的历程中,你感触最深的是什么?
2. 如何理解"只有专业化才能取胜"?

本章小结

营销战略对创业企业的整体营销活动具有重要的作用,没有营销战略的指导,创业企业的营销活动就会因失去目标和方向而陷入迷茫。创业企业的营销战略主要包括定位战略、竞争战略、品牌战略和顾客战略。

创业企业的市场细分依据主要有地理变量、人口变量、心理变量和行为变量等;创业企业市场细分的方法主要有单一变量法、主导因素排列法、综合因素细分法、系列因素细分法等;精确选择创业企业的目标市场至关重要,进行准确的市场定位决定着创业企业营销的成败。市场定位的方法主要有:根据产品的特色定位,根据顾客获得的利益定位,根据产品的专门用途定位,根据使用者定位,根据竞争定位。

创业企业的竞争战略主要有成本领先战略、差异化战略、集中化战略。创业企业通常的市场地位为市场跟随者和市场补缺者。品牌不仅是创业企业的重要无形资产,而且是创业企业获得竞争优势的重要保证。创业企业的品牌化决策主要涉及品牌身份、品牌名称与标志设计、品牌统分决策等。创业企业由于其实际状况,品牌战略选择通常有敢为天下先和"坐轿子"等。

创业企业的顾客战略意味着顾客日益成为企业战略制定的核心要素。在实施顾客战略过程中,顾客精准化策略有助于创业企业发现理想顾客,顾客互动管理以及顾客体验管理是创业企业管理和利用好顾客资源的关键点。

复习思考题

1. 创业企业应该如何进行市场细分,准确找到目标市场?

2. 举例说明创业企业如何实现集中化战略。
3. 创业企业品牌战略的关键构成要素有哪些?
4. 结合实际,分析创业企业品牌战略应该如何进行选择。
5. 顾客互动管理有哪些基本方法?
6. 举例说明创业企业如何实现顾客体验管理。

第七章 创业企业的产品策略

学习目的

通过学习本章内容,应该掌握:
1. 创业企业的产品特征
2. 创业企业的产品选择的影响因素
3. 创业企业的产品差异化形式
4. 创业企业的产品设计方式

【开篇故事】

由彼内衣探索差异化之路

对于传统内衣品牌而言,同一款式的内衣通常需要搭配多种尺码,这往往会造成最小存货单位(Stock Keeping Unit,SKU)过多,进而导致库存风险和决策成本的增加。由彼(UBRAS)寻找能够占据优势位置的领域——舒适,立志为品牌营销策划方案的制定、执行和落地创造更高势能。由彼通过市场调研发现,线上购买内衣服饰有一个很大的市场空白即消费者尺码选择困难,另外内衣服饰作为贴身衣物,消费者一经试穿就不适宜退换货。如此,在消费者购物过程中很容易增加选择成本,甚至造成不好的购物体验。于是由彼无尺码内衣应运而生,作为线上品牌,无尺码内衣产品能够很好地满足消费者需求,减少用户的选择成本;另外,无尺码内衣是竞争对手尚未发现的市场蓝海和销售增长点,符合企业元素以及竞争元素,还能为营销策划方案的实施持续赋能。

由彼内衣服饰品牌打破传统内衣的穿着属性,采用更加柔软的面料和更高包容性的背心式构造,为消费者提供良好的穿着体验。产品的高包容性质和高弹面料不仅符合人体工学设计理念,还减少消费者选择尺码和退换货的流程,很快得到广大消费者的喜爱和选择。由彼内衣服饰品牌主张"不改变穿戴者的身体,轻松体现自然的体态美"理念,实现创新品类、以产品本身驱动营销。

资料来源：

https://www.sohu.com/a/715998160_151313.

营销感悟：

在竞争激烈的创业市场，产品策略的成功与否往往决定了企业的生死存亡。由彼内衣品牌通过探索独特的差异化之路，实现了产品驱动营销，拓展了市场。

由彼为消费者提供了良好的穿着体验，创新产品设计解决了消费者的痛点，还赋予了品牌独特的竞争优势。因此创业企业在制定产品策略时，应该敢于创新来满足消费者的需求，形成品牌的核心竞争力。

对市场需求的敏锐洞察能力，是创业企业制定成功产品策略的基础。创业企业在制定产品策略时，必须深入了解目标消费者的真实需求，寻找尚未被满足的市场空白，从而为自己的产品找到独特的定位。

第一节 创业企业的产品特征

创业企业的产品特征通常涉及创新性、市场适应性、成长性和资源整合能力。这四个方面共同决定了创业企业产品的竞争力和市场表现。

一、创新性

创新性是创业企业产品最为关键的特质之一，指的是产品能够提供与现有市场上的产品不同的价值、功能或体验。这种创新可以是技术上的突破，也可以是商业模式、产品设计、用户体验或服务方式上的刷新。创新性使得创业企业有机会打破传统行业的壁垒，快速获得市场认可和用户增长。

技术创新是最直观的创新性表现。例如，苹果公司推出的 iPhone 在手机行业引发了革命性的变革。当时的手机主要依赖物理按键和小型屏幕，而 iPhone 的创新多点触控界面和大屏幕设计为用户提供了全新的交互体验，开启了智能手机时代。这一创新不仅改变了手机硬件的设计，也促进了移动应用生态系统的繁荣发展。

产品设计的创新可以带给用户前所未有的便利和美感。例如，萤比（Fitbit）和苹果手表（Apple Watch）等智能可穿戴设备的设计集成了时尚元素与多功能健康监测，在市场上创建了全新的穿戴式设备细分市场，并推动了个人健康管理的潮流。

在用户体验方面，亚马逊提供的"一键购买"服务是一个典型的创新案例。这一服务使用户可以通过一次点击即刻完成购物流程，极大地简化了在线购物的步骤，提升了用户体验，也为亚马逊带来了忠实的用户群体和持续增长的销售业绩。

服务方式的创新也为创业企业带来了竞争优势。例如，网飞的流媒体服务改变了人们观看电影和电视节目的方式，用户可以随时随地通过互联网访问丰富的娱乐内容，这种即点即看的模式彻底颠覆了传统的租赁实体DVD的业务模式。

综上所述，创新性是创业企业生存和发展的关键所在。无论是技术、商业模式、产品设计还是用户体验和服务方式上的创新，都能帮助创业企业在激烈的市场竞争中脱颖而出，建立品牌优势，吸引用户，最终实现商业成功。

二、市场适应性

市场适应性是创业企业产品成功的关键因素之一，是产品能够迅速响应并适应市场变化的能力。对于创业企业来说，能否快速适应市场的需求和变动往往决定了其生存和发展的可能性。市场适应性强的产品能够有效捕捉市场机会，满足消费者不断变化的需求，并在竞争激烈的环境中保持竞争力。

在技术快速发展的今天，市场适应性尤为重要。以科技行业为例，谷歌的安卓（Android）操作系统之所以占据巨大的市场份额，部分原因在于其高度的开放性和适应性。安卓系统能够在不同厂商生产的多种硬件上运行，同时允许第三方开发者自由地开发应用程序。这种灵活性使得安卓系统能够快速适应各种市场需求，吸引了广大用户和开发者的青睐。

市场需求的快速变化也要求创业企业的产品必须具备高度的市场适应性。例如，疫情期间，许多企业必须快速适应远程工作和在线学习的趋势。Zoom视频通信软件就是一个很好的例子，它凭借稳定的性能、简洁的用户界面和易于使用的功能，迅速成为在线会议和远程教育的首选工具，其用户基数和使用频率在短时间内实现了爆炸性增长。

社会文化的变化也是影响市场适应性的重要因素。随着人们健康意识的提升，健身应用如蚝比和减肥宝（MyFitnessPal）等迅速流行开来，这些应用通过提供运动追踪和饮食记录等功能来帮助用户管理自己的生活方式。它们成功抓住了健康生活这一趋势，满足了市场上对此类服务的需求。

在资源有限的情况下，创业企业如何提高产品的市场适应性是一个挑战。这要求创业者不断收集市场信息，了解最新的用户需求和技术发展，以便及时调整产品策略。同时，建立灵活的产品开发流程和支持快速迭代的企业文化也是提升市场适应性的重要手段。

综上所述，市场适应性是创业企业产品特征中不可或缺的一环。只有那些能够紧跟市场步伐、不断进行自我革新和优化的产品，才能在多变的市场环境中稳固立足，实现长期的增长与成功。

三、成长性

成长性是创业企业产品在市场中持续发展和扩张能力的体现，它描述的是产品从引入市场到逐步占领市场的过程中所表现出的潜力和速度。对于创业企业而言，产品的成长性是衡量其长期成功与否的关键指标之一。具备高成长性的产品不仅能够迅速吸引用户,还能持续扩大市场份额,最终形成规模效应和品牌影响力。

成长性的表现可以通过用户基数的增长、收入的增加以及市场份额的提升等方面来体现。例如,社交媒体平台脸书在最初仅面向大学生开放时,用户数量有限,但通过口碑传播和策略性的功能扩展,如向所有年龄段用户开放注册、推出新闻资讯分享功能等,脸书迅速成长为全球最大的社交网络平台之一。这一过程中,脸书展现出惊人的成长性,其用户基数和广告收入均呈现爆炸式增长。

小米成立之初,便以高性价比的智能手机迅速在市场上获得认可。通过互联网销售模式和粉丝经济的营销策略,小米不仅在国内市场取得了巨大成功,还迅速扩展到国际市场,成为全球知名的智能手机品牌。小米的成功得益于其产品的高成长性,这体现在其快速的用户增长和市场扩张上。

在考虑成长性时,创业企业的产品还需要具备可扩展性。这意味着产品或服务能够适应不断变化的市场需求,并且能够在未来添加新的特性或功能。例如,亚马逊最初是一个在线书店,但随着时间的推移,它逐渐扩展到电子产品、服装、食品等多个领域,甚至推出了云计算服务(Amazon Web Services),成为一家综合性的电子商务和技术公司。这种不断扩展的能力是亚马逊成长性的一个重要体现。

总的来说,成长性是创业企业产品特征中至关重要的一环。一个具有高成长性的产品能够帮助企业在市场中快速立足,吸引投资,增加用户,提高品牌知名度,并最终实现商业上的成功。因此,创业者在产品开发和市场推广过程中,应重视产品的成长潜力,不断优化和升级产品,以满足市场的不断变化和扩张需求。

四、资源整合能力

资源整合能力是创业企业在有限的资源配置下,最大化利用外部资源和内部资源以推动产品发展的能力。对于创业企业而言,资源整合能力是实现产品开发、市场推广和规模化运营的关键。由于创业企业通常面临资金、人才和技术等资源的限制,因此如何有效整合这些资源往往决定创业企业的生死存亡。

资源整合能力包括对人力、资金、技术、信息以及合作伙伴等资源的整合。例如,小米公司在创业初期就展现了出色的资源整合能力。在资金方面,小米通过小额融资和预售模式来降低资金压力;在人才方面,创始人雷军带领的团队具有丰富的行业经验;在技术方面,小米采用了开源的操作系统,并通过网络论坛收集用户反馈进行产品迭代;在销售方面,小米利用互联网营销和闪购策略来减少库存压力。这些举措使小米能够在资源有限的情况下迅速打开市场并获得成功。

爱彼迎通过整合闲置的住宿资源和旅行者的需求,创造了共享经济的一个新模式。它没有自己的房产,但能够利用互联网平台连接全球的房东和旅客,提供独特的住宿体验。这种资源整合能力使得爱彼迎能够以极低的成本扩张到全球市场,并且改变了传统的酒店业。

在整合合作伙伴方面,优步也是一个很好的例子。优步并没有自己的车队,而是通过与私人车主合作,利用现有的车辆资源提供交通服务。优步通过技术平台将乘客与司机连接起来,实现了资源的高效匹配和利用。这种模式不仅降低了优步的运营成本,而且为司机提供了灵活的工作机会。

除了上述有形资源的整合,信息和数据资源的整合同样重要。例如,亚马逊在其零售业务中通过大数据分析用户的购物习惯,整合供应链资源,优化库存管理,提高了运营效率。亚马逊还利用用户数据来推荐相关产品,增强了用户体验,提升了销售额。

综上所述,资源整合能力是创业企业产品特征中极其重要的一环。有效的资源整合不仅可以降低成本,提高效率,还能为企业带来新的增长点和竞争力。因此,创业者需要具备敏锐的市场洞察力,识别和整合各种可用资源,以推动企业的持续发展和创新。

第二节 创业企业的产品选择

在创业征途中,产品选择是决定企业未来命运的关键一环。本节将深入探讨创业企业的产品选择逻辑、影响因素及方法,为创业者提供系统的决策框架。

一、创业企业产品选择逻辑

选择一个符合市场需求的产品是创业企业成功的关键。下面我们将结合三顿半咖啡的案例,详细阐述创业企业产品选择的基本逻辑。

(一)了解消费者需求

创业企业需要进行深入的市场调研和用户洞察,以识别消费者的具体需求和偏好。通过与目标客户沟通和分析行业格局,可以构建详尽的用户画像。创业者应该避免仅从自己的业务需求出发,而是要基于用户需求和市场机会来定位产品方向。

三顿半咖啡作为一家创业企业,凭借"精品即溶咖啡"在市场中脱颖而出。从时间角度来看,三顿半的产品选择恰好符合市场需求。我国的咖啡文化普及度较低,人们对咖啡普遍缺乏认知。相比20~40元一杯的精品现磨咖啡,低门槛咖啡产品更有可能实现大众化。因此,三顿半选择从速溶市场切入,瞄准5~10元/杯的市场空缺,开创了一条区别于雀巢和星巴克的新赛道。三顿半在品质上与传统速溶咖啡区别开来,同时在价格上保持亲民优势,并确保能随时享用。它将用户对精品咖啡的消费场景日常化,让用户花费不到10元的价格,即可随时随地享用一杯现磨风味的咖啡,满足用户日常的高频消费需求,成为消费者持续复购的咖啡品牌。

(二)评估市场机会

在确认了消费者需求后,企业需要评估市场规模、细分市场利润潜力以及进入市场的风险,进行竞争分析,了解市场中已有的产品供应和潜在的竞争对手,寻找市场空白点或改进机会。

三顿半咖啡发现了精品咖啡市场的痛点:想要喝精品咖啡的人们在某些情况下会受到场景不便和冲泡麻烦的限制。为了解决这一问题,三顿半将医药行业的冻干技术迁移到咖啡上,自主研发了无损风味淬炼系统并投产。相比传统速溶咖啡,三顿半的冷萃即溶咖啡有着更好的口感特质和香气,为用户带来了全新的体验。三顿半成功地解决了现磨咖啡价格高、购买不便以及速溶咖啡溶解慢、口感差等问题,同时保留了速溶咖啡的便利性优势。

(三)分配企业资源

创业企业根据产品的开发和市场推广计划,合理分配团队的专业技能和人力资源,确保有足够的财务资源支持研发、生产、营销和销售活动;评估不同产品的开发成本、生产成本和市场前景等因素,综合考虑成本效益,合理分配资源;确定不同产品的优先级,将有限的资源投入最具潜力和竞争优势的产品上。

在三顿半咖啡初期,为了抓住市场机遇并解决消费者的痛点,他们将有限的资源投入在解决技术难点上。三顿半确立了以解决技术难点为首要目标的方向,通过研发新技术,成功推出了第一代冷萃即溶咖啡。这种咖啡具有更好的口感特质和香气,为用户带来了全新的体验。三顿半还特别注重细节和用户体验。从包装设计到产品配方都力求完美,以满足消费者的需求和期望。同时,他们也注重环保和社会责任,通过"返航行动"等项目积极履行企业的社会责任。这种注重细节和用户体验的生产计划有助于提高产品质量和品牌形象,从而赢得消费者的信任和支持。

(四)确定生产产品

创业企业基于收集到的信息设计产品原型,并通过消费者测试获取反馈,不断优化产品设计和功能;确定生产流程、供应链管理和质量控制标准,为量产做准备;制定产品的定价、推广和分销策略,确保产品能够成功进入市场并达到预期的销售目标。

三顿半咖啡在确定生产产品时,首先分析了市场需求、自身的生产能力和技术可行性。他们从挂耳咖啡创新测试开始,逐渐扩展到其他相关产品,如手冲壶、咖啡壶等。在这个过程中,他们注重满足用户的场景需求,并逐渐获得了用户的重复购买。除了主流产品,三顿半还开始制作周边产品,并投入精力和耐心去完善这些产品。在确定冷萃即溶咖啡为核心产品后,他们通过品牌营销和具有特色的包装来传达品牌价值观。为了增强用户体验,他们还开展了环保主题的"返航行动",并且与其他品牌或咖啡馆联名推出限量产品,还举办线下活动作为附加产品。

二、创业企业产品选择的影响因素

(一)市场需求

决定一个产品能否持续受到用户的青睐,关键在于它能否精准地满足顾客需求,下面从顾客的痛点、痒点和爽点来深入分析顾客需求。

1. 痛点

恐惧点、困扰点和担忧点都是顾客的痛点，一直困扰和急需解决的问题没有得到有效解决，就是顾客的痛点。

早餐喜欢吃油条的人，都有一个担心：炸油条的油是不是千滚油，油条中有没有放明矾。如果是，吃油条就是吃一个有毒的美味。有位油条哥，他打出来的口号是：天天换油，不放明矾。这消除了人们的恐惧点，所以他的油条卖疯了。

2. 痒点

市场需求痒点是指消费者在购买产品或服务时期望得到但尚未得到满足的需求。这些需求痒点是潜在的市场机会，企业可以通过满足这些需求来获得竞争优势。

淘宝网红雪梨曾经表示，"你卖的其实是一种生活方式，它要满足女孩心中美好的幻想"。因此，雪梨发布的每一张看似随意的街拍照片，其实都经过了选址、姿势、拍照和后期处理的精细运营，因为发布优质的照片是她满足用户虚拟自我需求的重要途径之一。

3. 爽点

市场需求爽点是指消费者在购买产品或服务时获得的高度满足感和愉悦感。这些需求爽点是企业提供更好的产品和服务的关键，可以帮助企业获得竞争优势。

盒马鲜生选择将门店设计成集生鲜超市、餐饮体验和线上业务仓储于一体的模式，通过智能硬件设备支持逛超市、线上下单和堂食海鲜的日常经营管理。用户可以选择到店或通过盒马鲜生App线上选购产品，并享受"3公里30分钟送达"的配送服务，实现即刻满足。

市场需求瞬息万变，创业企业必须时刻关注目标市场和用户的需求。他们需要通过市场调研了解目标用户的需求、痛点和期望。同时收集用户的反馈和建议，了解用户对现有产品的满意度和需求以及未来可能的需求变化，通过数据分析了解用户行为和市场趋势，从而预测未来的需求。

(二) 竞争对手

在创业前，一定要了解创业市场和竞争对手状况，只有充分了解竞争对手的相关情况，才能有的放矢采取一些竞争策略。竞争对手包括很多类型：实力（品牌或企业实力）相当的竞争对手、目标客户相同的竞争对手、市场份额相近的竞争对手、产品应用相近的竞争对手。

分析竞争对手应该对竞争对手进行画像，通过对竞争对手的产品定位、市场渗透、市场反应和资源配置等方面进行细致的观察和研究，形成对其总体概貌的综合分析和描述，从而更准确地进行竞争对手分析，为企业制定更科学、合理的战略和规划提供必要的数据和信息支持。

1. 产品定位分析

通过研究竞争对手的产品组合、定价策略和市场定位，了解他们如何满足目标市场的需求,可以发现他们的差异化策略和竞争优势。

2. 市场渗透分析

观察竞争对手的市场拓展策略,如新市场开拓、产品线扩展或合作伙伴关系,有助于理解竞争对手的增长战略和市场占有率。

3. 市场反应分析

关注竞争对手对市场变化的反应。例如,他们是否迅速调整产品定价、推出促销活动或扩大市场营销力度。这可以揭示竞争对手的敏捷性和市场敏感度。

4. 资源配置分析

评估竞争对手在关键领域的资源投入,如研发、市场营销、供应链等,有助于判断他们的核心竞争能力和战略重点。

(三) 总体成本

总体成本是影响创业企业产品选择的关键因素之一。在做出产品决策时,考虑总体成本至关重要,因为它直接关系到企业的盈利能力和长期可持续性。以下是总体成本中的主要组成部分。

1. 生产成本

生产成本包括原材料、劳动力和制造过程中的其他直接成本。选择成本效益高的原材料和高效的生产方法可以显著降低生产成本。

2. 研发成本

研发成本指产品开发和设计阶段的费用,包括市场调研、原型开发和测试等。创新产品往往需要较高的研发投入,但可以通过专利保护和差异化策略来获得市场优势。

3. 营销成本

营销成本指推广产品所需的费用,包括广告、促销活动和销售团队的开支。有效的营销策略可以帮助产品快速打开市场,但也需要控制成本以避免过度消耗资源。

4. 物流成本

物流成本包括产品的存储和运输费用。选择可靠的物流合作伙伴和优化供应链管理可以降低这部分成本。

5. 管理成本

管理成本指与企业日常运营相关的费用,如员工薪酬、办公设备和软件等。精简管理和采用高效的工具可以减少不必要的开支。

在选择产品时,创业企业必须全面考虑这些成本因素,以确保产品不仅能满足市场需求,还能在成本控制下实现盈利。通过精确的成本分析和预算管理,企业可以做出更加明智的产品选择,从而在激烈的市场竞争中站稳脚跟。

三、创业企业的产品选择方法

在创业初期,选择正确的产品至关重要,创业企业应采用数据驱动的方法,结合市场趋势和消费者行为分析,确保产品与市场需求高度匹配。

(一) 逻辑选品法

逻辑选品法可沿着两条路线实施:从结果到原因,从部分到整体。

1. 从结果到原因

从结果到原因的逻辑选品法,即通过分析市场结果或用户反馈,深入挖掘其背后的原因和需求,进而为产品的优化和迭代提供方向。这种方法强调以结果为导向,从用户的角度出发,找到问题的根源,从而提出有效的解决方案。

以百度公司开发的文心一言为例,这款产品在自然语言处理领域取得了显著的成果,展现了卓越的影响力和地位。这背后的原因,正是基于深度学习算法和自然语言处理技术的深入研究和应用。通过持续的技术创新和优化,文心一言在知识问答、文本创作、知识推理和情感分析等领域展现了高准确率和强大的泛化能力。同时,文心一言还作为百度公司对外提供 AI 服务的重要平台,助力其他企业实现高效、智能化的语言处理需求。

这种从结果出发的方法,强调从实际的应用效果中找到产品的优势和不足,要求企业密切关注市场反馈和用户需求,通过深入分析结果,找到问题的根源,从而提出有效的解决方案。

2. 从部分到整体

从部分到整体的逻辑选品法强调从客户的一个具体需求点出发,通过满足这一需求,进而将产品推向更广泛的客户群体。这种方法的核心在于深入了解客户的需求,找到他们的痛点,并通过创新的产品或服务来解决这些问题。

中国著名的某网络红人,以其幽默搞笑的视频内容而广受观众喜爱。他通过创新和独特的内容吸引观众,并坚持不懈地推广自己的品牌。他的视频内容常常模仿明星、电影片段等元素,通过夸张的表现形式创造出独特的喜剧效果。这种创新的内容吸引了大量的观众,使其视频在社交媒体平台上迅速传播。该网络红人不仅在社交媒体平台上积极推广自己的视频,还通过与各大电商平台合作,将自己的品牌推广到更广泛的消费者群体中。这种线上线下相结合的推广方式使得其视频和品牌在短时间内获得了大量的曝光和关注,满足了客户对剧情类搞笑视频的需求。

这种以小见大的方法,要求企业深入了解客户的需求和痛点,通过创新的产品或服务来解决这些问题,使企业不仅可以满足客户的具体需求,还能够实现产品的广泛推销和成功销售。

(二) 认知选品法

认知选品法是一种从消费者认知角度出发的产品选择策略,它强调深入理解消费者的需求和心理,以选择更符合消费者期望的产品。这种方法的核心在于精准把握消费者需求,以及对市场的深刻洞察。

以小红书平台上的直播带货为例,董洁的直播受到广泛关注,并引发了人们对这种新形式的探讨。小红书的用户群体具有独特的消费特征,他们往往拥有较高的消费能力,更注重产品的价值而非价格。因此,董洁的选品风格与小红书用户的偏好高度契合,她专注于推荐轻奢、独特、高品质的产品,满足了用户对产品的高要求。董洁的直播风格也与其他传统直播带货方式有所不同,她以温柔自然的口吻与观众分享自己的爱用物品,为产品提供详细的解读,并鼓励观众根据自己的喜好和需求进行自主选择。这种"娓娓道来"的直播风格在小红书平台上备受欢迎,也为明星直播带货开辟了新的路径。

通过认知选品法,董洁成功地在小红书平台上推广了一些小众但高品质的轻奢品牌,精准地触达了高知、高消费力的核心用户人群。这种以消费者认知为导向的选品策略,不仅提升了产品的市场竞争力,而且赢得了消费者的信任和喜爱。

对于创业企业而言,深入了解自身产品及所在行业,以消费者认知为导向进行产品选择,是提升市场竞争力的关键。董洁在小红书平台上的成功带货经历,正是认知选品法在实际应用中的成功案例。

(三)资本选品法

资本选品法是一种基于资本视角的产品选择策略,它关注那些被资本市场看好并投资的项目及其产品特点。这种方法的核心在于借助资本市场的智慧和资源,选择具有潜力和市场前景的产品。

资本选品法在产品选择上的一个重要参考是同行业的热卖爆款产品。爆款产品之所以成功,往往是因为它们具备了一些独特的特点和优势。通过深入分析这些成功基因,卖家可以为自己的产品找到成功的方向。除了关注销量排行榜外,资本选品法还强调对其他排行榜的隐含信息进行解读,如好评率、回购率等,从而为卖家未来生产和销售产品提供更为全面的指导。

对于创业企业而言,采用资本选品法可以借助资本市场的智慧和资源,实现对已有产品的超越和创新。通过深入了解同行业成功产品的特点和优势,并结合自身实际情况进行改进和创新,创业企业可以顺应市场趋势并满足消费者需求,从而在竞争激烈的市场中脱颖而出。

第三节 创业企业的产品差异化

在竞争激烈的市场环境中,创业企业的成功往往取决于其产品的差异化程度。产品差异化是企业通过提供独特的产品或服务,满足目标市场的需求,从而在市场中获得竞争优势的过程。

一、创业企业产品差异化来源

从消费需求的角度来看,产品差异主要体现为消费者对类似产品的不同态度和需求。因此,产品差异的原因可以理解为引起购买者决定选择某种产品而非其他产品的各种因素。产生产品差异的原因可以概括如下。

（一）水平差异

水平差异主要指企业在生产过程中，根据市场需求和消费者偏好，提供与竞争对手不同的产品特性。这种差异可以理解为消费者偏好的差异，即同一类商品可能因为不同的属性组合而产生差异性。

例如，对于洗衣粉，有的消费者更看重洗涤和漂洗能力，有的则更偏爱使衣物柔软的特质，还有人希望洗衣粉气味芬芳、碱性温和、不伤皮肤。宝洁公司正是精准捕捉到这些不同的消费者偏好，成功推出了包括汰渍在内的九种品牌洗衣粉，从而在美国洗涤剂市场占据了一席之地。

（二）垂直差异

垂直差异主要指企业通过提高产品质量或功能来与竞争对手区分开来。这种差异可以理解为质量差异，即产品在某些关键特性上比竞争对手更优越。

消费者普遍认为，较高的质量是更好的。以通信行业为例，尽管各运营商不断推出新业务和功能，但通信质量始终是客户最为看重的。因此，提高通信质量成为通信企业的核心追求。对于价格较高的产品，只要其性能卓越且价格合理，消费者通常都愿意为之付出。事实上，研究发现，产品质量与企业的投资收益之间存在正相关关系。高质量的产品往往能为企业带来更高的利润，因为它能够保证高价格，并从用户的重复购买、忠诚度和社会认可中获得额外收益。

（三）组合差异

组合差异是指集成了垂直差异和水平差异的不同特性而表现出来的综合性差异化特征。这种差异可以理解为将各种产品特性、功能和品牌形象等进行有机组合，以满足不同消费者的需求和偏好。

组合差异要求企业能够根据不同消费者的需求和偏好，将各种产品特性、功能和品牌形象进行有机组合。在现实生活中，产品差异化往往来源于这种组合差异。以汽车行业为例，消费者在购买时会考虑安全指标、油耗等客观标准，同时也会关注汽车的颜色、品牌形象等主观因素。每个消费者都会根据自己的需求为这些标准赋予不同的权重。

因此为了实现持久的产品差异化，企业应将产品差异化战略贯穿于整体产品的三个层次：核心产品层、形式产品层和附加产品层。如果产品差异化仅仅体现在核心产品层上，就难以具有持久性，因为单一优势很可能迅速被竞争对手模仿。相反，如果企业能够实现全方位的差异化整合，将优势贯穿于整体产品的各个层次，就能让竞争对手难以在短时间内进行全面模仿，从而保证该优势的长久性。

二、创业企业差异化类型

（一）人群差异化

人群差异化是产品差异化战略中的关键一环，这一策略的核心在于对目标人群进行深入细致的分析,包括他们的基础信息、消费行为和人群心智等方面。

具体方法是:找到竞争对手在目标人群上的空位,可以是对手的薄弱人群,也可以是细分人群,对其基础信息(性别、年龄、地区、职业、婚姻情况等),消费行为(工作、社交、健身等),人群心智(消费态度、品牌偏好、价值观等)等进行区别细分。

以 Tea'stone 为例,这个品牌成功地将目标人群定位为年轻人,这是一个极具挑战性的市场。年轻人对于茶文化的认知往往与传统的茶消费有所差异,他们更倾向于追求时尚、快捷和个性化的消费体验。Tea'stone 通过提供年轻、时尚的茶生活体验和全新的茶美学生活方式,成功地打破了消费者对茶的固有认知。这种创新性的市场定位不仅满足了年轻人在茶消费上的需求空白,而且让他们在享受茶文化的同时,感受到了时尚和潮流的元素。这种深度挖掘目标人群需求并针对性地提供解决方案的做法,是人群差异化的典型体现。

(二)价格差异化

价格差异化不仅涉及产品的市场定位、企业实力,还需考虑产品的生命周期。这种策略的运用需要企业深入了解市场需求和消费者心理,以制定出既符合市场趋势又能满足消费者需求的价格策略。

奥乐齐在中国市场的价格策略调整就是一个典型的例子。面对中国市场的消费者需求变化,奥乐齐没有坚持原有的低价策略,而是选择了稍稍提升产品价格并改变店面装潢的策略。这种策略的调整,不仅吸引了中产阶级人群的关注,而且提升了品牌的整体形象。奥乐齐通过价格差异化,成功地满足了中产阶级消费者的需求,并在竞争激烈的市场中占据了一席之地。

这种价格差异化策略的成功,关键在于企业能够准确识别市场需求和消费者心理,制定出符合市场趋势的价格策略。同时,企业还需要不断创新,提升产品质量和服务水平,以满足消费者日益增长的需求。

(三)功能差异化

产品功能差异化是指通过增加或优化产品的功能,来实现产品差异化。这种方法在不改变基本使用价值的前提下,通过延伸或附加功能的不同提高了竞争力。

讯飞输入法就是一个在功能差异化方面取得成功的例子。在 AI 输入时代,讯飞输入法结合自身在语音识别领域的领先技术,推出了多达 22 种方言的识别模式和面对面翻译功能。这些创新功能不仅满足了用户在不同场景下的需求,而且提升了讯飞输入法在竞争激烈的输入法市场中的竞争力。这种通过技术创新实现功能差异化的做法,是企业提升竞争力的重要手段。

产品功能的创新已经成为企业竞争的重要手段,功能差异化要求企业通过增加或优化产品的功能,实现与竞争对手的区分。这种策略的成功往往取决于企业在技术研发和创新方面的实力。

(四)情感差异化

产品情感差异化是指通过唤起用户的情感体验,影响用户认知,进而引导用户行为的发生。

观夏就是一个成功运用情感差异化的品牌。它通过独特化的产品包装和中国风产品故事,倡导东方香氛的理念,成功触动了消费者的内心。观夏将传统香氛文化元素与产品研发相融合,通过情感化的营销手段,让产品在消费者心中留下了深刻的印象。这种情感差异化的策略不仅吸引了众多消费者的关注,而且提升了品牌的认知度和忠诚度。情感差异化的优势在于它能够持久地影响消费者心理和情感层面,形成独特的消费群体甚至社会潮流。

企业通过激发消费者的情感,引起消费者的联想,将产品形象植根于消费者的脑海中。产品在获得消费者的情感认同后,自然更容易得到消费者的青睐,让企业拥有更多的忠诚顾客。

(五)场景差异化

场景差异化就是指在产品设计和营销中,针对不同的消费者群体、使用场景或环境条件,提供具有针对性和独特性的解决方案。通过满足不同场景下的需求,企业可以更好地吸引目标客户,提高产品的竞争力和市场份额。

虎邦辣酱面对激烈的市场竞争和高成本的压力,选择了外卖和电商渠道作为突破口。通过与外卖前200名中的70多个连锁品牌、30 000多家商家达成合作并迅速向全国扩张,虎邦辣酱成功地占领了消费者心智并成为肉辣酱市场的领导者。这种绕开主战场、重新设计新营销渠道的做法是场景差异化的体现,也是适应多变市场环境的重要策略。

场景差异化策略的成功,需要企业能够准确识别市场需求和消费者心理,同时还需要具备快速响应市场变化的能力。

三、创业企业差异化实现方式

(一)通过产品质量形象化实现差异化

产品质量形象化是展现商品价值的核心要素,它通过产品的质量和性能来凸显商品的独特之处,进而成为消费者首选的购买对象。在消费品市场中,鉴于大部分购买行为源自非专业消费者,产品质量形象化在塑造产品差异化方面扮演着举足轻重的角色。质量形象化的实施方式多样,包括通过高价策略传达优质感,以及采用高级精美的包装来彰显产品的高品质。

以野兽派为例,该品牌通过坚定走"轻奢"高端路线,成功实现了产品质量形象化。其推出的高端花卉产品被誉为"鲜花界的爱马仕",这一形象为野兽派构筑了卓越的品牌形象。在稳固了高端品牌形象之后,野兽派开始由"卖花"转向"售卖居家生活用品",这些产品主要面向追求品质生活的消费者群体。野兽派进一步拓展产品线,推出了马克杯、香薰精油、口红、睡衣等更为贴近日常生活的产品,相较于礼品鲜花的低频购买,这些日常用品拥有更高的购买频率,从而有助于增强消费者的品牌忠诚度。

通过产品质量形象化,企业能够塑造出卓越的品牌形象,进而提升市场占有率和经营效益。这种策略不仅有助于企业提升创新产品的质量和服务水平,还能够为企业奠定坚实的质量基础。质量形象化的实施方式包括但不限于高价策略传递优质信息、高级包装彰显优质品质,以及借助著名商标塑造产品形象。

(二) 通过信息传播来实现差异化

通过精心策划的媒介渠道,我们将产品的核心特征信息精准传达至目标市场,以凸显产品的独特优势,进而在消费者心中构建出鲜明的品牌形象。这一策略在企业营销中占据举足轻重的地位。

随着消费者健康意识的日益增强,碳酸饮料市场逐渐趋于饱和。在此情境下,元气森林敏锐捕捉到了市场的微妙变化,并推出了主打"0糖0脂0卡"的碳酸饮料系列。该系列专注于无糖、低热量的产品理念,涵盖了燃茶、苏打气泡水、乳茶和健美轻茶等多款产品,迅速赢得了年轻消费者的青睐。元气森林利用多元化的媒介渠道,精准传递产品特征信息,使消费者深刻感受到产品的独特之处。他们成功地将"无糖+健康"的理念与元气森林品牌紧密结合,从而在消费者心中塑造出独特的品牌形象。

值得注意的是,消费者对于产品的认知与产品团队可能存在一定差异。产品团队往往从技术和专业的角度出发,对产品进行定义和描述;而消费者则更加注重直观感受和体验。因此,在营销过程中,企业需要充分考虑消费者的认知和需求,运用恰当的媒介手段精准传达产品特征信息,让消费者深刻感受到产品的差异和独特价值,进而在市场中树立独特的品牌形象。

(三) 通过优质服务来实现差异化

当产品之间的差异化变得愈发困难时,竞争的核心便转向为客户提供有价值的服务,并持续提升服务质量。快速反应、深入细致的支持以及充满活力的服务,均对客户对公司的整体评价产生重要影响。

海底捞的卓越市场表现不仅源自产品质量的保障,更在于其提供的卓越服务。众多消费者选择海底捞并非仅因其食物口感卓越,而是因其无可匹敌的服务体验。海底捞不限制顾客携带外来食物进店用餐,这一做法便体现了其与其他餐厅的显著差异。海底捞的服务理念明确:确保顾客放心是基础,让顾客满意是进阶,而真正使顾客感动则是其服务的最高追求。此外,海底捞在暑期还为经济困难的大学生提供店内过夜的便利,这些举措充分展现了其服务的热情与贴心,也解释了为何海底捞能在竞争激烈的市场中取得如此巨大的成功。

优质服务无疑为产品增添了额外价值,而个性化服务则是规范服务的进一步延伸和提升。为了提供更为出色的服务,企业应深入洞察并预见客户的需求,迅速响应并满足这些需求,同时以真诚的态度赢得客户的信任与满意。这不仅符合规范服务的行业标准,而且完全符合消费者的心理预期和实际需求。因此,在产品难以形成明显差异化的市场环境中,通过提供卓越的服务来赢得竞争,已成为企业不可或缺的重要策略。

第四节　创业企业的产品设计

对于创业企业来说,产品设计是实现企业价值和市场成功的关键环节。产品设计不仅关乎产品的外观和功能,还直接影响用户体验和市场接受度,因此对创业企业的成功至关重要。

一、创业企业产品设计原则

成功的产品设计需要全面考虑社会发展、经济效益、使用需求和制造工艺等多个方面。

(一) 符合社会发展

产品设计不仅要考虑当前的市场需求,还要具备前瞻性,着眼于未来的发展趋势。企业需要不断地与时俱进,把握市场脉搏,确保产品设计与社会需求同步,以满足日益变化的市场需求。

Ulike 作为光学美肤品牌,通过创新的技术和设计,为消费者提供了科学、安全、有效的家用脱毛体验。Ulike 率先提出了"把院线脱毛效果带回家"的理念,将原本高端的美容院消费变成了人人可享的低成本美容方式。这种前瞻性的设计理念使得 Ulike 在市场上始终保持领先地位。同时,Ulike 还积极参与国际合作与交流,引进国际先进的生产技术和管理经验,为产品设计提供了强有力的技术支持。

Ulike 不仅满足了当前的市场需求,更展现了对未来社会发展趋势的敏锐洞察和适应能力。同时,通过加速技术进步和不断创新,Ulike 为市场带来了更加先进、高效的产品,赢得了广大消费者的青睐。

(二) 获得经济效益

产品设计的最终目的是获得更好的经济效益。一个成功的产品设计需要能够在满足消费者需求的同时,实现企业的经济效益最大化。

Ulike 的产品为消费者提供了科学、安全、有效的家用脱毛体验,满足了消费者对脱毛效果的追求。这种解决消费者问题的设计思路,使得其产品在市场上具有很高的竞争力,为企业创造了巨大的市场价值。同时,Ulike 通过不断的技术研发和创新,优化产品设计和生产流程,提高了生产效率,降低了成本。这种成本优势使得 Ulike 的产品在市场上具有更高的价格竞争力,为企业带来了更多的利润空间。此外,Ulike 还采取全球化运营和品牌建设的策略,使得 Ulike 的产品在市场上具有更广泛的受众群体和更高的品牌价值,进一步提高了企业的经济效益。

Ulike 的产品设计成功地实现了获得经济效益的目标。通过解决消费者问题、提高生产效率、降低成本以及全球化运营和品牌建设等策略在市场上赢得了广泛的认可和喜爱,为企业带来了可观的经济效益。

(三) 满足用户的使用需求

在产品设计的过程中,只有当产品能够真正满足用户的使用需求,才能够获得市场的认可,从而实现经济效益。

Ulike 脱毛仪的系列产品始终关注用户的使用体验,不断进行设计优化。从外观到性能,Ulike 都致力于提供更加精致和人性化的设计。在产品设计过程中,Ulike 始终关注安全性、可靠性、易用性和美学价值这四个关键因素。例如,最新一代的产品采用了全球独家的"不痛不伤肤"脱毛黑科技,结合蓝宝石制冷和 IPL 脱毛技术,确保用户在脱毛过程中既安全又舒适。此外,Ulike 还首创了蓝宝石迷你可分离式机身,使得操作更加便捷和人性化,满足了用户对便捷性和舒适性的追求。

Ulike 光电脱毛科技品牌的产品设计成功地满足了用户的使用需求,提供了卓越的使用体验,赢得了用户的喜爱和市场的认可。

(四) 强调制造工艺

在现代制造业中,强调制造工艺是确保产品质量、提高生产效率和降低成本的关键。产品设计不仅仅是一种美学和功能的体现,更是一个与制造工艺紧密相连的过程。

为了满足消费者对安全、便捷、舒适、效果好和功能全面的需求,Ulike 不断进行技术和产品研发,持续进行产品迭代。Ulike 已获得近 100 项专利,其技术实力在家用美容仪领域中处于领先地位。Ulike 在产品设计过程中,始终注重与制造工艺的协同。通过优化产品设计,最大限度地降低产品制造的劳动量、减轻产品重量、减少材料消耗、缩短生产周期和降低制造成本。这种设计与工艺的紧密结合,不仅确保了产品的制造可行性和经济性,还为企业带来了更高的生产效率和市场竞争力。

Ulike 在产品设计中始终强调制造工艺的重要性,通过技术领先、持续创新以及设计与工艺的紧密结合,成功实现产品的高品质与经济效益的双重提升。

二、创业企业产品设计内容

(一) 外观设计

外观设计作为产品不可或缺的一环,涉及形状、图案、色彩等多维度的创新,致力于实现产品的美观与实用性的和谐统一。在创业企业的成长过程中,外观设计尤为关键,对于吸引目标客户群并有效传达产品核心价值具有至关重要的作用。

花知晓品牌凭借独特且精美的外观设计,迅速在市场上崭露头角,成功填补了国货彩妆中"少女心"的市场空白。该品牌巧妙运用"二次元彩妆""Lolita 彩妆""Cosplay 彩妆"等标签,通过简洁而独特的元素,引导用户自然感知产品的"少女心"特质,而非强行界定其内涵。花知晓始终坚持原创设计,不断追求品质提升,并敏锐捕捉消费者喜好的变化,实现精准的产品迭代。通过持续的原创设计与精准迭代,花知晓成功满足了消费者喜好的多样化变化。

产品外观设计的核心原则包括好用、美观大方和创新。理想的外观设计应在这三个原则之间寻求平衡,实现科学合理的运用。产品的外观应精致考究,符合当代审美趋势,展现出现代文明的精神风貌。具备品位、故事性和新颖独特性的外观,能够有效提升产品的附加值,赢得消费者的青睐。在外观设计过程中,设计师应充分关注产品的美观性与合理性,避免简单的模仿与复制,以创造具有突破性的产品设计。

(二)功能设计

产品功能设计是指以用户需求的满足和产品目标的达成为导向,对产品的功能、性能及界面等维度进行系统性规划、精心设计与持续优化的过程。优质的功能设计,务必紧密贴合业务场景,确保实现预期效果。

戴森吹风机,凭借其科技感十足的外观及颠覆传统的技术与设计理念,赢得了市场的广泛赞誉,其快速干发、智能温度调节及降噪技术等核心功能,均基于对用户需求的深刻洞察及创新技术的应用,显著提升了用户的使用体验。同时,该产品也具备体积小、重量轻、便携性强等特点,非常适合旅行使用,部件可拆卸,便于存放。

功能设计的对象,既可涵盖整个产品,亦可聚焦于产品的某一组成部分。设计师需全面定义产品的整体功能及各零部件的具体功能,同时考量中间功能形式或其他功能形式及实现手段。对于创业企业而言,明确产品的整体功能至关重要,并在此基础上,逐级为产品的各构成要素明确功能定义,亦需兼顾次要功能的考量。

(三)结构设计

结构设计核心聚焦于产品的组件构成、相互之间的关联以及组装流程。这一设计过程不仅关乎产品的使用便捷性,更对产品的整体性能、成本控制以及市场竞争力产生深远影响。通过合理的结构布局,我们能够高效整合和管理产品的各个组件,使设计流程更具系统性和条理性。优质的结构设计能有效提升产品的质量稳定性和可靠性,从而降低生产成本和缩短生产周期。此外,结构设计在支持产品个性化定制以及快速响应市场需求方面亦发挥着举足轻重的作用,有助于企业提升市场竞争力。

以笑容加(Usmile)品牌为例,随着"90后"成为职场的中坚力量,他们对口腔健康的重视程度不断提高,推动了电动牙刷市场的蓬勃发展。笑容加品牌不仅关注产品的清洁力、效率、便携性和外观设计等传统要素,更结合算法、人工智能和云端互联等先进技术,致力于成为用户的口腔健康管理伙伴。其独特之处在于能够根据用户的口腔环境提供个性化的清洁方案,实现从标准化服务到个性化服务的转变。

通过细分产品组件,明确它们之间的关联和布局,结构设计有助于优化产品的整体性能、成本控制以及实用性。对于致力于打造高品质、具备市场竞争力的产品的企业来说,结构设计无疑是一个不可或缺的关键环节。

三、创业企业设计流程

(一)架构设计阶段

在架构设计阶段,企业须根据市场机遇、竞争环境、技术可实施性及生产需求等多维度信息,精心构建新产品的核心架构。这一过程涵盖概念设计、目标市场定位、性能预期设定、投资需求分析以及财务影响的全面评估。为验证新产品的开发价值,企业可采取小规模试验,如样品制作和潜在客户反馈收集。

内外(NEIWA)品牌自创立之初,便秉持着通过提供舒适、富有意义的设计来满足广泛用户的功能需求。其起点在于创造一件让人身心自由的内衣,并以此明确产品的核心理念和框架,即致力于提供舒适自在、专为女性设计且不被传统定义所束缚的自由精神内衣。在初步获得市场认可后,该品牌积极与消费者进行深度交流,成功进行了三次品牌理念的升级。从"我是____,也是我自己"鼓励女性展现真实自我,到"没有一种身材,是微不足道的"强调每种身材的独特价值,再到"一切都好,自在内外"凸显品牌的自在与包容精神。三次品牌理念的升级不仅塑造了品牌的核心价值观,而且进一步获得了更多潜在消费者的认同。

架构设计阶段的核心在于将产品的可视化功能转化为信息化、模块化和层次清晰的架构体系。通过精心设计的交互关系、功能模块组合以及数据和信息的高效流转,有效地传递产品的业务流程、商业模式以及设计者的核心思路。

(二)交互设计阶段

在交互设计的阶段,创业企业始终坚守以用户需求为核心的原则,力求使产品达到直观易用的标准。交互设计专注于人造系统行为定义的探究,并涵盖了个体之间交流的内容与结构,以实现特定的目标。

Keep作为一款运动服务应用,其服务范畴广泛,涵盖了多种运动需求,已发展成为集内容、硬件、软件、服务于一体的全面健身系统。在交互设计方面,Keep具有四大核心:人与界面的交互、人与内容的交互、人与人之间的交互以及人与品牌的交互。这款应用能够记录用户数据,进行身体分析,监督锻炼情况,并推送相应内容以满足用户个性化需求。此外,用户还能在社区内进行交流,分享锻炼情况和心情。同时,Keep还利用大数据分析,推送适合用户的商品。

Keep还推出了智能硬件体感运动主机"Keep Station",该设备能够为用户提供精准的动作识别和实时的指导,旨在降低运动门槛,提升用户体验,进而打造智能化的居家运动生活。

产品交互设计的重要性在于,它有助于用户更深入地理解产品,提高产品的市场竞争力,优化产品功能和流程,从而提升工作效率和生活质量。优秀的交互设计还能降低产品的开发成本和风险,为产品的长期发展奠定坚实的基础。

(三)可视化设计阶段

在创业企业的设计过程中,可视化设计常格外受到重视,包括产品外观的美观性、品牌形象的精致性以及产品风格的独特性。众多市场上的成功产品,正是凭借其卓越的设计吸引了广大消费者的目光。

以优步为例,该公司自创立之初便聚焦于交互与可视化设计的优化。当优步在旧金山首次推出时,其为用户带来了前所未有的便捷体验:用户仅需在手机端轻点按钮,便可轻松召唤车辆并享受服务。尽管初始阶段的界面设计并非卓越,但凭借对产品的深入设计与精准定位,优步成功占据了市场先机,并在竞争对手涌现之前稳固了自身的地位。后来,该公司推出了一款界面更为友好且设计精美的产品版本,通过精细的可视化设计塑造了一个高端的品牌形象,为行业内的设计树立了新的标杆。

值得注意的是,一些看似简单却取得显著成功的产品,其背后的成功因素往往在于对产品规划与交互设计阶段的深入关注。不同企业在设计重点的投入上各有侧重。有的企业可能全面贯彻产品规划、交互设计与可视化设计三个阶段;有的企业则可能选择在交互设计阶段着重发力,打造功能完善且实用的产品,而对外观要求较低;还有的企业则可能仅关注产品规划阶段,致力于开发满足需求的产品,而在设计方面则不过多投入。这些不同的策略选择,均体现了企业在设计过程中的独特思考与决策。

综上所述,企业在决策设计重点时,应审慎考量其当前发展阶段及既定目标,并据此进行权衡。无论企业选择在何阶段增加投入,其核心在于确保设计与产品整体战略及目标的高度契合,从而切实实现用户与企业价值的双重增长。

"新中式烘焙"亟须产品差异化突破

2021年,"网红经济"发展迅速,其中"新中式烘焙"吸引了大量玩家入局,此前爆火的脏脏包、肉松小贝均与此有关。

即使到如今,从数据上看,烘焙赛道依旧算得上一片沃土。欧睿数据显示,伴随我国居民饮食结构多元化发展以及烘焙食品食用频率的进一步提升,烘焙食品行业将保持10%左右的增长率。但在这片沃土之上,并没能孕育出勃勃生机,真实情况是,2023年上半年,虎头局、昂司蛋糕、墨茉点心局、雷诺特等前两年的知名品牌,正在淡出大众视野,纷纷进入闭店模式。

纸面数据欣欣向荣,行业品牌却暗淡无光,数据显示,2021年,一线、新一线城市中,烘焙门店的开店率分别达到了160.92%和125.53%,远高于全国范围的121.32%。其中,一线和新一线城市中新开门店的数目分别占全国新开烘焙门店数目的22.66%和30.52%,二者加起来占据了超一半的份额。可以说,对于二三线城市甚至更下沉市场的消费者来说,新中式烘焙的明星品牌只是一种才听说的陌生符号罢了。

换言之,新中式烘焙品牌们本身就知晓自己针对的便是"高消费力地区"的拥有消费能力的人群,不然就是退而求其次,选择成本相对低但市场潜力较大的网红城市。在疫情期间,部分人群仍能保持一定的消费力,愿意为了新事物和"国潮"买单。然而,在全社会消费降级后,愿意花费大量时间、金钱在某个新烘焙品牌上的人群也将大打折扣。

以"泸溪河"为例,其烘焙单品价格多为20~40元,人均客单价都很高,最便宜的是卖十几元,但普遍都能到40~60元的范围。而反观具备消费能力的人群,开始不愿意购买新中式烘焙产品的原因是：同质化过于严重，创新力度太低，几乎在其他店铺都能买到大品牌的同类产品。

资料来源：https://new.qq.com/rain/a/20221024A011TU00.

问题讨论：

1. "新中式烘焙"品牌是如何进行产品选择的？
2. "新中式烘焙"品牌该如何改进以获得出路？

章节小结

产品是企业发展的基石，产品策略对创业企业是否能获得忠诚顾客，赢得市场份额具有重要的意义。

创业企业的产品特征包括创新性、市场适应性、成长性和资源整合能力。这四个方面共同决定了创业企业产品的竞争力和市场表现。在创业征途中，产品选择是决定企业未来命运的关键一环。创业企业产品选择遵循以下逻辑：了解消费者需求，评估市场机会，分配企业资源和确定生成产品。创业企业产品选择的影响因素包括：市场需求，即分析顾客的痛点、爽点和痒点；竞争对手，即对竞争对手的产品定位、市场渗透、市场反应和资源配置等方面进行细致的观察和研究；总体成本，这是影响创业企业产品选择的关键因素之一。在创业初期，选择正确的产品至关重要。创业企业的产品选择方法有：逻辑选品法、认知选品法和资本选品法。创业企业的差异化类型有：人群差异化、价格差异化、功能差异化、情感差异化和场景差异化。因此，实现差异化的方式包括：通过产品质量形象化实现差异化，通过信息传播来实现差异化，通过优质服务来实现差异化。创业企业的产品设计应该遵循的原则有：符合社会发展、获得经济效益、满足用户使用需求、强调制造工艺。创业企业的产品设计内容包括外观、功能和结构设计等。设计的流程主要包括：架构设计阶段、交互设计阶段和可视化设计阶段。

总之，一个成功的产品策略是创业企业走向成功的关键所在。好的产品策略源于对产品的深入洞察与对市场的敏锐感知，以及对用户需求的精准把握与满足。只有不断追求产品创新与服务优化，创业企业才能在激烈的市场竞争中立于不败之地，实现长远发展。

复习思考题

1. 创业企业的产品策略的核心是什么？
2. 创业企业的产品特征有哪些？
3. 创业企业该如何进行产品选择？
4. 创业企业产品差异化有哪些种类？
5. 创业企业产品设计内容有哪些？

第八章 创业企业的定价策略

> **学习目的**
>
> 通过学习本章内容,应该掌握:
>
> 1. 创业企业定价的含义与特征
> 2. 创业企业定价的影响因素
> 3. 创业企业适用的定价方法
> 4. 创业企业的调价策略

【开篇故事】

"意大利沙县"萨莉亚

在北京、上海这样的大都市,萨莉亚餐厅无疑是一个神奇的地方,它的菜品价格令人惊叹。2023年5月,在萨莉亚北京餐厅的菜单上,没有超过50元的餐食:肉酱意面14元,香烤蜗牛18元,最贵的牛排和羊排也不过49元。而且顾客只需要付8元钱便可以在餐厅内无限量畅饮可乐、雪碧、咖啡和奶茶。

萨莉亚的成功源于其"便宜又好吃"的定位。萨莉亚的创始人正垣泰彦在大四那年,放弃了物理学专业,决定跨界开一家餐饮店。因为生意一直没什么起色,正垣泰彦决定用降价的方式吸引顾客:降30%,没人;降50%,人还是不多;直到降价70%,客人数量才开始多了起来。在一次又一次地向下试探后,萨莉亚牢牢确立了自己"便宜又好吃"的定位,而"便宜"更是重中之重。为了控制成本,萨莉亚建立了自己的全套供应系统,它在日本、澳大利亚都有自己的农场和加工厂,生菜是日本本地直采,肉类来自自有的澳大利亚牧场,红酒则来自自有的意大利酒庄。

并且,萨莉亚是一个"没有厨师的餐厅",做的都是预制菜。所以理论上,任何一个员工都要同时适应前台和后厨的工作,"只要记住步骤,所有人都可以出餐"。而烹饪时间最长的一道菜不会超过8分钟,这也意味着,8分钟是萨莉亚的出餐底线。正是这种高效的运作模式,配合上精准的餐厅定位以及合理的低价策略,让萨莉亚在餐饮市场中获得了广大食客们的青睐,一直长期保持可观的收益回报。

资料来源:每日人物公众号,《在"意大利沙县"萨莉亚,年轻人快乐买醉》。

营销感悟:

定价策略对企业来说非常重要,它不仅影响企业的盈利能力,还直接关系到企业在市场竞争中的地位。通过合理的定价策略,企业可以实现利润最大化,提高市场竞争力,并建立品牌形象。同时,定价策略的灵活性也使企业能够应对市场的变化,做出及时调整。

第一节 定价的魔力

定价是商品与消费者之间的价值交换基础,通过合理定价企业可以实现其盈利目标,并在市场中获取竞争优势。定价还反映了企业对产品或服务的品牌定位和市场定位,高价或低价都可以传达不同的价值表达和定位信息。

一、理解定价与产品价格

定价定天下,定价是创业者必须重视的。创业者在确定产品的市场价格时,应该充分理解价格蕴含的意义,以及价格的魔力。

(一)价格先于产品

科特勒曾提出一个观点:"价格先于产品,而产品只是让价格显得合理的工具。"例如,适逢中秋佳节,某创业企业想做高档中秋月饼礼盒,那么到底是先定价,还是先生产呢?答案是:先定价。企业可以先确定一个高价位,比如1 000元/盒,再去设计产品,然后选用更好的食材,把包装做得更精致些,由此突出产品的礼品价值属性,从而让1 000元显得更加合理。同样,如果想要开一家奶茶店,企业不应当先考虑"我要卖什么",而是要考虑人均消费是多少。若定位为高端奶茶店,人均消费在30元左右,那么企业就要想办法让奶茶的口味和包装更加精致,让消费者觉得30元是值得的。这样一来,企业的商业模式就能被消费者接受,后续的推广过程也会更加顺畅。

(二)价格是产品的符号

价格是产品的符号,既可以传递产品信息,塑造品牌形象,又可以影响消费者的价值感受,决定企业的市场竞争力。例如,高端餐厅往往通过高价定价来传递自身产品的高品质和独特价值;这种高价策略不仅吸引了那些追求高品质用餐体验的消费者,而且塑造了餐厅的高端形象;消费者在支付高价时,会认为这是对于卓越食材、精致烹饪和优质服务的投资,从而提高了消费者的满意度。反之,以低定价为特点的快时尚品牌,通过低价展示出产品的实惠性和大众化。这种定价策略吸引了更多的消费者,尤其是那些注重性价比的消费者。低定价不仅使消费者认为购买这些产品是划算的,也进一步塑造了品牌的大众化形象。消费者在购买这些产品时,会感受到物超所值。

(三)价格是产品符号化的工具

谈及定价,我们便会联想到相关的产品和服务,先有产品还是先定价?传统的思维是,先有产品,再根据成本来考虑定价。这就是所谓的成本加成定价模式,即固定成本和变动成本加上一定的利润率,得出产品的价格。然而,这种模式往往会导致产品的价格过高或过低,难以满足消费者的需求。

价格不仅是产品定价,更是产品符号化的工具。符号化的作用是让消费者在购买时,能够对商品是否值得作出判断。因此,定价的作用实际是在帮企业确定价格范围,锚定消费人群。创业企业在尝试新产品时,需要结合消费者的需求和行为,以及产品的独特性和优势,制定合理价格,为消费者提供价值。

二、创业企业产品定价特征

企业定价既要考虑回收成本、实现盈利目标,也要考量市场接受度和占领市场的速度,同时还要传递产品的核心价值,树立品牌形象。因此,创业企业要非常重视定价环节,要把握定价的精髓所在,既要能够打开市场,更要做到定位清晰。对于创业企业而言,产品定价通常具有以下特征。

(一)价格灵活性

创业企业在定价上往往展现出高度的灵活性,这主要是因为它们需要快速适应市场的动态变化。例如,一家初创的科技公司在进入市场时可能会采用低定价策略,以吸引早期采纳者、快速积累用户基础。随着品牌知名度的提升和市场份额的增加,企业可能逐步提高价格,以反映其增强的市场地位和改善的运营效率。这种灵活性使得企业能够有效地对冲风险,同时抓住增长机会。

(二)产品价值性

创业企业的定价策略通常会强调产品或服务的价值性。这意味着价格不仅仅是成本加成的结果,更是基于产品带给消费者的实际价值。例如,一家专注于健康饮食的初创企业可能会对其有机食品设置较高的价格,因为其产品满足了消费者对健康生活方式的追求。通过突出产品的独特价值点,创业企业能够在竞争激烈的市场中建立差异化优势。

(三)策略多样性

创业企业在定价时会采用多样化的策略,以适应不同的市场环境和客户需求。例如,一家初创的在线教育平台可能会使用免费加增值服务的模式,先吸引用户免费体验基础课程,然后通过销售高级课程或个性化辅导来获得收入。这种多层次的定价策略可以帮助企业在不同的客户群体中实现最大化的收益。

(四)顾客可见性

对于创业企业来说,确保定价策略对目标顾客群体可见是至关重要的。这通常意味着价格需要简单明了、易于理解。例如,一家新成立的旅行社可能会提供透明的价格结构,没有隐藏费用,让消费者清楚地知道他们为何而付费。通过这种方式,创业企业可以建立信任,同时吸引那些对价格敏感的消费者。

在实际操作中,创业企业的定价特征还受到成本结构、目标市场定位和潜在客户支付意愿等因素的影响。有效的定价策略能够帮助创业企业在市场上获得竞争优势,吸引和保留客户,最终实现可持续发展。

第二节 创业企业产品定价的影响因素

初创企业在产品定价时会受到多种因素的影响,这些因素包括内部和外部两个维度。在内部,成本结构、产品定位、产品生命周期和企业目标等是主要考虑的因素。外部因素则包括市场需求、市场竞争者、客户情绪价值、市场环境、供应链成本和技术进步等。初创企业需要在综合考虑这些内外部因素的基础上,制定出适合自己的产品定价策略。

一、成本结构因素

成本结构是初创企业在产品定价时必须考虑的关键内部因素之一。它包括直接成本(如原材料、生产成本和劳动力)和间接成本(如管理费用、租金和营销费用)。初创企业的产品定价需要覆盖这些成本,并确保能够获得利润。

以一家初创的手工皮革制品公司为例,该公司需要考虑皮料、线材、五金配件等直接材料成本,以及裁剪、缝制、打磨等生产过程中的劳动成本。此外,还需要计算租金、市场营销、员工薪酬等间接成本。所有这些成本加起来决定了产品的最低销售价格。如果该公司希望获得20%的利润率,那么它需要在成本基础上加上相应的利润额度来设定最终售价。

另外,初创企业还需要考虑规模经济的影响。随着生产量的增加,单位成本可能会下降,从而为降低销售价格或提高利润率提供空间。例如,一家初创的电子产品制造商在初期可能面临较高的单位成本,因为需要投入较大的研发和设备投资。但随着销量的增长,这些固定成本会被分摊到更多的产品上,从而降低每个产品的成本。

总之,成本结构是初创企业在产品定价时不可忽视的重要因素。通过准确计算和控制成本,初创企业可以制定出合理的定价策略,以确保盈利能力和市场竞争力。同时,初创企业还需要关注成本结构的动态变化,以便及时调整定价策略。

二、产品定位因素

产品定位是初创企业在定价时必须考虑的关键因素之一。它涉及如何在消费者心中塑造产品的形象,以及如何根据这种形象来设定价格。产品定位不仅反映了产品的实际价值,还包括了品牌价值、目标市场和消费者对产品的情感认同。

以一家初创的手工啤酒厂为例,该企业可能会将其产品定位为精酿、小众和高品质的选择。这种定位策略通常意味着需要使用上等原料、传统酿造工艺和独特的口味创新,所有这些都会导致较高的生产成本。因此,该企业可能需要为其手工啤酒设定较高的价格,以反映其独特性和高品质。这样的定价策略不仅能吸引那些追求独特啤酒体验和愿意为此支付高价的消费者,还能提升品牌形象,使其在竞争激烈的市场中脱颖而出。

此外,产品定位还涉及对目标市场的选择。如果初创企业选择了一个高端或专业化的市场细分,那么它可以通过更高的价格来传达其产品的独特价值。例如,一家专注于高科技健康追踪设备的初创公司可能会将其产品定位为高端健康和健身市场的解决方案。通过突出设备的准确性、便携性和用户界面的便利性,公司可以为其产品设置较高的价格点,吸引那些重视健康管理并且愿意投资于相关技术的消费者。

总之,产品定位是初创企业制定定价策略时不可忽视的因素。通过明确的产品定位,初创企业可以确定合适的价格区间,以吸引目标消费者,同时确保品牌形象与价格策略相匹配。

三、市场需求因素

市场需求是初创企业在产品定价时必须考虑的关键因素之一。它涉及市场对产品的整体需求水平、消费者的支付意愿以及价格弹性等方面。市场需求的强度直接决定了初创企业能够设定的价格范围和潜在的收入机会。

例如,一家专注于可持续环保材料的初创企业,在推出一种新的可降解包装材料时,需要评估市场上对环保材料的需求。如果市场调研显示消费者和企业越来越关注环境问题,并且愿意为环保产品支付更高的价格,那么这家初创企业就可以根据这种强烈的市场需求来设定较高的价格。这种定价策略不仅能够吸引那些环保意识强的消费者,还能为企业带来更高的利润率。

如果市场需求较弱或者消费者对价格非常敏感,则初创企业可能需要采取低定价策略来吸引顾客。例如,一家开发新型健康食品的初创公司发现市场上已有众多竞争者提供类似产品,而且消费者对价格非常敏感,那么为了获得市场份额,初创企业可能需要通过较低的价格来吸引消费者尝试其产品。

总之,市场需求是初创企业在产品定价时不可忽视的重要因素。通过对市场需求的深入理解和准确评估,初创企业可以制定出合适的定价策略,以实现其商业目标。同时,市场需求的动态变化也要求初创企业不断调整其定价策略,以适应市场的发展和变化。

四、市场竞争者因素

在初创企业产品定价的过程中,市场竞争者因素扮演着至关重要的角色。这些因素涉及市场中现有竞争者的数量、实力、价格策略以及潜在的市场进入壁垒。

首先,现有竞争者的数量和实力会直接影响初创企业的定价空间。在竞争激烈的市场中,初创企业为了获得市场份额,可能需要采用更具侵略性的价格策略,如低于市场价格的渗透定价法,以吸引顾客。例如,一家初创的在线教育平台进入一个已经有许多成熟企业占据的市场,可能会提供免费试用期或低价课程来吸引学生和老师使用其服务。

其次,竞争对手的价格策略也会影响初创企业的定价决策。如果市场上的主要竞争者采取价格战策略,那么初创企业就必须考虑是否有足够的资源和能力参与这种竞争。有时,为了避免长期的恶性竞争,初创企业可能会选择创新独特的价值主张来绕开直接的价格竞争。例如,一家初创的健康食品公司可能不会直接与大型食品品牌在价格上竞争,而是通过强调产品的有机成分、非转基因或本地化生产等独特卖点来吸引特定的消费者群体。

再者,市场进入壁垒的高低也是一个重要因素。如果市场进入门槛高,比如有专利保护、资本要求高或监管环境复杂,那么现有竞争者可能不会面临太多的新进入者威胁,这为初创企业提供了提价的机会。相反,如果进入壁垒低,那么初创企业就必须准备应对源源不断的新竞争者,这可能会导致价格压力增大。

最后,初创企业在定价时还需要考虑竞争对手的潜在反应。如果初创企业设定了一个极具竞争力的价格,则现有的竞争者可能会通过降价、提高产品质量或增加服务来保持市场份额,这样的行动可能会对初创企业造成压力。因此,初创企业在制定定价策略时,需要深入分析竞争对手的可能反应,并准备好相应的应对措施。

五、顾客情绪价值因素

顾客情绪价值是指顾客基于情感反应愿意为产品支付的额外金额,这种价值通常与品牌忠诚度、产品体验和独特性相关。对于初创企业来说,顾客情绪价值是产品定价中不可忽视的重要因素。

以一家初创的咖啡店为例,该店可能会通过提供独特的咖啡口味、舒适的环境和个性化服务来吸引顾客。这些因素能够激发顾客的情感共鸣,使他们愿意支付比一般咖啡店更高的价格。例如,如果这家咖啡店位于一个时尚区域,并且以手工制作的咖啡和有机食材为特色,那么它就可以吸引那些追求高品质生活和愿意为此支付高价的消费者。

此外,初创企业还可以通过故事讲述和品牌形象塑造来提高顾客的情绪价值。例如,一家专注于可持续时尚的初创品牌可能会强调其产品的环保材料和公平贸易的制造过程。这些故事和价值观可以吸引那些关心环境和社会问题的消费者,使他们愿意为这些产品支付更高的价格。

总之,顾客情绪价值是初创企业在产品定价时需要考虑的重要因素之一。通过深入了解目标客户群体的情感需求和价值观,初创企业可以制定出合适的定价策略,以吸引和保持忠实客户。同时,顾客情绪价值也可以作为初创企业与竞争对手区分开来的重要竞争优势。

第三节　创业企业产品定价方法

初创企业的定价主要考虑成本、市场和价值三个维度。成本加成定价考虑产品的生产成本和所需利润,市场导向定价则参照竞争对手的价格来设定,而基于价值的定价是根据产品为客户带来的独特价值来确定价格。此外,渗透定价策略常用于迅速吸引顾客、占领市场份额;高价定价则用于塑造高端品牌形象。动态定价根据市场需求和供给变化调整价格。初创企业应结合自身情况和市场研究数据,选择最合适的定价方法。

一、成本加成定价法

成本加成定价法是一种常见的初创企业定价方法,其核心在于计算产品的全部成本,包括直接成本如材料、人工以及间接成本如管理费用、租金和营销等,然后在此基础上加上一定的利润率来设定产品价格。

以一家初创的手工肥皂公司为例,它生产一款手工肥皂的成本包括:材料成本(橄榄油、精油等)为3元/块,直接劳动成本(制作、包装)为1元/块,固定间接成本(设备折旧、租金、水电费)平摊到每块肥皂上为2元/块。总成本为6元/块。如果公司希望获得40%的利润率,那么会在总成本上加上40%的利润,即2.40元。因此,这款手工肥皂的最终售价为6元(成本)+2.40元(利润)=8.40元。

这种方法的优点是简单易算,确保覆盖成本并实现预期利润。然而,它也有局限性,因为它没有考虑市场竞争情况和顾客的价格敏感度。此外,如果成本估计不准确或市场环境变化,这种定价方法就可能导致价格过高或过低。因此,初创企业在使用成本加成定价法时,应定期审视和调整其定价策略,以确保与市场条件保持一致。

二、价值感知定价法

价值感知定价法是基于顾客对产品价值的主观感知来设定价格的一种方法。初创企业通过市场研究和顾客调研,了解顾客对产品的独特价值主张和优势的认可程度,然后根据这种感知价值来制定价格。图8-1就是顾客感知信息和产品价格关系模型图。

举例来说,一家专注于可持续时尚的初创品牌,推出了一款由回收材料制成的高端服装。虽然生产成本可能与普通服装相似,但由于其环保属性和限量版设计,目标顾客可能愿意支付更高的价格。通过市场调研,该品牌发现目标客户愿意为这种独特性和可持续性支付20%的溢价。因此,如果普通服装的市场价为100元,该品牌就可能将这款服装定价为120元,以反映顾客对品牌的高价值感知。

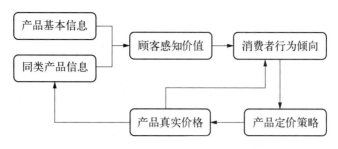

图 8-1　顾客感知信息和产品价格关系模型

这种定价方法有助于初创企业利用产品的独特卖点来最大化利润,同时避免了传统成本加成法可能忽视的顾客价值因素。然而,正确评估顾客的价值感知可能具有一定的挑战性,需要深入的市场了解和精准的顾客洞察。此外,随着市场竞争和消费者偏好的变化,顾客的价值感知也可能发生变化,因此初创企业需要持续监控市场并适时调整定价策略。

三、行为引导定价法

行为引导定价法是一种基于消费者购买行为和心理反应来制定价格的策略。初创企业会考虑如何通过价格来影响和引导消费者的行为,比如促使他们购买更多、更快地购买或购买更高价的产品。

一家初创的健康饮品公司可能会采用"买二送一"的定价促销策略,鼓励顾客一次性购买更多的产品。这种策略通常能吸引那些看重数量优惠的消费者,并且有助于增加总销售额和清理库存。星巴克常售的咖啡杯型一般称作中杯、大杯和超大杯,在 3 种杯型中,大杯的容量比中杯多 1/3,价格只高了 3 元,这使消费者产生"多花 3 元,却得到了更高价值的产品"的感觉,因此大杯往往是星巴克售卖最好的杯型。另外一个例子是一家初创的应用程序开发公司,它可能会采用"免费基础版+付费高级版"的模式,先提供免费的服务以吸引用户,然后通过高级版的附加功能来收费。这种策略利用了消费者对免费产品的高接受度,以及他们在使用产品后可能愿意为额外功能支付的意愿。

行为引导定价法关键在于理解消费者的心理和购买动机,然后设计能够激发特定行为的价格结构。这种定价方法需要初创企业进行市场测试和数据分析,以确定最有效的价格点和激励措施。同时,也需要注意避免长期低价或过度促销,这可能会损害品牌形象或导致利润下降。

四、套餐配销定价法

套餐配销定价法是一种将多个产品或服务打包在一起销售的定价策略,通常以一个比单独购买各产品总和更优惠的价格提供。这种方法有助于提高销售额,同时鼓励顾客体验更多产品。套餐配销定价法还具有相应的特点和优势,如图 8-2 所示。

图 8-2 套餐配销定价法的特点和优势

例如,一家初创的健康餐配送公司可能会提供每周订套餐,包括早餐、午餐和晚餐,而不是单独出售每顿餐。这种套餐的价格可能比顾客分别购买每顿餐的总价格要低。这样的定价策略不仅方便了顾客,而且通过提供折扣促使他们订更多的餐食。

另一个例子是一家初创的在线学习平台,它可能会提供一系列课程的打包销售,如"全方位营销技能套装",包括数字营销、社交媒体策略和 SEO 优化等多个课程。通过这种方式,顾客可以以较低的总价格获得多门课程,而初创企业则能够增加每个顾客的平均收益(Average Revenue Per User,ARPU)。

套餐配销定价法有助于提高顾客感知价值,因为它提供了更多的选择和更好的交易。对于初创企业来说,这种方法可以有效地提升销量,同时降低单独销售每个产品的营销成本和物流成本。然而,制定这种定价策略时需要注意确保套餐的组合对顾客来说是有吸引力的,且能够带来良好的用户体验。

第四节　创业企业的调价策略

现代企业管理中,价格的确定和调整不仅关系创业企业的收益和信誉,而且关系创业企业的生存和发展。所以,采用合理的调价策略对于创业企业而言至关重要。

一、价格调整

创业企业在调整价格时,通常采用涨价和降价两种策略。涨价策略可以通过明示涨价和暗提价格实现。明示涨价指直接公开宣布价格上涨,通常在成本上升或市场需求强劲时采用,但需注意沟通方式,以免引起消费者反感。暗提价格则通过减小包装尺寸、降低产品质量等方式隐性提价,以减少消费者的直接抵触感。相对而言,降价策略旨在吸引更多顾客、提高市场份额,常通过促销活动、优惠券发放等形式实施。无论是涨价还是降价,企业都应考虑市场反应、成本变化和竞争态势,谨慎制定策略,确保价格调整与企业目标相符。有学者研究表明,消费者的习惯性价格心理根深蒂固,企业任意调价会引起消费者反感,也会引起竞争者的反应(如图 8-3 所示)。

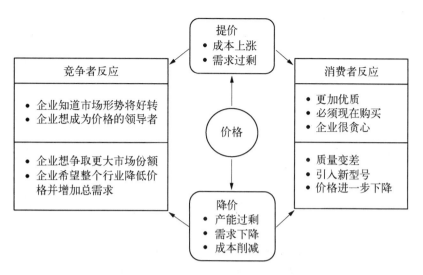

图 8-3　竞争者和消费者对调价的反应

(一) 明示提价策略

明示型提价是指企业明确地宣布和实施的价格上涨,企业会公开宣布价格上涨,并向消费者传达价格调整的原因和背景。这通常是由企业内部决策或外部因素(如成本上升)推动的。明示型提价通常适用于以下三种情况。

1. 产品价格易被感知

当产品价值容易识别,顾客对此拥有丰富识别经验,能够准确地感知到价格的变化时,透明地宣布价格上涨更容易被顾客接受,因为他们能够理解价格上涨的原因,如供应短缺、成本上升或节假日需求增加等。通过明示型提价,企业能够建立诚信度和透明度,避免顾客对其遮遮掩掩的行为产生反感。透明度有助于建立顾客与企业之间的信任关系,并使顾客更容易接受价格的变化。

2. 企业在市场中占据主导地位

这种提价对于创业企业本身的要求较高,需要具有一定的规模和市场地位。以波司登品牌为例,在服装行业普遍降价的背景之下,波司登仍将价格比上年提高了5%左右。一方面是因为波司登赢得了国外消费者的认可和选择,获取了一定程度上的固有市场;另一方面是因为国外较少出产制作羽绒服所需的鹅毛,所以波司登在一定程度上掌握着定价的主动权。

3. 市场定位较高的产品

对于高定位产品而言,涨价更容易被消费者认可。高定位产品通常具有较高的品质、独特的特点和较高的品牌价值,消费者对其有一定的认可度和忠诚度。他们认为价格上涨是为了维持产品的高品质、提供更好的服务或满足产品的独特需求。因此,高定位产品的涨价更容易被消费者认可。此外,高定位产品的消费者通常对产品有较高的期望值,并且更愿意为其支付更高的价格,因此对价格上涨有更高的接受度。

(二)暗提价格策略

暗提价格是指企业不直接向顾客传递较为明确的提价信息,而是以顾客不易察觉的方式进行巧妙提价。这一策略不易引起顾客的察觉,也就不会马上遭到多数顾客的共同抵触,这也为企业赢得了最为宝贵的消化成本压力以及取得顾客理解的时间。暗提价格策略主要有如下方式。

1. 化整为零

化整为零的定价方法适用于组装产品和配套产品。这种方法通过将提高的价格分摊到各个组件或配套产品上,从感觉上降低了提价的幅度,降低了顾客的敏感度。该方法可以满足一些顾客自主组装和搭配的需求,作为回报,这些顾客也愿意承受较高的调价。例如,在电脑市场中,联想公司提供组装机销售和分部件销售两种定价方式。组装机销售是将电脑组装好后以整机定价销售,而分部件销售是将电脑的各个组件分别定价销售。通过组装机销售,顾客可以一次购买到已经组装好的电脑,省去了自行组装的麻烦。而通过分部件销售,顾客可以根据自己的需求和预算选择购买特定的组件,自主组装电脑。这种定价方法允许顾客根据自己的需求和技术水平进行选择,满足了不同消费者的需求。

2. 拆大为小

以最小单位报价、拆大为小的定价方法可以在一定程度上减弱影响顾客的购买心理,使顾客对价格的提升不那么敏感,并延缓他们表达价格异议的时间。这可以视为一种瞬间的心理错觉,通过这种方式,销售者可以在顾客表达异议之前解释产品的利益优点,从而化解价格异议。比如,当顾客询问茶叶的价格时,销售者可以选择以最小单位(如克)报价,而不是以常见的计量单位(如千克)报价。销售者可以告诉顾客:"特级茉莉茶,每克只需五元。"这种拆大为小、以最小单位报价的方法给顾客一种不同的感觉,使顾客更容易接受价格,并更有可能采取积极的购买行为。

3. 新产品的适时提价

企业需要做到有效推出新产品,并在适时的时机进行价格的调整,最好将提价的时间安排在销售淡季,这样企业就有充裕的时间来做好准备工作。此外,淡季的销售量较小,提价对市场的冲击可以降到最低。例如,2023年小牛电动发布公告称,受上游锂电等原材料大幅上涨影响,于4月1日对全系锂电产品零售指导价进行一次上调,上调金额200~1 000元。其他品牌也不约而同在4月淡季期间纷纷调价,爱玛锂电池车型涨幅在200~600元;雅迪4月份也涨价100~200元。这样的安排可以减少顾客的抵触情绪,并为企业提供更好的调整和适应的机会。

(三)降价调整策略

1. 对标需求,减免功能

通过减少一些目标顾客不感兴趣的产品特色或功能,企业可以降低成本,并为产品降价留出一定的空间。例如,中老年顾客对手机的要求通常较为实际和基本,他们可能不需要或不关注一些高端功能和复杂的设计。因此,手机厂家可以设计价格经济合理、符合中老年人需求的手机。这样的手机不仅能够降低成本,还能满足中老年顾客对手机的基本需求,因此会受到欢迎。并且,对于一些非礼品性商品,如日常生活用品或家居产品,消费者更加关注实用性和性价比,而不是奢侈的包装。去掉奢侈的包装可以大大降低成本,并让顾客感到实惠。这类方法的运用也在电商中进行普及,通常宣传自身为某品牌的源头工厂店,省去奢侈的包装,只卖产品,从而以低价打动消费者购买,这种简化包装的方式可以吸引那些注重实用性和经济性的消费者,从而提高产品的竞争力。

2. 降低辅助价格

通过降低辅助服务的价格,企业可以增加产品的整体价值,提高消费者购买的决策动力。例如,企业可以提供免费配送服务,消费者无须支付额外的运输费用,这在如今的电商时代已被广泛地普及,除了一些偏远地区,淘宝、抖音等平台上的许多店铺商家通过和相关物流公司达成协议,提供免配送费的服务,这样可以减轻消费者的负担,提高产品的吸引力。此外,还可以延长产品的保修期限,给消费者更长时间的保障,这可以增加消费者对产品质量的信心,提高产品的竞争力。而对于需要安装的产品,企业可以提供免费的安装服务,消费者无须支付额外的安装费用,这可以方便消费者使用产品,并增加产品的附加值。

二、调价的应对措施

面对激烈的市场竞争和日益上涨的产品成本,以及因主动调价和受竞争对手影响而带来的被动调价的局面,创业企业应该从品牌势能、规模优势和供应链成本优化三方面入手,确立创业企业自行价格调整中重要的关注因素和应对措施。

(一)品牌势能

企业应当注重自身品牌势能的建立和提升。如果企业在市场上建立了强大的品牌势能,消费者对其品牌有高度认知和忠诚度,那么企业可以考虑适度提高产品价格,以更好地应对成本上升所带来的营销困境。并且,品牌势能可以为产品赋予附加价值,消费者愿意为品牌溢价。以耐克为例,耐克是全球领先的运动鞋和运动服装品牌。他们通过与顶级运动员和体育赛事的合作,以及积极的品牌营销活动,成功地建立了一种激励人心、自信和创新的品牌形象。他们的品牌标识"Just Do It"成了鼓励人们追求梦想和挑战自我的口号,使品牌被消费者认可并选择,即便推出的"空军一号""Air Jordan"系列球鞋均价不菲,消费者也愿意为品牌买单。在这种情况下,企业便可以通过价格调整实现更高的利润率。消费者对品牌的认可和信任使得他们更愿意为品牌价值支付额外的费用。

(二)规模优势

企业的规模优势可以带来成本效益,从而降低产品的生产成本,为自身的价格变动留出更多的调整空间。当企业的规模扩大、生产效率提高时,可以考虑将这些成本优势反映在产品价格上。通过降低产品价格,企业可以吸引更多的消费者,增加销量,并进一步降低成本。以全球领先的半导体公司之一英特尔(Intel)为例,其通过规模经济和研发投入,成功地降低了生产成本。英特尔通过大规模生产芯片、持续的技术创新和研发投入,提高了生产效率和产能利用率,降低了每个芯片的生产成本。规模优势使企业能够在竞争中获得更大的市场份额,并通过经济效益实现更高的利润。

(三) 供应链成本优化

通过与供应商的紧密合作、采用更高效的生产工艺、降低物流成本等方式,企业可以降低产品的生产和运营成本。以全球知名的快时尚品牌 Zara 为例,其通过优化供应链管理,实现了快速的产品交付和灵活的库存管理,从而降低了成本。Zara 采用快速反应的供应链模式,使其能够更准确地预测市场需求,并及时调整生产和配送计划,减少了库存积压,降低了库存成本。在供应链成本下调的情况下,企业可以考虑适度降低产品价格,以吸引更多消费者并提高市场份额。通过降低价格,企业可以利用供应链成本的优势来增加销量,并在销售量的增加中实现更高的利润。

价格是消费者最敏感的问题,价格调整关系到同行业的竞争和消费者的直接利益,所以企业一定要端正经营思想,并且注意运用科学的策略。企业必须在认真研究市场需求、消费心理、竞争对手经营策略的情况下,知己知彼地做出正确的调价决策。如果是得失相当或得失差数小,就要尽量稳定价格。假如在市场上该产品供不应求,用户没有选择余地或选择余地不大的情况下改变了某些习惯价格,仍能够被消费者勉强接受,将来随着企业活力的增强,企业自主权扩张,各种商品会应运而生、日益丰富,某些企业若再动辄调价(或者说涨价),迟早就会因失去消费者的"捧场"而陷入经营危机。

案例分析

恒大冰泉从"土豪水"变低价水

恒大冰泉自 2013 年 11 月正式上市以来,便一直以"高端饮用水"自居,每瓶的售价最低为 4 元。起初,恒大冰泉把价格定为 4~5 元的价格区间带,竞争对手直接瞄准西藏 5100、昆仑山等同级别产品;在后期的营销策略中,恒大冰泉也不断地更换广告语、请明星代言,还在渠道上采用全面铺货模式,就连我们平常最常见的社区、街边店也能够看到恒大冰泉的影子。

但是,恒大冰泉也发现,进行了这一系列的渠道处理之后,销量并不理想,于是立即采用了降价策略。之后,恒大冰泉进行了两次降价:2015 年 9 月 8 日,恒大冰泉在广州召开发布会,宣布旗下产品全线降价,主打产品 500 ml 装从此前的 4 元调整为 2.5 元,350 ml、1.25 L、4 L 产品全国零售价也分别从此前的 3.8 元、6 元、25 元调整为 2.5 元、5 元和 12.5 元,降幅最高达到了 50%;2016 年 8 月 12 日又发布公告称即日起产品将全面调价,500 ml 规格恒大冰泉全国统一零售价每瓶 2 元,350ml 装每瓶 2 元,1.25L 装每瓶 4 元,4L 装每瓶 10 元。

经过两次大规模调价之后,恒大冰泉并没有解决其面临的困境。类比恒大冰泉降价前后的对比,我们可以发现:降价前,恒大冰泉本身就处于亏损状态,在 2014 年显示的数据中,恒大冰泉的销售额仅达到 10.9 亿元,亏损的数额高达 23.7 亿元;而降价后,恒大冰泉面临的问题依然是与其他普通矿泉水的竞争,在农夫山泉等传统矿泉水的夹击下,降价为 2 元的恒大冰泉的销售量并没有上涨。2015 年 5 月,恒大冰泉亏损金额已经达到 40 亿元。

资料来源:
https://www.sohu.com/a/469103817_120163343.

问题讨论:
1. 恒大冰泉两次降价之后为何没有起效,反而亏损更多了呢?
2. 恒大冰泉在之后的定价过程中应当怎么做?

本章小结

定价是商品与消费者之间的价值交换基础,通过合理定价企业可以实现其盈利目标,并在市场中获取竞争优势。定价还反映了企业对产品或服务的品牌定位和市场定位,高价或低价都可以传达不同的价值表达和定位信息。

创业企业定价策略的主要内容包括定价特征、影响因素、定价方法和调价策略等。创业企业在定价时,应结合消费者需求、产品独特性和市场情况,制定合理的价格,以实现盈利目标并占领市场。本章阐述了创业企业产品定价的特征,包括价格灵活性、产品价值性、策略多样性和顾客可见性,要求企业具备高度的市场敏感度和创新能力。创业企业产品定价受到多种因素影响,成本结构、产品定位、市场需求、市场竞争者和顾客情绪价值等对定价策略都有影响。此外,本章阐述了创业企业产品定价方法,包括成本加成定价法、价值感知定价法和行为引导定价法,分别适用于不同的市场环境和产品类型。本章还讨论了创业企业的调价策略,包括涨价和降价的策略及其应对措施,建议企业通过品牌势能、规模优势和供应链成本优化等手段,确保调价策略的有效实施。

定价定天下,定价是创业者必须重视的。价格不仅是产品的数字标签,更是影响消费者购买决策和品牌形象的重要符号,创业企业在确定产品的市场价格时,应该充分理解价格蕴含的意义以及价格的魔力。

复习思考题

1. 分析合理的定价策略如何直接影响企业的盈利能力和市场竞争力。
2. 讨论不同定价策略(如成本加成定价、价值感知定价等)的适用场景及其优缺点。
3. 讨论创业企业如何根据市场需求调整定价策略以吸引消费者。
4. 解释顾客情绪价值的含义,并讨论其在定价策略中的应用。
5. 分析如何通过定价策略提升顾客的购买体验和忠诚度。

第九章　创业企业的渠道策略

学习目的

通过学习本章内容，应该掌握：

1. 营销渠道的含义、特征以及设计步骤
2. 创业企业线上渠道的代表及线上渠道管理决策
3. 创业企业线下渠道的代表及线下渠道管理决策
4. 创业企业的渠道整合策略以及注意事项

【开篇故事】

太二酸菜鱼的抖音直播带货

2023年10月25日，太二酸菜鱼在抖音开启首场直播，开播不到6小时，销售额已经破亿元，并登上抖音团购带货榜第1名。根据太二酸菜鱼官方公众号的消息，这场直播将持续15个小时，从上午9点开始，直到24点结束。太二在此次直播间共上架了25个商品，包括代金券、套餐、热销单品等，优惠力度也比较可观，比如69元代100元、139元代200元的代金券；99元特惠双人套餐、229元4人套餐；9.9元奶冻绵绵红豆沙、29.9元的双椒炒牛肉等；还有0.9元的冰粉和粉丝等福利品。截至首场直播下午4点，太二直播间销量上万的商品达到19个，其中69元代100元代金券卖出30万张以上，139元代200元代金券以及99元特惠双人套餐均卖出10万张以上。

自2022年起，海底捞、朱光玉、茶百道、瑞幸咖啡等众多餐饮品牌纷纷发力直播业务。太二首场直播销售额破亿这一成绩是十分亮眼的。由此可见，抖音这类新型电商平台为各大商家打开了新的营销渠道和新的营销思路，电商平台不仅可以通过便捷的网络渠道吸引大量用户的关注，还可以凭借其"快节奏""优惠力度大""方便快捷"等诸多优势赢得消费者的青睐和选择，销量获得"井喷式"增长。

资料来源：

https://ent.cnr.cn/canyin/zixun/20231026/t20231026_526464271.shtml.

> **营销感悟：**
> 如今渠道多样性的发展使得企业有更多选择，而以抖音为代表的新型渠道模式在市场上表现得更为出色，成为当下诸多商家的热门选择之一。但企业仍然需要根据自身情况制定合适的渠道策略，综合考虑产品特性、目标市场、消费者行为和竞争环境等因素，并与传统渠道相结合，才能实现最佳的市场覆盖和销售效果。

第一节 创业企业的渠道概述

对于创业企业来说，得渠道者得市场，渠道打不通，创业不可能成功。现在的营销渠道多种多样，既有线上渠道又有线下渠道，创业企业唯有了解现代渠道的特征及设计原则，才能打造属于自己的营销渠道。

一、创业企业渠道特征

不同的渠道特征对市场覆盖、消费者接触、品牌形象、成本效益和竞争力等方面产生重要影响。不论是线上还是线下渠道，每种渠道都有其独特的优势与不足。准确把握渠道特征，对创业企业制定适合的渠道策略至关重要。相比成熟企业，创业企业一般具有如下三个特征。

（一）渠道长度短

渠道长度指的是从生产商到最终消费者之间的中间环节数量。较短的渠道长度意味着较少的中间环节。创业企业一般由于其初入市场，资源和经验不足，没有时间和资金去进行自身渠道长度的拓展；加上需要尽快验证其产品或服务在市场上的可行性和受欢迎程度，所以选择短渠道可以更快地将产品推向市场，与消费者建立直接联系，从而获取市场反馈和用户反馈。这有助于企业快速了解市场需求，进行产品迭代和改进，提高产品的竞争力。

（二）渠道宽度窄

渠道宽度指的是企业选择覆盖的市场范围和渠道的数量。较窄的渠道宽度意味着企业选择专注于核心市场，只与少数几个渠道合作伙伴合作。创业企业在刚步入市场时通常由于资源有限，从而无法同时覆盖广泛的市场，所以大多数创业企业会选用宽度窄的渠道用于自身初步的拓展。选用宽度窄的渠道也能够让创业企业更加专注于核心市场，集中精力和资源在目标市场的开发和拓展上。这有助于企业更好地理解目标市场的需求，提供更精准的产品和服务，提高市场占有率。

（三）渠道创新性强

渠道创新性指企业通过引入新的渠道策略、技术或模式来改进渠道效率和用户体验。

渠道创新可以包括利用互联网和电子商务技术开展线上销售,通过社交媒体和移动应用提供个性化的购物体验,或者采用新的分销模式如直播销售等。渠道创新可以帮助企业获得竞争优势,提升销售业绩和市场份额。

这些特征在企业渠道管理中有着举足轻重的作用,企业需要根据自身情况和市场需求,灵活地调整渠道长度、合理选择渠道成员、有效管理渠道冲突,并不断进行渠道创新,以提升渠道的效果和竞争力。

二、创业企业渠道设计

渠道设计的合理性对于市场拓展、销售效果和用户满意度都具有重要影响。对创业者而言,只有进一步了解渠道设计中所考量的原则和相关标准,才可以更好地结合自身实际,设计出符合创业企业自身的渠道类型。

(一) 设计原则

1. 目标导向原则

渠道设计应以企业的长期目标和短期目标为导向。长期目标关注品牌建设、市场份额扩张和可持续发展,而短期目标则侧重于销售增长、市场响应速度和现金流管理。创业企业的渠道设计应通过选择合适的渠道伙伴、确定渠道层级和宽度,以及制定合理的渠道政策,来保证渠道策略与企业目标的一致性。此外,渠道设计还应考虑市场细分和目标客户群体,确保渠道布局能够满足不同市场和客户的需求。

2. 灵活性原则

在变化多端的市场环境中,渠道设计必须具备一定的灵活性,以适应外部环境的变化和内部战略调整。这意味着企业应选择能够快速适应市场变化、具备创新能力和应变能力的渠道伙伴。同时,渠道结构不应过于僵化,应允许一定程度的动态调整,如增减渠道成员、变更渠道层级或调整渠道合作模式。灵活性原则还要求企业在合同条款中留有余地,以便在新的市场情况下迅速作出反应。

3. 成本效益原则

渠道设计必须考虑成本与效益之间的平衡。企业应评估不同渠道选项的成本结构,包括直接成本(如渠道成员的折扣、物流费用)和间接成本(如管理成本、沟通成本)。同时,要预测渠道的潜在收益,包括销售额、市场占有率和品牌影响力等。渠道设计的目标是最大化投入产出比,即在最低成本的基础上实现最大的市场效益。这可能涉及优化库存管理、提高物流配送效率和利用数字化工具降低交易成本。

4. 用户体验原则

用户体验是决定产品或服务成功的关键因素之一。渠道设计应致力于提供无缝、便捷且愉悦的购物体验。这意味着渠道必须易于访问,无论是在线还是离线,用户都能感受到一致的品牌信息和服务质量。渠道设计还应考虑用户在不同购买阶段的触点,确保每个触点都能提供有价值的信息和服务。此外,企业应通过收集用户反馈和行为数据来不断优化渠道体验,确保渠道策略能够满足用户的期望和需求。

(二) 设计步骤

创业企业在进行渠道的设计时,应先考虑以下四点设计标准:首先,选择与产品特性和目标市场相匹配的渠道类型和渠道成员,以满足目标用户的购买偏好和需求;其次,要确保渠道的效率合理,通过优化供应链管理和物流效率等措施降低成本并加快产品交付速度;再次,创业企业可以选择较为直接的渠道模式,以增加对渠道的控制和管理能力;最后,积极探索渠道创新,利用新技术和新模式提升渠道效果和用户体验。综合考虑这些标准,创业企业可以设计适合自身的渠道策略,不断优化和调整渠道设计,以实现销售目标和提升竞争力。

综合考虑以上四点设计标准,创业者在此基础上要打造一个与产品特性和目标市场相匹配的渠道体系,为消费者提供更高效的购买体验。渠道设计的六大具体步骤详见图 9-1。

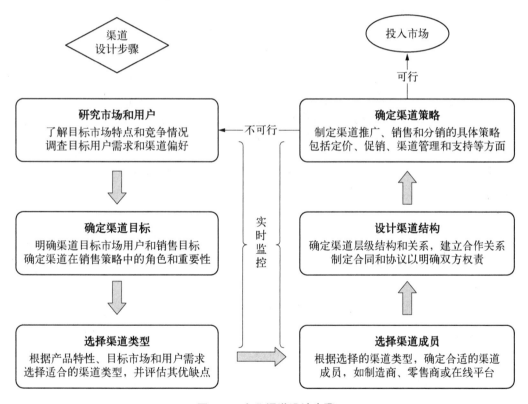

图 9-1 企业渠道设计步骤

1. 研究市场和用户

在渠道设计的初步阶段,企业需全面分析目标市场的动态,包括市场规模、增长率、顾客购买习惯以及竞争对手的渠道布局。同时,深入了解用户需求、偏好及购买决策过程,这将帮助企业确定最有效的渠道策略,以吸引并保持客户忠诚度。

2. 确定渠道目标

基于市场研究结果,企业需要设定清晰的渠道目标,如提高市场覆盖率、增强客户服务、提升销售效率或降低分销成本。这些目标应与企业的整体战略相协调,并为后续的渠道类型选择和成员挑选提供指导。

3. 选择渠道类型

根据市场研究和确定的渠道目标,企业须决定采用直销、零售、分销还是混合渠道类型。每种类型都有其优势和限制,企业需考虑产品特性、市场接入速度、控制需求以及资源投入等因素,做出合适的选择。

4. 选择渠道成员

选定渠道类型后,企业应筛选适合的渠道成员。这包括评估潜在伙伴的财务稳定性、市场声誉、业务兼容性以及合作意愿。强关系、高信誉的渠道伙伴是确保渠道效率和长期成功的关键。

5. 设计渠道结构

企业需要设计一个高效的渠道结构,明确各渠道层级、成员间的关系与责任分配。好的渠道结构能确保信息、产品及资金流畅无阻,同时方便监督和管理渠道表现。

6. 确定渠道策略

最后的步骤是制定具体的渠道策略,包括定价策略、促销活动、物流安排、库存管理等。企业还需要设立评估机制,持续监控渠道表现,并根据市场反馈及时调整策略,以保持渠道竞争力和活力。

值得注意的是,对于渠道的监控应当贯穿设计步骤的始终,这要求创业企业在设计渠道过程中需要进行充分的市场研究和数据分析,并随着企业的发展和市场的变化进行调整和优化。

三、创业企业渠道网络构建

在现代商业环境中,递送网络是创业企业成功的关键组成部分之一,但了解渠道的迭代过程可以帮助创业者更好地认识构建稳健的递送网络的重要性。通过不断迭代和优化渠道,企业能够建立一个更高效、更可靠的价值递送网络,确保产品能够及时、准确地送达客户手中,给顾客递送更多价值。

(一) 渠道的迭代

渠道的迭代是创业企业在不断发展和成熟过程中的重要一环。随着市场竞争的不断加剧和消费者需求的变化,企业也在不断调整和改进其渠道策略,从而适应新的市场环境和实现业务增长。著名学者罗宾·李维斯把过去零售150年来的发展划分为三次浪潮,他认为全球目前已经进入消费者绝对主权时代,无论线上还是线下零售商都将面临零售商的第三次浪潮挑战,未来将会有一半的零售企业和品牌被淘汰,传统的零售模式和批发模式将会崩溃。由此,他罗列了不同主权时代的特征及渠道模式,具体内容见表9-1。

表 9-1 不同主权时代的特征及渠道模式

时 间	主要特征	驱动方式	市场态势	零售商盈利特征	渠 道 模 式
1850—1950 年	生产为主	生产驱动（生产者主权时代）	卖方市场	商品短缺，缺少竞争，建店就有人买	单渠道为主
1950—2000 年	渠道为王	销售驱动（零售商主权时代）	卖方市场向买方市场转移	创造需求，加大品牌建设，采用广告促销等营销手段	单渠道、多渠道和部分跨渠道
2000 年至今	消费者为王	消费者驱动（消费者主权时代）	绝对买方市场	企业需要主动、随时随地、多渠道和消费者沟通互动，满足消费者全天候、多空间、个性化的购物需求	单渠道、多渠道和跨渠道并存，同时加速向全渠道转移

（二）渠道价值递送网络的构建

当今市场竞争已不再局限于单个企业之间，而是价值递送网络的综合竞争。当企业与其他企业合作时，价值递送网络的效率、密度、节点和服务质量成为企业竞争的关键和核心能力。美团平台就是一个依赖价值递送网络提供服务的例子，如图 9-2 所示。创业企业可以借鉴美团的渠道网络构建策略，构建自己的价值递送网络。

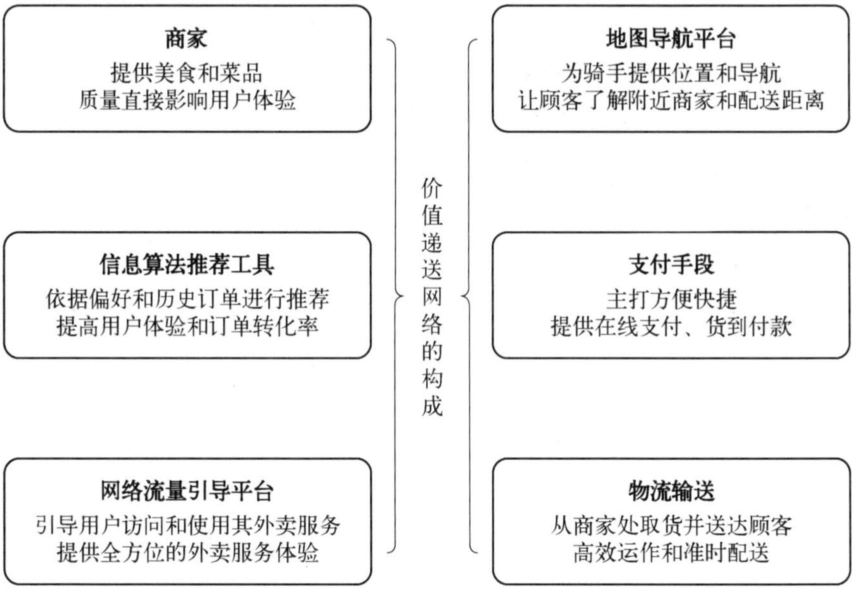

价值递送网络的构成：

- **商家**：提供美食和菜品，质量直接影响用户体验
- **信息算法推荐工具**：依据偏好和历史订单进行推荐，提高用户体验和订单转化率
- **网络流量引导平台**：引导用户访问和使用其外卖服务，提供全方位的外卖服务体验
- **地图导航平台**：为骑手提供位置和导航，让顾客了解附近商家和配送距离
- **支付手段**：主打方便快捷，提供在线支付、货到付款
- **物流输送**：从商家处取货并送达顾客，高效运作和准时配送

图 9-2 美团外卖的价值递送网络的构成

1. 网络平台的精准选择

在选择线上平台时，需要根据自身业务模式和目标市场的特点进行精准选择。首先，

考虑平台的用户规模和用户特征,确保平台上有足够的潜在用户群体与目标客户相匹配。其次,了解平台的竞争环境,评估与竞争对手的差异化和竞争优势。此外,还需要考虑平台的费用结构,包括平台使用费、佣金比例等,确保与自身的盈利模式相匹配。

2. 用户体验的优化设计

优化线上渠道的用户体验是提升客户满意度和购买转化率的关键。在设计用户界面时,简洁明了的布局和直观的导航结构可以帮助用户快速找到所需产品。同时,要确保网页加载速度快,减少用户等待时间,能够在不同设备上提供优质的用户体验。此外,如果目标市场涉及多语言用户,还应考虑提供多语言支持,以便更好地满足用户需求。

3. 供应链的高效管理

建立高效的供应链体系是确保产品能够及时准确地配送给消费者的关键。与供应商建立紧密的合作关系,加强沟通和协调,确保供应商能够按时提供所需产品。优化库存管理,避免库存积压或缺货现象,提高库存周转率。对订单处理和物流配送进行优化,采用智能化的系统和技术,提供快速、可靠的交付服务,以满足消费者的需求。

4. 服务与沟通的完善

建立完善的客户服务体系是保持良好用户关系的重要手段。提供在线客服支持,及时回答用户的疑问和解决问题;并且,建立健全的售后支持机制,处理用户的退换货、维修等售后需求;同时,建立多种沟通渠道,如电话、电子邮件、社交媒体等,与用户进行即时互动,增强用户对品牌的信任和忠诚度。

5. 各类平台的营销推广

针对不同的线上平台,制定相应的营销推广策略。例如,在社交媒体平台上,可以通过精准的定向投放吸引目标用户的关注和点击。在内容营销平台,如小红书等,可以通过发布有价值的内容,吸引用户的注意并提升品牌知名度。

6. 数据分析与个性化推荐

利用数据分析技术,深入了解用户的购买行为和偏好,为用户提供个性化的产品推荐和定制化服务。通过收集和分析用户数据,依据他们的购买历史、浏览行为、兴趣偏好等,精准推荐符合其需求的产品。个性化推荐不仅可以提高用户购买转化率和复购率,还能增强用户对品牌的认可。

第二节 创业企业的线上渠道策略

在数字化时代,创业企业面临着激烈的市场竞争和消费者需求多样化的挑战。通过线上渠道,创业企业可以扩大品牌知名度、增加销售额,并与目标顾客建立紧密的联系。本节主要介绍创业企业关注的线上渠道以及线上渠道管理决策。

一、传统电商渠道策略

传统电商渠道主要包含如淘宝、天猫这类综合类纯电商平台,以京东为代表的综合类自营电商平台和以唯品会为代表的垂直电商平台等。下面主要阐述传统电商渠道的含义、典型代表及管理决策。

(一)传统电商渠道的含义

淘宝、天猫和京东作为中国最具代表性的传统电商渠道,其含义可被理解为通过互联网平台提供商品或服务的在线交易环境,这些平台以稳定的用户基础和成熟的运营模式为特征。

传统电商渠道是指通过互联网进行的商品或服务的买卖活动,但依赖于较为传统的电子商务模式和技术。这种渠道通常不包括或较少使用现代的社交媒体、移动应用等新兴技术手段。它的特点表现为组织结构和运作方式上的独立性、交易过程的复杂性以及技术的相对滞后性。

虽然淘宝、天猫和京东在某些方面仍采用传统电商的运营模式,但它们在技术和服务上的创新已使它们超越了传统范畴,成为了电商行业的领头羊。未来,这些平台也在持续创新,不仅要应对国内外的激烈竞争,还要满足消费者对高质量产品和服务的不断追求。

(二)传统电商渠道的代表

在当今的电子商务时代,淘宝、天猫和京东等平台不仅仅是购物的场所,还是众多创业企业展示和销售产品的舞台。这些平台因其庞大的用户基础和成熟的电商生态系统,成为许多初创公司线上渠道的首选。

1. 淘宝

淘宝是中国最大的C2C(消费者对消费者)电商平台,成立于2003年,隶属于阿里巴巴集团。它为小型卖家和个人卖家提供了一个庞大的市场平台,用户可以方便地开设店铺,销售各类商品。淘宝以其商品种类繁多和交易灵活著称,成为众多创业者和中小企业的重要交易平台。淘宝的成功不仅在于其开放的平台策略,还在于其强大的阿里生态系统支持,如支付宝提供的便捷支付工具和安全交易保障。此外,淘宝的互动性质,如用户评价系统和论坛,增强了平台的社区氛围,并帮助建立了买家与卖家之间的信任。

2. 天猫

天猫则是阿里巴巴集团旗下的一个B2C(企业对消费者)平台,主要针对品牌商和正规商家。与淘宝的C2C模式不同,天猫更加重视品牌的质量和消费者的购物体验。天猫入驻的商家通常是经过严格筛选的品牌所有者或授权经销商,保证了商品的品质和服务水平。天猫以其高品质的市场定位,吸引了大量寻求正品和高质量商品的消费者,成为电子零售领域的重要参与者。天猫不断引入创新技术,如AR试妆和VR体验,以提升消费者的在线购物体验。

3. 京东

京东则以其出色的物流系统而闻名，提供快速且可靠的配送服务，这在电商领域具有重要竞争力。京东从销售电子产品起家，现已发展成为提供全品类商品的大型B2C平台。京东通过建立自己的物流网络和仓库系统，能够在全国范围内实现快速配送，甚至在部分城市提供当日达或次日达服务。京东还积极投入技术研发，使用自动化仓库和无人机送货等方式来提升效率。此外，京东也致力于提供优质的服务保障，如假一赔三的承诺和便捷的退货流程，赢得了消费者的信赖。

上述三个平台因其庞大的用户基础、成熟的运营模式以及不断的技术创新，已成为中国乃至全球电商领域的领导者。它们各自独特的市场定位和服务特色，不仅满足了不同消费者的需求，而且为合作商家提供了广泛的商业机会。随着电商行业竞争的加剧和技术的发展，这些平台将继续探索新的增长点和改进服务，以维持其在市场中的领导地位。

（三）传统电商渠道管理决策

创业企业在发展过程中，对于传统电商渠道的管理决策至关重要，这通常涉及多个方面的考量。以下从四个方面进行详细阐述。

1. 平台选择与合作策略

（1）目标市场定位：创业企业应首先明确自己的目标市场和消费者群体。不同的电商平台有着不同的用户特征和消费习惯，选择与企业产品匹配度高的平台是关键。例如，如果产品定位于年轻时尚群体，选择像淘宝或小红书这样的平台可能就更为合适。

（2）成本与资源考虑：各电商平台的费用结构不同，包括入驻费、交易费、广告费等。创业企业需评估这些成本与其预算的匹配程度。同时，考虑到团队的操作能力和现有资源，选择能够提供良好支持和服务的平台也很重要。

2. 产品展示与信息管理

（1）高质量的视觉呈现：在电商平台上，产品的视觉展示尤为重要。高质量的图片和视频可以显著提高商品的吸引力。创业企业应投资专业的摄影和设计服务，确保其产品展示能够吸引目标消费者。

（2）详尽的产品描述：准确且吸引人的产品描述可以帮助消费者更好地理解产品特性和价值，增加购买的可能性。因此，创业企业应重视产品描述的撰写，兼顾信息的全面性和吸引力。

3. 客户服务与关系维护

（1）高效的客户支持：优质的客户服务可以增强顾客的满意度和忠诚度。创业企业应建立有效的客户服务体系，如在线聊天支持、快速响应客户邮件等，以及时解决客户问题和疑虑。

（2）积极的顾客关系管理：定期与顾客互动，如通过电子邮件营销或社交媒体平台进行沟通，可以增进与客户的关系并促进复购。开展定期的顾客满意度调查也是了解客户需求和改进服务的好方法。

4. 数据分析与战略调整

(1) 监控与分析销售数据：利用电商平台提供的数据分析工具，定期检视销售数据和消费者行为模式，如点击率、转化率、购物车放弃率等。这些数据可以帮助企业发现问题所在并优化营销策略。

(2) 灵活调整市场策略：市场环境和消费者需求是持续变化的。创业企业应根据收集到的数据和市场反馈，适时调整产品线、营销策略和客户服务方式，以保持竞争力并最大化营收。

二、社交电商渠道策略

社交电商渠道的核心在于其社交属性和电商功能的有机结合。它不同于传统的电商平台，后者主要侧重商品的展示和交易，而社交电商则强调社区中用户之间的互动和分享。

(一) 社交电商渠道的含义

社交电商渠道是指通过社交网络和社区环境，利用用户的社交互动和内容分享来推动商品销售的电子商务模式。这种模式依托于用户间的社交联系，通过朋友、家人或者兴趣社群的推荐和分享，实现商品的浏览、讨论和购买。拼多多、小红书等平台正是社交电商渠道的代表。

在社交电商渠道模式下，消费者不仅仅是购买商品的个体，更是参与讨论、分享经验和影响他人购买决策的社区成员。这种基于人际关系的传播方式极大地增强了用户的信任感和购买意愿，同时也为商家提供了一种成本更低、效果更好的营销途径。

社交电商渠道的另一个特点是其去中心化的特性。在这样的平台上，每个用户都可以成为信息的传播者和商品的推荐人。这种去中心化的流量获取方式，相较于传统电商的中心化广告推广，更能激发用户的主动性和参与感，从而形成强大的口碑效应和社群经济。

此外，社交电商渠道还具有数据驱动的特点。平台能够收集和分析用户的社交行为和消费习惯，进而提供更加个性化的商品推荐和服务。这不仅提升了用户体验，而且增加了购买转化率。例如，拼多多通过"拼团"模式激发消费者的参与热情，而小红书则通过用户生成的内容来吸引和引导消费者。

(二) 社交电商渠道代表

社交电商渠道以其独特的社交特性和商业模式改变了传统的电商格局。拼多多、小红书等平台正是这一趋势的代表，它们通过整合社交网络和购物功能，为用户提供了全新的购物体验。下面将详细介绍这两个社交电商渠道的代表。

1. 拼多多

(1) 拼团模式的创新：拼多多独特的拼团购买方式是其核心特色。用户可以通过微信等社交平台邀请亲朋好友一起参与拼团，以获得更低的商品价格。这种模式不仅降低了商品价格,还增加了用户购物的趣味性和互动性。

(2) 下沉市场的深耕:拼多多专注于中国的三四线城市及农村市场,即所谓的下沉市场。它通过提供低价商品满足了这些地区消费者的需求,迅速在这些区域获得了巨大的用户基础。

(3) 利用社交工具的传播:拼多多充分利用微信等社交工具的传播力,通过发起拼团、助力砍价等方式激励用户分享,从而迅速扩大了其品牌影响力和市场份额。

2. 小红书

(1) 内容驱动的社区购物:小红书结合了用户生成内容(UGC)和在线购物功能,用户可以分享产品评测、旅行日记、生活方式等多样的内容。这种真实的用户分享极大地提升了购物的信任度和吸引力。

(2) 瞄准年轻女性用户群体:小红书定位于年轻女性用户,提供从美妆、时尚到健康生活的各类商品。平台上高质量的内容和精准的用户定位使得它在年轻女性中建立了强大的品牌忠诚度。

(3) 强调真实用户体验:小红书鼓励用户分享真实的使用体验和生活方式,这种"种草"文化不仅使用户在选购商品时得到实用的建议,而且极大增强了平台的活跃度和用户的黏性。

(三) 社交电商渠道管理决策

社交电商渠道在当前的商业环境中提供了巨大的潜力和机遇,尤其是对于创业企业而言,有效管理社交电商渠道可以在市场中快速建立品牌影响力,并达成销售增长。以下从四个方面阐述创业企业如何管理社交电商渠道的决策。

1. 选择合适的社交平台

(1) 目标客户匹配:选择与创业企业目标客户群体匹配度高的社交平台是至关重要的。例如,如果目标用户主要是年轻女性,则小红书可能是一个更合适的选择;而如果目标是推广科技产品,则知乎或微博可能更为适合。

(2) 平台特性分析:每个社交平台都有其独特的功能和用户行为模式。企业需要根据这些特性来制定相应的策略。比如抖音和快手更适合短视频形式的互动,而微信更侧重社群和小程序的功能。

2. 内容营销策略

(1) 内容质量与真实性:在社交电商平台上,内容的质量直接影响用户的购买决策。创业企业应专注于生成高质量且真实的内容,如使用产品的视频教程、用户的使用体验分享等,以增强用户信任。

(2) 用户互动:积极与用户互动,如回复评论、进行直播互动等,可以显著提升用户的参与感和忠诚度。这种互动不仅增加了内容的可见性,还能改善用户体验。

3. 利用社交电商特性进行销售

(1) 社交裂变策略:利用社交电商的裂变特性,鼓励用户分享和推荐产品。例如,设置分享优惠券、发起拼团购买等,可以激发用户的社交传播力,扩大市场影响力。

(2) 定制化推广活动:根据不同社交平台的特点定制推广活动。例如在"双 11"或"618"期间,通过限时折扣或独家产品吸引用户购买。

4. 数据驱动的策略调整

(1) 监控与分析数据:利用社交电商平台提供的数据分析工具,如用户行为数据、转化率数据等,监控并分析营销活动的效果。

(2) 灵活调整策略:根据数据分析的结果,快速调整营销策略。例如,如果发现某个产品的用户评价较差,就应及时进行产品改进;如果某个推广活动反响良好,就可以考虑增加投入。

通过上述四个方面的管理决策,创业企业可以有效地利用社交电商渠道的强大力量,实现品牌的快速增长和销售的提升。社交电商不仅提供了一个销售的平台,更是品牌建设和用户互动的重要场所。

三、直播电商渠道策略

直播电商渠道是新型营销渠道的重要形式,它以其独特的互动性和娱乐性,成为现代电商营销的重要组成部分。

(一) 直播电商渠道的含义

直播电商渠道是指通过互联网直播平台进行商品或服务展示、推广和销售的一种营销方式。它结合了直播的实时互动性和电商的在线交易功能,为消费者提供了一个新颖且便捷的购物体验。

直播电商具有以下特点:

(1) 实时互动。主播可以即时回答观众问题,提供个性化建议,增强购买信任。

(2) 场景体验。通过直播展示产品使用过程,让消费者更直观地了解产品效果。

(3) 娱乐性。直播常融入娱乐元素,如明星助阵、游戏互动等,提高观众参与度。

(4) 限时促销。利用限时抢购、优惠券等手段刺激消费,增加购买紧迫感。

(5) 数据分析。后台可收集用户数据,帮助商家优化产品和营销策略。

(二) 直播电商渠道代表

直播电商渠道的代表包括淘宝直播、抖音直播、快手直播等。这些平台汇聚了大量网红和明星主播,他们通过直播带货的方式吸引了大量消费者。

1. 抖音直播

抖音直播是字节跳动公司旗下的一个主要直播电商平台,依托于抖音这个拥有庞大用户基础的短视频平台。自从抖音推出直播电商功能以来,它迅速成为电商直播领域的重要玩家。

抖音直播的用户基数巨大,平台上汇集了大量的内容创作者和观众。主播通过直播展示商品,与观众互动交流,并实现即时销售。抖音直播的销售额在过去几年里呈现爆炸性增长,吸引了众多品牌商家和网红入驻。

抖音直播也在以下五个方面不断发展。

(1) 平台支持。抖音为直播电商提供强大的流量支持和技术支持,不断优化直播体验。

(2) 多元化内容。直播内容涵盖服饰、美妆、食品等多个领域,满足不同用户需求。

(3) 明星与网红效应。利用知名公众人物和网红效应,提升直播带货的吸引力和信任度。

(4) 创新技术。引入增强现实、虚拟现实等技术,提升用户购物体验。

(5) 跨境电商。探索国际市场,将中国品牌和产品推广到海外。

随着技术和市场的不断发展,抖音直播将继续扩大其影响力,成为电商行业的重要力量。

2. 淘宝直播

淘宝直播是阿里巴巴集团旗下的一个直播电商平台,自2016年推出以来,迅速成为电商直播的重要阵地。淘宝直播通过结合实时直播和电商的功能,允许卖家通过视频直播的方式向观众展示商品并实现在线销售。

淘宝直播的发展经历了快速增长期,吸引了大量商家和网红入驻。平台不仅提供了直播带货功能,还提供了一系列支持工具,如数据分析、用户互动等,帮助商家提升销售额。随着技术的进步和用户习惯的养成,淘宝直播已经成为淘宝和天猫购物体验的重要组成部分。

淘宝直播的特点包括:

(1) 实时互动。买家可以实时与卖家交流,询问商品详情,获得即时反馈。

(2) 真实展示。卖家通过直播展示商品实物,增加商品可信度。

(3) 便捷购买。观众可以在直播界面直接下单购买,简化购物流程。

(4) 多样内容。直播内容丰富,包括服饰、美妆、家居等多个领域。

(5) 明星效应。平台邀请明星和知名网红进行直播带货,吸引观众。

(6) 数据分析。后台提供强大的数据分析工具,帮助商家优化直播策略。

淘宝直播已经成为电商行业的重要组成部分,它通过直播的方式改变了传统电商的形态,为商家提供了新的销售渠道,为消费者带来了全新的购物体验。随着技术的不断进步和市场的不断发展,淘宝直播将继续在电商领域发挥重要作用。

(三) 直播电商渠道的管理决策

创业企业在直播电商渠道的管理决策中,需考虑资源配置、市场定位和品牌建设。

第一,资源分配要精准。创业企业资金和人手通常有限,需集中资源投入最有潜力的直播平台和产品上。选择与企业形象相符的主播,确保直播内容与企业价值观相契合。市场定位要明确,根据目标客户群体选择适合的直播时间段和方式,通过直播内容传递企业的核心价值和产品的独特卖点。

第二,选择适合的直播平台是基础。创业企业需要根据自身产品特性和目标受众,选择流量大、用户黏性高的平台,如淘宝直播、抖音直播等。

第三,主播的选择和管理也是关键。主播的形象、风格和粉丝基础需要与产品定位相匹配。同时,企业需要对主播进行培训和管理,确保直播内容的质量和效果。

第四,内容创新是吸引观众的核心。企业需要不断创造有趣、有价值的直播内容,结合产品特点和用户需求,提高观众的参与度和购买意愿。品牌建设是关键。直播内容不仅要展示产品,还要传达品牌故事,建立与消费者的情感连接。企业可以利用直播互动来强化品牌形象,提高用户忠诚度。

第五,数据驱动决策。企业应持续追踪直播效果,分析用户行为和反馈,及时调整直播策略。数据分析是优化管理决策的重要工具。企业需要利用后台数据,分析用户行为、购买习惯等信息,以便调整直播策略,提升销售业绩。

总之,创业企业需在直播电商渠道管理中,注重资源高效配置、明确市场定位、加强品牌建设和数据驱动,以实现可持续发展。直播电商渠道管理决策是一个系统工程,需要企业综合考虑多方面因素,做出合理的规划和管理。

第三节 创业企业的线下渠道策略

线下渠道对于创业企业而言至关重要,它们在企业整体营销战略中扮演了不可替代的角色。尽管互联网营销日益盛行,但线下渠道依然以其独特的互动性和体验性保持了顽强的生命力。它们能够直接与消费者面对面交流,提升品牌认知度和信任感,同时实现销售目的。

一、经销商渠道策略

(一)经销商渠道的含义

创业企业的经销商渠道指的是商品从生产商经过经销商到达最终消费者的销售路径。这种渠道具有一些独有的特征。

经销商渠道能够扩大创业企业的销售范围,通过外部资源实现更广泛的市场覆盖。它还能减轻企业自身的销售和分销压力,让企业更专注于产品的研发和生产。同时,由于经销商通常对当地市场有更深入的了解,他们能够更有效地针对目标顾客进行营销和推广活动。然而,这种渠道模式也可能导致企业对销售渠道的控制力减弱,同时在利润分配上可能需要与经销商分享。因此,对于创业企业而言,选择经销商渠道既是机遇也是挑战,需要根据自身的产品特性、市场定位以及资源状况综合考量。

(二)经销商渠道的类型

1. 直销型经销商

创业企业的直销型经销商渠道是一种直接连接生产商和消费者的销售模式。在这种模式下,经销商利用自己的销售团队或通过线上平台,直接向消费者展示和销售产品。

这种渠道形式的最大特点是省去了中间环节,使企业能够直接与消费者沟通,更好地了解市场需求和反馈。同时,直销模式也有助于提高利润率,因为省去了传统分销渠道中各环节的成本和利润分成。直销型经销商渠道可以为创业企业带来更直接的市场反馈和更高的利润空间,但也伴随着更大的运营挑战和更高的市场推广成本。因此,在选择这种渠道形式时,企业需要综合考虑自身的产品特性、市场定位和资源配置。

2. 批发型经销商

批发型经销商渠道是一种常见的销售模式,创业企业通过这种模式将产品批量销售给批发商,然后由批发商进一步分销给零售商或直接向其他商家和消费者销售。

这种渠道形式的优点在于能够迅速扩散产品市场份额,利用批发商的分销网络快速覆盖较大区域。同时,由于交易的批量性,它可以降低物流和销售成本,提高企业的出货量和现金流。然而,批发型经销商渠道也存在一些缺点。由于产品会经过多个分销层级,企业对产品的最终售价和市场反馈的控制力较弱。同时,过于依赖批发商可能会使企业错失与终端消费者建立直接联系的机会,从而影响品牌建设和客户忠诚度。

创业企业利用批发型经销商渠道可以实现快速市场渗透并提高成本效率,但需要注意维持与终端市场的连接,平衡分销网络的依赖关系。

3. 代理型经销商

代理型经销商渠道是一种依赖代理商销售产品的模式。在这种方式中,创业企业与代理商建立合作关系,由代理商负责在特定地区或市场内推广和销售产品。

这种模式的优点在于能够利用代理商的市场经验和资源,快速进入新市场,同时降低企业的运营成本和风险。代理商通常对当地市场有更深入的了解,能够更有效地推广产品。然而,代理型渠道也存在一些挑战。企业需要仔细选择和管理代理商,确保代理商的市场策略与企业的整体目标一致。此外,企业与代理商之间可能存在利益冲突,需要通过有效的沟通和协调来解决。总的来说,代理型经销商渠道可以帮助创业企业扩展市场覆盖范围,但需要良好的代理商管理和合作机制来确保渠道的效率和效果。

(三)经销商渠道的管理决策

创业企业经销商渠道的管理策略应该注重渠道的选择与优化、建立有效的沟通和协调机制,以及实施渠道激励和控制措施。

首先,在渠道选择上,创业企业需要根据自身的产品特性、市场定位和企业资源选择最适合的经销商渠道类型:是选择直销以更好地控制产品销售和客户体验,还是通过代理商和批发商迅速扩大市场覆盖范围,或是结合多种渠道类型以实现最佳的市场渗透?

其次,在渠道管理上,要建立有效的沟通和协调机制。确保经销商能够及时了解企业的产品更新、市场策略和促销活动,同时企业也要能够及时获得市场的反馈信息。此外,企业还需要明确各渠道的角色和责任,避免渠道之间的冲突和竞争。

最后,在渠道激励和控制方面,企业可以通过提供各种激励措施如折扣、返利、奖励等来鼓励经销商达成销售目标。同时,企业还需要设定销售目标和监控销售数据,以确保渠道的绩效符合企业的期望。

总的来说,对于创业企业而言,经销商渠道的有效管理是提升销售业绩、扩大市场份额并保持持续增长的关键。这要求企业制定清晰的渠道策略、建立和维护与经销商的良好关系,并通过适当的激励和监控措施来确保渠道的效率和效果。

二、线下终端销售渠道策略

(一) 线下终端销售渠道的含义

创业企业的线下终端销售渠道指的是产品从生产商到最终消费者的最后一段线下销售途径。它包括直接面对消费者的销售点,如超市、大卖场、连锁店、直销平台等。

线下终端销售渠道是产品销售过程中至关重要的一环,直接影响消费者的购买决策。这些渠道不仅为消费者提供购买便利性和多样化的选择,而且承担着信息反馈的作用,可以帮助企业更好地了解市场需求和消费者偏好。因此,对于创业企业而言,优化终端销售渠道,提升消费者体验,是实现产品成功上市和市场竞争力提升的关键所在。有效的终端销售渠道管理能够为企业带来更高的销售额和更强的市场地位。

(二) 线下终端销售渠道的类型

1. 超市

超市渠道是通过大型零售商店或超市来销售商品,这种渠道具有广泛的商品种类和高客流量,为消费者提供便利的购物体验。

对于创业企业而言,利用超市渠道可以快速进入市场,提高产品的曝光度。同时,超市的高效物流和库存管理系统也能帮助企业优化供应链管理。但超市渠道的竞争非常激烈,产品需要具备一定的竞争力才能脱颖而出。此外,与超市合作可能需要企业提供较大的折扣和促销支持,这可能会影响利润率。

因此,选择超级市场渠道时,创业企业需要评估自身产品的特性和市场定位,确保产品能够在激烈的市场竞争中站稳脚跟,并实现良好的销售业绩。

2. 大卖场

大卖场渠道指的是通过大型零售商店或量贩店销售商品的模式。这种渠道以其庞大的商品种类和低价策略吸引了大量消费者,特别适合需要展示和促销的生活用品、家电、服装等产品。

选择大卖场渠道,创业企业可以利用其高客流量和快速的库存周转,实现产品的快速推广和销售。然而,大卖场通常要求较低的价格和一定的市场地位,对初创品牌来说,进入门槛和竞争压力较大。因此,创业企业在考虑大卖场渠道时,应评估产品的竞争力、定价策略以及与大卖场的合作条件,确保能够在这一具有挑战性的环境中获得成功。

3. 终端零售便利店

终端零售便利店渠道是指通过便利店这种小型零售店铺销售商品的方式。便利店通常位于消费者日常生活圈内,如社区、街道或交通枢纽附近,提供便捷的购物体验。

这种渠道适合销售日常必需品、快速消费品和便利商品。对于创业企业而言,利用便利店渠道可以快速覆盖目标市场,提高产品的可见性和购买频率。但便利店的货架空间有限,对商品的周转速度要求较高。因此,企业需要确保产品具有较高的市场需求和快速的补货能力。总的来说,选择便利店作为终端零售渠道,创业企业能够更好地满足消费者的即时需求,但也需要优化供应链管理和商品展示策略,以确保产品在有限的空间内实现良好的销售表现。

(三) 线下终端销售渠道的管理决策

创业企业的线下终端销售渠道管理策略是其整体销售策略的重要组成部分,关系到产品是否能够有效地到达消费者手中。

1. 渠道选择与优化

创业企业在选择线下终端销售渠道时,应考虑产品特性、目标市场和消费者行为。选择合适的渠道如专卖店、连锁店或超市,以确保产品能够有效地到达目标消费者手中。同时,定期评估渠道效果,根据市场反馈调整渠道策略,实现渠道的优化和精细化管理。

2. 渠道合作与激励

建立与渠道商的紧密合作关系,通过签订合作协议、提供促销支持等方式,激励渠道商积极推广企业的产品。同时,创业企业应关注渠道商的利润需求,制定合理的价格政策,确保双方共赢。

3. 库存管理与物流

合理预测销售情况,制定有效的库存管理策略,避免库存积压或断货情况,确保销售顺畅。优化物流流程,提高产品的配送效率和准确性,降低物流成本。

4. 市场信息收集与反馈

建立信息反馈机制,及时收集市场和消费者反馈,调整销售策略和产品优化。通过对市场数据的分析,了解消费者需求和购买行为的变化趋势,为企业决策提供有力支持。

总的来说,创业企业在线下终端销售渠道管理中,应注重渠道的选择与优化、渠道合作与激励、库存管理与物流、市场信息收集与反馈这四个方面,以实现产品的有效销售和品牌的持续发展。

三、连锁和加盟渠道策略

(一) 连锁和加盟渠道的含义

连锁与加盟店渠道是现代企业拓展市场的重要手段之一。

连锁经营指的是一家总店通过直接投资、运营或合同管理等方式,在多地开设多家分店,实现品牌、管理、供货等方面的统一。这种模式可以快速扩大市场覆盖,增强品牌影响力。

加盟经营则是独立经营者加入某个连锁体系的商业模式。加盟店会使用连锁企业的品牌、商标,并按照其经营模式和标准进行运营,但店主保有较大的自主经营权。这种方式可以降低总部的扩张成本,同时吸引地方经营者的参与。

这两种渠道策略各有利弊,企业在选择时需根据自身资源、市场需求和战略目标综合考量。

(二) 连锁和加盟渠道的类型

1. 连锁店

连锁店渠道是一种通过在多个地点开设多个零售店铺来实现商品或服务分销的模式。对于创业企业来说,实施连锁渠道模式可以迅速扩大市场覆盖,增强品牌影响力。

以星巴克为例,这家著名的咖啡连锁品牌通过在全球范围内开设分店,成功地将高品质的咖啡和文化体验带给广大消费者。星巴克通过精心选址、统一的店面设计和严格的服务标准,确保了顾客在每家分店都能获得一致的体验。

对于创业企业来说,实施连锁渠道模式首先需要确定其独特的价值主张和竞争优势。这可能包括创新的产品、卓越的客户服务或高效的供应链管理。明确这些要素有助于企业在扩张过程中保持品牌一致性。接下来,企业需制订详细的扩张计划,包括目标市场选择、店铺选址、资金筹措和人员招聘等。在这个过程中,企业应确保每个新店铺都能符合既定的标准,以维护品牌形象。此外,创业企业还应建立有效的培训和支持系统,确保每个分店的员工都能提供标准化的服务。同时,利用集中采购和规模经济,降低成本,提高运营效率。

总的来说,通过精心规划和系统管理,创业企业可以成功地实施连锁渠道模式,实现快速扩张和品牌增值。

2. 加盟店

加盟店渠道是一种通过吸引独立经营者加入连锁体系来扩张业务的商业模式。这种模式允许创业者使用已有的品牌、商标和经营模式,在保证一定自主权的同时,享受总部的支援和资源。

以 7-11(7-Eleven)为例,这家便利店品牌通过加盟模式在全球范围内快速扩张。7-11为加盟商提供店铺选址、装修设计、商品采购、广告宣传等一系列支持,确保各加盟店能够顺利运营并保持品牌形象的统一。

对于创业企业来说,实施加盟渠道模式要建立一套完善的加盟支持体系,包括培训、供应链管理、市场营销等,以确保加盟商能够高效运营。此外,创业企业需要制定明确的加盟政策,包括加盟费用、利润分成、合同期限等,以确保双方权益得到保障。通过这种方式,企业可以迅速扩大市场覆盖,同时降低直营店的运营成本。

总的来说,通过精心设计的加盟模式和支持系统,创业企业可以利用加盟店渠道实现快速的市场扩张和品牌增值。

(三) 连锁和加盟渠道的管理决策

连锁和加盟渠道的管理策略是企业拓展市场、提升品牌价值的关键。以下是五个方面的有效管理策略。

(1) 品牌一致性:确保所有连锁店和加盟店都严格遵守品牌标准,包括标识、装修风格、广告宣传等,以维护一致的品牌形象。

(2) 运营标准化:制定统一的运营手册,明确店铺日常管理、员工服务流程等,保证顾客在任何分店都能享受到相同的服务质量。

(3) 培训与支持:总部应定期为加盟店提供必要的培训,涵盖产品知识、销售技巧、市场营销等方面,以提升加盟店的业绩和服务水平。

(4) 沟通与反馈:建立有效的沟通机制,确保总部与分店之间信息流通顺畅,及时响应加盟店的需求和反馈,增强渠道的凝聚力。

(5) 监督与激励:实施定期的监督和评估,确保加盟店遵守运营标准,并通过激励机制,如奖励和认可,鼓励加盟商更好地经营。

总的来说,通过这些策略,企业可以有效地管理连锁和加盟渠道,实现品牌的长期增长和成功。

第四节　创业企业的渠道整合策略

创业企业的渠道整合策略关键在于通过优化组合不同销售和分销途径来增强市场竞争力和市场覆盖率,包括选择合适的直销与间接销售渠道,以及在线下和线上渠道之间找到平衡点,以实现渠道资源的有效配置,进而提高企业的市场渗透率和顾客满意度。

一、渠道整合的含义及类型

(一) 渠道整合的含义

创业企业的渠道整合是指企业为了提高市场渗透率和销售效率,采取的一种将多种销售渠道进行系统化、协调化的管理策略。在渠道整合过程中,创业企业需考虑渠道间的相互影响,并确保各个渠道能共同作用,实现整体销售目标。

渠道整合的特点包括:(1) 多样性——涵盖多种渠道类型以覆盖更广泛的消费者;(2) 协同性——不同渠道间需要相互支持,形成合力;(3) 灵活性——对于变化快速的市场环境具有高度的适应能力;(4) 成本效益性——整合后的渠道能更高效地利用资源,降低销售成本。

(二) 渠道整合的类型

创业企业的渠道整合主要有两种类型:营销渠道间整合和渠道内整合。营销渠道间整合是指企业在不同营销渠道中进行选择和评估,以确保所选渠道能有效地满足目标顾客的需求并具有良好的经济效益。营销渠道内整合则是基于消费者购买决策过程,将销售任务分解并由不同的营销渠道完成不同阶段的任务,以实现成本最小化同时最大化满足顾客需求。

一家创业企业可以通过线上渠道吸引潜在客户,然后通过线下渠道进行销售转化。

这家企业需要在线上线下渠道之间进行协调和整合,以确保渠道间能够相互补充和支持。同时,企业还需要在各个销售渠道内部进行整合,以确保每个渠道都能够高效地完成其承担的销售任务。

二、渠道整合管理内容

渠道整合管理在创业企业的实际运营中至关重要,主要内容包含渠道战略规划、合作伙伴选择、培训与支持、沟通与协调和市场监测五个方面,以确保产品的有效分销和市场覆盖。

(一) 明确渠道战略规划

创业企业应该制定清晰的渠道战略规划,明确目标市场、目标客户和渠道选择。创业企业在起步时应当确定自身的目标市场和目标客户群体,找准企业定位,进而整合渠道中产品和营销的战略规划。创业企业在规划过程中要进行渠道战略的慎重选择,评估现有可用的渠道选项,最终选择最适合自身产品和目标市场的渠道战略。

(二) 慎重选择合作伙伴

创业企业应该慎重选择合适的渠道合作伙伴。首先,创业企业要评估合作伙伴的能力、经验、市场知识和资源,并确保其与企业的目标和价值观一致。其次,了解其是否具备有关销售、市场推广和客户服务等方面的专业知识和技能,是否对目标市场有深入的了解,并具备一定的市场资源和渠道网络。最后,还要考察创业企业和渠道合作伙伴之间的目标和价值观是否一致,这对于建立稳固的合作关系至关重要。

(三) 必要的培训与支持

创业企业应该为渠道合作伙伴提供必要的培训和支持,以优化渠道运营和销售效果。首先,创业企业可以提供全面的产品培训,包括产品介绍和产品演示,帮助渠道合作伙伴充分了解产品,提高产品知识水平,从而更好地向潜在客户传递产品的价值和优势。其次,创业企业还可以提供销售技巧的培训,包括销售谈判技巧、客户关系管理、销售策略等方面的内容。通过培训,渠道合作伙伴可以进一步提升销售能力,学会与潜在客户有效沟通,理解客户需求,并通过合适的销售策略促成销售交易。

(四) 积极的沟通与协调

创业企业应该与渠道合作伙伴进行良好的沟通与协调,包括定期开展会议、共享市场信息、解决问题和共同制订销售计划。首先,通过定期会议,双方可以交流信息、解决问题和制定销售计划,确保合作伙伴的参与和意见得到充分考虑。市场信息的及时共享有助于双方了解市场环境,制定适应性强的销售策略。其次,创业企业应积极响应合作伙伴的问题和反馈,并提供支持和解决方案,与合作伙伴共同制定企业的销售计划,提高销售效率和成果。

三、渠道整合策略

通过整合渠道,企业可以有效整合线上线下渠道、实体店和电子商务平台等,实现多渠道销售和统一的品牌传播，以提升销售效果和顾客满意度。

1. 线上线下融合策略

创业企业的线上线下渠道融合策略，旨在通过整合这两个渠道的优势，提供无缝的顾客体验，并增强品牌竞争力。这种策略通常包括几个方面，如数据整合、服务一致性和跨渠道营销。

以一家新兴的健康食品公司为例，该公司通过线上商店和社交媒体平台推广其产品，同时收集顾客的购买数据和偏好。利用这些数据，公司可以在线下实体店或临时摊位中提供定制化的健康食品方案，满足顾客的个性化需求。此外，顾客在线下体验产品后，可以通过手机扫描二维码直接在线上完成购买，实现线上线下的无缝连接。综上所述，这家公司通过线上线下渠道融合策略，不仅提升了顾客体验，还增加了销售机会，提高了品牌影响力。

2. 多渠道协同策略

创业企业的多渠道协同策略旨在通过整合线上、线下、社交媒体等多个销售渠道，实现资源共享、数据互通和客户体验的一致性。这种策略可以帮助企业扩大市场覆盖、提升品牌影响力，并优化顾客服务。

以某初创服装品牌为例，该品牌通过电商平台、实体店和社交媒体进行销售。它利用线上数据分析顾客偏好，然后通过线下店铺提供个性化搭配建议。同时，在社交媒体上与时尚博主合作，举办线上活动，推广限量款服装，并通过线下店铺提供试穿和购买服务。此外，品牌还通过线上渠道收集顾客反馈，用于改进产品设计和库存管理。综上所述，这种多渠道协同策略不仅提升了顾客的购物体验，还增强了品牌的市场竞争力，实现了线上线下的互补与共赢。

3. 合作伙伴整合策略

创业企业的合作伙伴整合策略是指与供应商、分销商、技术提供商等合作伙伴建立紧密的合作关系，共同开拓市场、降低成本、提高效率和创新能力。这种策略可以帮助企业更好地利用外部资源，实现快速发展。

一家初创的智能家居设备公司通过与房地产开发商合作，将智能家居系统作为新房的标准配置，从而扩大了其产品的市场覆盖。同时，该公司还与物流公司合作，实现了产品的快速配送和安装服务。此外，它还与技术提供商合作，不断升级产品功能，提高用户体验。综上所述，这种合作伙伴整合策略不仅提升了企业的市场竞争力，还加速了产品创新和品牌建设，为企业带来了长期的商业利益。

4. 物流与配送整合策略

创业企业的物流与配送整合策略是指通过优化供应链管理、提高物流效率和降低成本，以实现产品快速、准确、高效地送达消费者手中的一系列措施。这种策略对于提升客户满意度、扩大市场份额至关重要。

一家初创的生鲜电商公司通过建立自己的冷链物流系统，确保了生鲜产品从供应商到消费者手中的新鲜度和品质。同时，该公司还与第三方物流公司合作，实现了订单的快速配送,满足了消费者对即时送达的需求。此外,该公司还利用大数据分析预测市场需求,优化了库存管理,减少了库存积压和产品损耗。综上所述,这种物流与配送整合策略不仅提升了企业的物流效率,还增强了客户对品牌的忠诚度,为企业带来了持续的增长动力。

5. 数据驱动决策策略

创业企业的数据驱动决策策略是指通过收集、分析和应用大量数据来指导企业决策,以实现市场预测、产品优化、客户细分和个性化营销等目标。这种策略可以帮助企业在复杂多变的市场环境中做出更加精准和高效的决策。

一家初创的在线教育公司通过收集用户的学习行为数据,分析了用户对不同课程内容的兴趣和学习效果。随后根据这些数据分析结果,公司优化了课程设计,提供了更加个性化的学习建议,并针对不同用户群体推出了定制化的营销活动。此外,该公司还利用大数据分析预测了市场需求,合理规划了课程开发计划。综上所述,这种数据驱动决策策略不仅提升了企业的市场敏感度,还增强了产品和服务的竞争力,为企业带来了更高的市场占有率和利润率。

案例分析

戴森:"多渠道"全面开花

戴森于2006年第一次进入中国市场,并在南京建立了电机工程基地。但2008年戴森就放弃了内地市场,仅通过代理商捷成进军中国香港地区市场。而在四年后,戴森于2012年第二次正式进入中国市场,并于2014年在全国大范围开设门店,同时布局电商市场,这个时候营收才初见规模。

但戴森前期在中国市场依然没有掀起太大水花,当时销售产品以地面清洁和环境净化为主。直到2016年吹风机Supersonic在中国发售,戴森凭借个护产品在中国开始大放异彩。在随后的三年,戴森保持双位数的增长速度,并在2019年仅中国区就贡献了超100亿元的流水。

从其建立的线下渠道而言,戴森成立了社区渠道。由于戴森中国团队的核心成员不少人来自欧莱雅集团,所以,戴森打造的专业造型师社区套用了欧莱雅集团在美业渠道上的打法。戴森将超一线、一线的高端美发场所的造型师视为与消费者建立互动的专业沟通渠道。利用专业造型师的讲解和演示,自然植入戴森产品。在此基础上,戴森也是3C电器行业第一个做快闪的品牌。戴森的线下路演活动可用"地毯式轰炸""撒网式扩张"来形容。据增长黑盒统计,在疫情前,戴森平均每年在全国各大城市会举行300场路演,平均每年营销花费在6 000万元左右。而在线上渠道的推广中,戴森也十分注重内容营销,戴森也是最早一批注重内容营销的3C电器品牌。无论是2014—2015年的公众号,还是2018年的小红书,戴森都是最早入局的品牌之一。在各大新型电商平台上,戴森通过短视频以及博主"种草"等方式进行自身产品的宣发和推广,由此进一步打开知名度,大幅提升销量。

资料来源:

https://maimai.cn/article/detail?fid=1747518648&efid=U_1tY-rA8kacyiknaPYSJw.

问题讨论:

1. 戴森采用的全渠道战略是什么?其优势有哪些?
2. 创业企业若选用全渠道策略,则应当注意哪些方面?

本章小结

对于创业企业来说,得渠道者得市场,渠道打不通,创业不可能成功。现在的营销渠道多种多样,既有线上渠道又有线下渠道,创业企业唯有了解现代渠道的特征及设计原则,才能打造属于自己的营销渠道。

创业企业渠道特征主要包括渠道长度短、宽度窄和创新性强,这些特征有助于企业快速将产品推向市场,获取市场反馈,并提升市场竞争力。在渠道设计上,企业应遵循目标导向、灵活性、成本效益和用户体验等原则,通过市场研究、确定渠道目标、选择渠道类型和成员、设计渠道结构以及制定渠道策略等步骤,构建出符合自身实际的渠道体系。在创业企业的线上渠道方面,本章介绍了传统电商渠道策略、社交电商渠道策略和直播电商渠道策略。传统电商渠道如淘宝、天猫和京东等,具有稳定的用户基础和成熟的运营模式,但创业企业在选择时需要考虑平台匹配度、成本与资源等因素。社交电商渠道则强调社交属性和内容分享,通过拼多多和小红书等平台,企业可以利用社交工具的传播力,快速建立品牌影响力并实现销售增长。直播电商渠道是新型营销渠道的重要形式,以其独特的互动性和娱乐性,成为现代电商营销的重要组成部分。尽管互联网营销日益盛行,但线下渠道依然以其独特的互动性和体验性保持着顽强的生命力。线下渠道主要阐释了经销商渠道策略、线下终端销售渠道策略和连锁及加盟渠道策略。

创业企业的渠道整合策略关键在于通过优化组合不同销售和分销途径来增强市场竞争力和提高市场覆盖率,包括选择合适的直销与间接销售渠道,以及在线下和线上渠道之间找到平衡点,以实现渠道资源的有效配置,进而提高企业的市场渗透率和顾客满意度。

复习思考题

1. 创业企业的渠道特征及设计原则是什么?
2. 创业企业的社交电商渠道和直播电商渠道策略是什么?
3. 创业企业的线下渠道有哪些类型,分别包括哪些种类?
4. 创业企业的渠道整合策略是什么?

第十章 创业企业的传播策略

学习目的

通过学习本章内容,应该掌握:

1.创业企业整合营销传播的策略

2.创业企业传统媒体的类型与传播策略

3.创业企业新媒体的类型与传播策略

4.创业企业全域流量运营的传播策略

【开篇故事】

卷皮电商:一场《舌尖》擦边式的传播

在激烈的营销大战中,一家并不算太知名的电商——卷皮另辟蹊径,从一部看似名不见经传的小吃视频运作开始,将平价、品质、生活的故事娓娓道来。

电商"卷皮"与贵州小吃"卷皮"同名。小吃卷皮具有好吃、管饱、不贵的特点,与卷皮的平价消费理念和生活主张契合。为打响品牌知名度,视频拍摄采用了《舌尖上的中国》的方式,包括镜头、画风等都有几分神似。同时,贵州本地媒体、草根大号的初步投放契合了受众对卷皮的贴近性和乡土心理,成为视频传播的第一锚点。

在贵州当地形成初步热度之后,通过《舌尖上的中国》总顾问沈宏非等美食、生活类大号的传播,卷皮开始突破地域局限,将话题从贵州小吃引向全国范围,形成一个更加社会化、更有拓展性的传播话题。通过第三方渠道引爆话题形成热度之后,卷皮官方借势传播自己的品牌和活动信息,将话题热度从小吃、生活向消费电商转移,开始投放效果化的TVC品牌广告。广告投放也非常精准,主要集中于三四线城市,目前累计200多个城市,既实现了品牌规模效应,又有效触达了卷皮核心用户群体。与此同时,外围传播也同步开始向品牌活动信息溢出上转移,比如《楚天都市》报揭晓卷皮视频真相;自媒体壹读《国民小吃的标准是什么》深度解读、诠释小吃与卷皮的品牌共性;知乎关键意见领袖(Key Opinion Leader,KOL)从行业专业度上讨论卷皮平价零售模式。至此,通过多层次、多维度的精准传播,形成了完整的话题闭环,卷皮凭借独特有效的传播,品牌也真正立起来了。

资料来源: https://www.digitaling.com/projects/20961.html。

营销感悟:

  卷皮作为一家新兴创业公司,单纯从流量和话题效应看,其营销更像是慢热、费力的品牌运动,效果未必像其他追求一夜爆红的公司那样来得快,但它在品牌打造上探索出了新的路径,即更加注重长远品牌价值塑造,这对于其他创业公司来说也是有益的启示。

第一节 创业企业的整合营销传播

  整合营销传播是一种协同各种营销传播手段来确保企业信息的一致性和最大化传播效果的方法。本节将介绍整合营销传播的核心概念、特征以及传播策略,帮助创业企业了解如何制定和执行整合营销传播计划,提高整体市场绩效。

一、整合营销传播概述

  整合营销传播作为现代营销的重要手段,能助力创业企业在竞争激烈的市场中脱颖而出。

(一)整合营销传播的含义

  整合营销传播(Integrated Marketing Communication,IMC)是现代营销策略中至关重要的概念,其核心在于通过确保所有的营销和传播活动在品牌信息、语言和视觉表达上保持一致性,从而最大化传播效果。该策略强调不同营销渠道如广告、公关、促销、直接营销和数字营销之间的协同作用,以实现更有效的沟通和更强的品牌影响力。

  整合营销传播要求营销者精准地定位目标市场和受众群体,然后通过多渠道整合的方式,使用各种营销渠道和工具,覆盖更广泛的受众。此外,它鼓励消费者参与和互动,建立双向沟通,利用数据分析来评估营销活动的成效,并根据数据调整策略。这种策略不仅可以增强品牌认知度,提升客户忠诚度,还能提高营销效率和效果,更好地满足消费者需求。

(二)整合营销传播的特征

  有别于"以产品为中心"的传统营销理论,整合营销传播关注的是顾客的意愿。在解决向谁传播、传播什么、怎么传播、在何时何地传播等营销难题上,整合营销传播展示了如下特征。

1. 传播信息一致性

整合营销的核心是传递一致的品牌信息，无论是通过广告、公关、促销还是数字营销等渠道。这种一致性确保消费者无论在哪个接触点接触到品牌，都能接收到相同的信息，从而增强品牌的识别度和信任感。

2. 目标受众为核心

整合营销传播的出发点为以顾客为核心，有效的整合营销传播策略需要明确定义目标受众。通过市场研究和数据分析，企业可以了解目标受众的需求、偏好和行为模式，从而更精准地定制营销信息，确保传播活动的相关性和有效性。

3. 多渠道的整合性

在整合营销传播的过程中，使用多种营销渠道和工具是常态。这包括传统媒体、社交媒体、事件营销等，以覆盖更广泛的受众。各个渠道之间的协同作用是关键，确保每个渠道都为传递整体品牌信息做出贡献。整合营销传播主张整合多种触点。

4. 互动性和数据驱动

整合营销传播鼓励消费者参与和互动，建立双向沟通，如通过社交媒体互动或客户反馈调查。它能够使消费者与厂商达到双赢的境界，增加品牌和用户的全渠道触点，使营销的核心从交易走向关系。

总体来说，整合营销传播的特征强调了一致性、目标受众的精确定位、多渠道的整合使用以及互动性和数据驱动的策略，这些都是为了构建一个一致、有效和高效的营销传播体系。

二、创业企业的整合营销传播策略

整合营销不仅是市场推广的有力工具，更是创业者把握市场脉搏、了解消费者需求的关键途径，对于创业企业的成功发展至关重要。

（一）数字化整合营销传播

数字化整合营销传播策略是一种将各种数字营销工具和手段整合起来，以实现统一、协调的品牌传播目标的方法。其核心思想在于通过数字化技术，如社交媒体、内容营销、搜索引擎优化等，将品牌、消费者和产品信息进行精准、高效、个性化的传播。

茶饮品牌"元气森林"凭"0糖0脂0卡"苏打水，精准俘获新生代。其跨界赞助综艺、游戏，覆盖青年兴趣领域，塑造活力运动形象。该品牌由于产品独特而成为社交新宠，在细分市场称王。它运用互联网思维运营饮料，其数字化团队结合外部数据，能洞察市场先机，精准推广铺货，持续引领饮品潮流。在数字经济时代，元气森林的成功经验是它在数字化转型、客群定位、内容、渠道与供应链上的布局。

数字化整合营销传播策略是当前企业实现品牌传播和营销目标的重要手段。通过精准定位目标受众、创造有价值的内容、利用多种数字营销工具进行跨渠道传播，企业可以更加高效地与消费者进行互动和沟通，提升品牌的知名度和忠诚度。

(二) 横向整合营销传播

横向整合营销传播是将不同形式的传播手段和渠道进行无缝衔接,以实现整体传播效果的最大化。它打破了传统营销的界限,将线上线下、广告宣传、公关活动、社交媒体等多种渠道融合在一起,形成互补和提升的整体传播效果。

横向整合营销传播强调触点整合,迪士尼就成功地运用了此策略。其通过电影与主题公园、影视剧与消费品、社交媒体与移动应用及活动等多维度整合,全方位触达消费者。迪士尼不仅传递品牌价值观,提供优质服务与独特游乐体验,还通过门票、餐饮及纪念品销售创收,同时,利用电视节目拓展品牌影响力,带动消费品销售。在社交媒体与移动应用上,迪士尼积极互动,开设多平台账号,举办活动以增强粉丝黏性。这一系列策略有效整合了消费者触点,提升了品牌影响力和市场渗透力。

(三) 纵向整合营销传播

纵向整合营销传播是一种基于时间轴线的整合策略,旨在通过服务流程的时间顺序来系统地设计和实施营销活动,以实现产品价值的最大化。该策略强调从客户需求出发,通过市场调研、产品开发、营销推广等各个环节的紧密衔接,确保品牌及价值链的效能得到充分发挥。其具有系统性、客户导向性、动态调整性的特点。

以某新兴在线教育平台为例,该平台通过市场调研确定目标客户群体为K12阶段的学生及家长。随后,该平台开发了一系列高质量的在线课程,并借助社交媒体和线上论坛进行宣传。在营销推广过程中,平台注重与用户的互动,通过线上答疑、学习社群等方式,建立稳定的用户关系,提升用户黏性和忠诚度。同时,平台还根据用户反馈不断优化课程内容和服务体验,确保满足用户需求。经过一段时间的运营,该平台迅速在市场上崭露头角,吸引了大量用户注册和学习,成为在线教育领域的佼佼者。

纵向整合营销传播策略为创业企业提供了系统化、客户导向且动态调整的营销框架。通过明确目标客户、建立客户导向的信息资料库、依托多渠道进行互动传播以及定期评估和优化传播效果,创业企业可以更有效地提升品牌知名度和市场竞争力。

第二节 创业企业的传统媒体传播

一、传统媒体传播的特点

传统媒体传播指的是通过历史悠久的大众传播媒介,如报纸、杂志、广播和电视等,向社会公众发布信息、新闻和娱乐内容的过程。传统媒体传播的特点可以从以下六个方面来阐述。

(一) 单向传播

传统媒体的信息传播通常是单向的,即从媒体到受众。这种传播方式限制了受众的即时反馈,使得媒体难以实时调整内容以满足受众的需求。

（二）固定形式

传统媒体的内容呈现形式相对固定,如报纸的版面安排、广播和电视的固定播出时段。这种形式的规范性在一定程度上保证了信息的权威性和专业性。

（三）时间限制

传统媒体的传播受到时间的限制。例如,报纸和杂志的出版周期决定了信息的时效性,广播和电视节目的播出时间则影响了受众的接收。

（四）空间覆盖

传统媒体的传播范围受到地理空间的限制。报纸和杂志的发行范围、广播和电视的信号覆盖区域都限定了其影响力的边界。

（五）受众特定

传统媒体通常针对特定的受众群体进行内容设计,这在一定程度上限制了其广泛的受众基础。受众的选择也较为被动,通常只能接受媒体提供的有限内容。

（六）互动性缺失

传统媒体与受众之间的互动性较弱,受众很难及时向媒体反馈自己的需求和意见,这使得传统媒体难以迅速调整传播策略以适应市场变化。

总的来说,传统媒体传播虽然面临着诸多挑战,但其独特的优势仍然不可忽视。通过合理利用新技术和新平台,传统媒体有望在新的信息传播环境中继续发挥重要作用。

二、传统媒体传播的类型

传统媒体传播的类型主要包括报刊、广播、电视和电影等媒体形式。传统媒体在实际中仍然具有巨大的影响力和传播力度,创业企业应该好好利用传统媒体进行营销推广传播。

（一）报刊媒体

报刊媒体,包括报纸和杂志,是传统媒体中的重要组成部分。报纸以其时效性强和覆盖面广的特点,成为创业企业进行信息传播和品牌推广的有效工具。

创业企业可以通过发布新闻稿、专访或案例分析等方式,在报纸上展示其业务模式、产品特色或企业文化。报纸的权威性和可信度有助于提升企业形象,增加公众对企业的认知度。

杂志则更加专业化和针对性,适合特定行业或领域的创业企业。通过在相关行业杂志上投放广告或撰写专业文章,企业可以直接触及目标客户群体,建立专业形象。

此外,创业企业还可以利用报刊媒体的读者反馈机制,收集市场信息,及时调整传播策略。

（二）广播媒体

广播媒体包括调频(FM)和调幅(AM)广播,是传统媒体中的重要组成部分。广播媒体凭借其即时性、覆盖面广和便捷性,成为创业企业进行信息传播和品牌推广的有效工具。

创业企业可以通过购买广播广告时段,播放创意广告来吸引听众的注意力。广告内容可以包括企业的核心价值、产品特点或促销信息。例如,某健康食品创业企业,可以针对关心健康生活的听众群体,在广播节目中投放广告,介绍其产品的独特卖点和健康益处。企业还可以与广播电台合作,举办健康讲座或产品试用活动,吸引听众的参与和关注。

此外,创业企业还可以选择赞助特定的广播节目或活动,通过与节目内容的关联,提升品牌形象,并建立与目标受众的情感连接。

(三) 电视媒体

电视媒体是一种具有强大视觉冲击力和广泛覆盖的传统媒体。通过图像和声音的结合,电视可以生动地传递信息,对创业企业来说,这是一种极具吸引力的推广方式。

例如,一家新兴的智能家居产品公司可以通过电视广告展示其产品的智能功能和用户友好性。通过精心制作的短片,展示产品如何简化日常生活,这些广告可以在黄金时段播放,以达到最大的观众覆盖。此外,企业还可以选择赞助相关的电视节目或纪录片,这些节目的主题与公司的业务相关联,从而提升品牌形象并吸引更多潜在客户。

(四) 电影媒体

电影媒体是一种具有极高娱乐价值和文化影响力的传统媒体,也是传统媒体的一部分。通过故事叙述和视觉特效,电影能够吸引大量观众,为创业企业提供一个独特的推广平台。

例如,一家新兴的环保科技公司可以与电影制片方合作,在电影中植入其环保产品或理念。这种方式不仅能增加品牌的曝光度,还能借助电影的情节和主题强化品牌形象。此外,企业还可以选择赞助电影节或电影相关的活动,通过这些文化活动来提升品牌形象,并与目标受众建立更深层次的联系。

总的来说,通过精心策划的电影植入和品牌合作,创业企业可以利用电影媒体进行有效的传播推广,从而提升品牌知名度和影响力。

三、创业企业的传统媒体传播策略

创业企业的传统媒体传播策略是其整体市场推广计划的重要组成部分。以下从五个方面阐述传播策略。

(一) 广告投放

创业企业可以选择在电视、广播、报纸等传统媒体上投放广告。例如,一家新成立的健康饮品公司可以在地方电视台的黄金时段播放其产品广告,以吸引目标消费者的注意力。

(二) 公关活动

通过新闻稿和媒体事件,创业企业可以建立公众形象并提高品牌知名度。比如,一家科技公司可以举办一场新产品发布会,邀请行业媒体和记者参加,以获取新闻报道。

（三）内容营销

创业企业可以创建有价值的内容，如专题文章、白皮书或报告，并在报纸、杂志等印刷媒体上发布。例如，一家金融服务提供商可以在行业杂志上发布关于投资趋势的分析报告，以展示其专业知识。

（四）合作与赞助

通过赞助或参与传统媒体举办的活动，创业企业可以增加品牌曝光度。例如，一家运动装备制造商可以赞助本地体育赛事，并在活动现场设置展位，以接触潜在客户。

（五）直接营销

利用邮寄广告、传单、目录等直接营销工具，创业企业可以直接触达消费者。例如，一家新开业的餐厅可以向附近居民发放优惠券，邀请他们来体验美食。

总的来说，这些策略可以帮助创业企业在传统媒体上建立品牌形象，扩大市场影响力，并与目标消费者建立联系。

第三节　创业企业的新媒体传播

一、新媒体传播的特点

新媒体传播利用数字媒体平台如社交媒体、抖音、小红书等进行信息传播。这种传播方式具有互动性、即时性、个性化和去中心化的特点，极大地改变了信息的传播方式和接收模式。新媒体传播的特点主要体现在以下四个方面。

（一）即时性与全覆盖性

新媒体的即时性与全覆盖性意味着信息可以在极短的时间内迅速传播至全球任何一个角落。这一特性得益于互联网和移动通信技术的广泛应用，让信息传递不再受时间和地域的限制。例如，当一起重大新闻事件发生时，人们在几秒钟之内就可以通过社交平台如微信、小红书等看到现场图片和相关描述，而传统媒体可能还在收集信息和准备报道的过程中。这种快速的信息传播有助于紧急情况下的即时反应和援助。

（二）交互性与参与性

新媒体区别于传统媒体的一个显著特点是其高度的交互性和参与性。新媒体平台如社交网络、博客和论坛，都允许用户直接参与内容的创造、评论和分享。用户不再是被动接收信息的一方，而是变成了信息的传播者和讨论者。比如抖音允许用户上传自己的视频内容，其他用户可以评论、点赞或分享，形成了社区互动。这种参与性使得信息传播变得更加民主化和多元化。

（三）个性化与定制化

新媒体为用户提供了极大的个性化空间，用户可以根据自己的喜好来选择接收什么样的信息,甚至可以通过算法推荐得到量身定制的内容。搜索引擎和社交媒体都具备这样的功能,如抖音的个性化搜索结果和网飞的个性化电影推荐。这种个性化体验不仅让用户更加满意,也极大地提高了内容的使用效率和精准度。

(四) 数字化与网络化

新媒体的另一个重要特点是数字化和网络化。所有的信息都被转化为数字格式在网络上传播,这使得新媒体具有极高的存储容量和传输效率。同时,新媒体的运营依赖于各种在线平台和服务,如云计算、大数据分析等。这些技术的应用使得新媒体可以提供丰富的多媒体内容,比如流媒体服务如 Spotify 允许用户在线听音乐,而且能够根据用户的听歌习惯推荐歌曲,提供个性化的音乐体验。

二、新媒体传播类型

新媒体传播按照媒体形态和技术手段可以划分为社交媒体、内容平台、新闻网站、在线视频平台以及直播平台。新媒体传播提供了前所未有的广泛覆盖、高效互动和低成本推广的优势,能够帮助创业企业迅速触达目标受众,提升市场认知度。

(一) 社交媒体传播

脸书、推特、照片墙、微博、微信、抖音(TikTok)等社交媒体平台具有多元化、快速传播、内容形式多样、数据驱动、互动性和实时性等特点,是用户发布内容、与他人互动的重要渠道。社交媒体传播为创业企业提供了丰富的营销工具和策略选择。

创业企业可以通过制定有针对性的内容策略,发布高质量、有价值的内容来吸引目标受众的注意,同时,积极与用户互动,回复评论、私信,参与话题讨论,建立稳固的用户关系。此外,创业企业还可以与社交媒体上的意见领袖或网红合作,借助他们的影响力来扩大品牌曝光度。

例如,加拿大运动休闲品牌露露乐蒙不仅鼓励用户生成内容(UGC),还与国际知名健身网红合作,借助其庞大的粉丝基础扩大品牌影响力。同时,露露乐蒙在社交媒体上积极互动,与粉丝建立紧密联系,传递品牌理念,通过巧妙的社交媒体传播策略成功火遍全球。

综上所述,社交媒体传播为创业企业提供了一个低成本、高效率的营销渠道,有助于它们在竞争激烈的市场中脱颖而出。

(二) 内容平台传播

内容平台传播包括知乎、小红书、哔哩哔哩(Bilibili)、优兔(YouTube)等平台,专注于提供各种形式的内容(如文章、视频、播客等)。用户不仅可以消费内容,还可以创作和分享内容,每个平台都以其独特的内容生态和用户群体著称。

创业企业可以制定内容营销策略,创作高质量、有价值的内容,以吸引用户关注和互动;同时,利用平台提供的工具和资源,如知乎的专栏、小红书的种草笔记和优兔的视频广告等,进行精准投放和品牌推广,提升品牌口碑和忠诚度。

例如,朱栈(RED CHAMBER)通过精准的内容营销策略在小红书上迅速走红。该品牌邀请了众多知名美妆博主和关键意见领袖进行产品试用和分享,在小红书种草笔记上发布了大量高质量的美妆教程和心得体会。朱栈还积极参与小红书的社区活动,与用户进行互动和交流。

创业企业可以通过持续的内容传播和营销努力,在内容平台上积累大量的忠实粉丝和良好口碑,一步步实现品牌的快速崛起和市场份额的快速增长。

(三)新闻网站传播

新闻网站提供新闻和信息,以权威性、即时性、全球视野和丰富内容著称。它们不仅提供24小时不间断的新闻更新,确保用户获取最新资讯,还以深度报道和评论分析见长,展现新闻事件的全貌和背景。它们可以是传统媒体的在线版本,也可以是专门为数字时代设计的新闻源。

创业企业可以充分利用新闻网站的权威性和广泛影响力,通过发布高质量的新闻稿、专访、深度报道等内容,提升品牌的知名度和美誉度。企业还可以与新闻网站合作,参与其专题报道或访谈节目,增加品牌曝光度。

例如,一家互联网公司定期在新闻网站上发布高质量的新闻稿,内容涵盖产品发布、技术创新、市场动态等多个方面。同时与英国广播公司新闻图(BBC News)、CNN、腾讯新闻、今日头条等国内外知名新闻网站建立了合作关系。通过新闻网站的传播,该公司的品牌知名度得到了显著提升。

新闻网站作为权威能够帮助创业品牌迅速提升知名度和信誉度。因此,创业品牌应积极利用新闻网站传播策略,以加速品牌成长和市场拓展。

(四)在线视频平台传播

在线视频平台传播有网飞、葫芦(Hulu)、优酷、爱奇艺等平台,主要提供电影、电视剧和其他视频内容的点播服务。这些平台具有丰富的内容库、高清流畅的播放体验、个性化的推荐系统以及跨平台观看的便捷性。

创业企业可以通过制作高质量的视频内容、开展创意营销活动、与平台合作推广等方式,提升品牌知名度和用户黏性。创业企业不仅可以制作与品牌形象相符的短视频、宣传片或微电影,展示产品特点、企业文化或行业知识,还可以利用平台提供的广告资源、内容合作或活动赞助等方式,扩大品牌曝光度。例如,完美日记通过制作精美的美妆教程、开箱评测、产品试用等视频内容,吸引了大量年轻用户的关注和喜爱。同时,该品牌还与知名美妆博主、网红合作,通过直播、短视频等形式进行产品推广,进一步扩大了品牌影响力。

相比传统广告渠道,利用在线视频平台传播成本更低、效率更高,尤其适合资金有限的创业企业,能够以最小的投入获得最大的市场回报。

(五)直播平台传播

直播平台,如图奇(Twitch)、斗鱼、虎牙,具有实时互动性强、受众覆盖面广,以及内容多样化的特点。这类平台不仅为用户提供了即时观看游戏直播、电竞比赛、才艺展示等丰富内容的渠道,还通过弹幕、礼物打赏、主播与观众实时交流等功能,构建了高度参与和沉浸式的观看体验。

创业企业可以通过精心策划直播内容,如产品演示、使用教程、创始人访谈、行业分享等,展现企业特色和价值主张。同时,利用直播平台的互动功能,积极与观众互动,收集反馈,建立社群关系。此外,邀请知名主播进行产品体验直播,借助其粉丝基础快速扩大曝光度和影响力。通过持续高质量的内容输出和有效的互动策略,创业企业可以在直播平台上构建独特的品牌形象,吸引并留住潜在客户。

三、创业企业的新媒体传播策略

新媒体传播对于创业企业来说是一个不可忽视的领域,有效的新媒体传播策略可以帮助企业快速建立品牌知名度和市场影响力。

(一)内容营销传播策略

内容营销传播是一种通过创造、发布和分享有价值、相关性强且持续一致的内容来吸引、获取和保留目标受众的传播策略。其特点在于"内容为王",强调以高质量的内容为核心,而非直接推广产品或服务。同时,通过多渠道分发,如社交媒体、博客、视频平台等,实现广泛而深入的传播。

创业企业在资源有限的情况下,更应灵活运用内容营销来突破市场壁垒。首先,明确目标受众,深入洞察其需求与偏好,制定定制化内容策略。以小红书为例,作为一个新兴的社交电商平台,小红书围绕"发现美好生活"的核心理念,鼓励用户分享购物心得、生活方式、美妆技巧等内容,形成了丰富多样的UGC(用户生成内容)生态。

内容营销传播策略是创业企业与用户建立连接、传递品牌价值的重要手段。通过创造高质量的内容并采取多渠道传播策略,企业能够提升品牌知名度,建立行业地位,并驱动销售增长。

(二)KOL合作传播策略

KOL合作传播策略具体指的是企业通过与在特定领域拥有高影响力、高粉丝基数和高度信任度的个人或团体(KOL)合作,借助其平台发布内容或推荐产品,以达到品牌曝光、产品推广、用户引导及市场渗透的目的。

创业企业在运用KOL合作传播策略时,应明确品牌定位与目标受众,并据此筛选与之匹配的KOL;制定合作方案,包括合作形式(如直播带货、内容植入、话题挑战等)、内容策划及预期效果;随后,进行深入的沟通与协商,确保双方理念一致并签署合作协议。通过这一系列的步骤,创业企业能有效利用KOL的影响力和粉丝基础。

以完美日记为例,完美日记与多位美妆领域的知名博主、网红合作,通过直播试色、化妆教程、产品推荐等多种形式,将产品巧妙融入内容之中,吸引了大量年轻消费者的关注与购买。此外,完美日记还注重与KOL共创内容,邀请他们参与产品设计、包装等环节,增强了品牌的参与感和归属感。这一系列的策略不仅让完美日记在短时间内获得了巨大的曝光量和用户增长,还成功塑造了品牌年轻、时尚、高性价比的形象。

总结而言,KOL合作传播策略以其高效、精准、信任传递的特点,成为创业企业快速打开市场、提升品牌影响力的有效途径。通过精准定位KOL、制定合理合作方案、紧密监控执行效果,创业企业能够有效利用KOL的影响力,加速品牌成长。

(三) 直播间推广传播策略

直播间推广传播指利用在线直播平台,通过实时互动、产品展示、优惠促销等手段,直接向观众传递品牌信息,促进销售转化。其特点在于即时性强、互动性好、转化率高,能迅速聚集人气并激发购买欲望。

创业企业可以将品牌信息、产品特点等直接展示给观众,提高品牌知名度和曝光度,通过与有影响力的主播合作,借助其粉丝基础扩大品牌的影响力。创业企业首先需构建专业且吸引人的直播场景,邀请知名主播或培养自有KOL进行直播,结合产品特性设计趣味互动环节,利用限时折扣、赠品等促销手段刺激购买。同时,利用社交媒体预热直播,引导流量,并在直播后持续跟进,转化潜在顾客。例如,新东方推出东方甄选直播间,以直播带货的形式向消费者推荐优质产品。东方甄选直播间通过优质内容创作、明星主播效应、互动体验营销和跨平台推广等策略,成功吸引了大量观众参与并推广了优质产品。

综上可知,直播间推广传播策略以其即时性、互动性和高效转化率,成为创业企业传播推广的重要选择。通过精心策划的直播内容、合适的KOL合作及有效的流量引导,企业能够迅速吸引目标受众,促进产品销售,为品牌成长注入强劲动力。

(四) 短视频传播策略

短视频传播是指利用时长较短、内容精练、适合碎片时间观看的视频内容,通过各大社交媒体和短视频平台进行信息传播和品牌推广的策略。其特点主要包括"短平快"的传播效率、碎片化传播以及强大的用户黏性。

以博主"日食记"为例,该账号通过发布有温度、治愈的美食内容,成功吸引了大量年轻用户关注。日食记建立了自有品牌并打造爆品,形成了内容创造、产品、品牌营销渠道、供应链的完整闭环生态。这种垂直化内容创作和长远营销规划的策略,使得日食记在短视频领域脱颖而出。

创业企业在运用短视频传播策略时,应首先明确目标受众和内容定位,确保内容与品牌或产品紧密相关且具有吸引力。然后通过创意制作,运用影视剪辑、特效处理、音效配乐等手段提升视频质量,使其更具感染力和观赏性,从而实现品牌曝光度和用户影响力的最大化。

第四节 创业企业的全域流量运营

在当今竞争激烈的商业环境中,创业企业需精准把握全域流量运营之道。本节将深入探讨线上与线下融合、公域与私域流量互通、内容与社交交互、引流与转化激活、留存与裂变增长五大策略,助力企业构建全方位、高效能的流量生态体系。

一、线上与线下融合传播策略

线上与线下融合传播策略,是企业在营销活动中将互联网平台的广泛覆盖与线下实体店的亲身体验相结合,形成互补优势,共同推动品牌信息的传播与渗透。这一策略打破了传统营销的界限,通过多渠道、多维度的互动,实现了信息的无缝对接与高效传播。

瑞幸咖啡就打造了一个完美的流量闭环。它巧妙地将线上与线下融合传播策略应用于实际运营中,迅速赢得了市场的广泛认可。瑞幸咖啡通过线上 App 提供便捷的咖啡订购、会员积分、优惠券领取等服务,同时在线下布局大量精致门店,为用户提供舒适的休闲空间与高品质的咖啡体验。在线上与线下融合的过程中,瑞幸咖啡不仅提升了品牌知名度与美誉度,还实现了销售额的快速增长。其成功之处在于,将线上流量有效转化为线下消费,同时利用线下体验促进线上口碑传播,形成了良性循环的营销生态。

线上与线下融合传播策略为创业企业提供了广阔的发展空间与无限可能。通过精准定位目标受众、整合线上与线下资源、注重用户体验与数据驱动,企业能够构建出独具特色的营销体系,实现品牌与市场的双赢。

二、公域与私域流量互通传播策略

公域与私域流量互通传播策略,是指企业在营销过程中,通过有效整合和利用来自第三方平台(如搜索引擎、社交媒体等)的公域流量,以及企业自身拥有的私域流量(如用户数据库、社交媒体粉丝等),实现两者之间的无缝对接和高效转化。这一策略的特点在于能够最大化地利用不同来源的流量资源,提升品牌曝光度和用户转化率。

名创优品在公域方面,通过社交媒体平台、搜索引擎优化等方式吸引大量潜在用户关注;同时,品牌与网红、KOL 合作,扩大品牌的影响力。在私域方面,名创优品建立了自己的官网、App、小程序等渠道,收集用户数据并构建用户画像。通过定期推送优质内容、举办社群活动、提供专属优惠等方式,增强用户的黏性和忠诚度。此外,名创优品还注重 IP 化和标签精细化运营,通过创造独特的 IP 形象和精细化的社群标签组合,实现精准营销和深度运营。这些措施共同推动了名创优品在市场上的快速崛起和持续发展。

由上述例子可知,公域与私域流量互通传播是企业在互联网营销中的重要手段之一。通过有效整合和利用不同来源的流量资源,企业可以实现品牌曝光度和用户转化率的双重提升。

三、内容与社交交互传播策略

内容与社交交互传播策略是通过创造高质量、有吸引力的内容,并结合社交媒体平台的互动特性,以实现信息的广泛传播和深度渗透。该策略的核心在于内容的创新性和社交媒体的即时互动性。其特点包括实时、个性化、互动性、多媒体化。

以腾讯游戏《王者荣耀》为例,该游戏通过内容与社交交互传播策略成功吸引了大量用户。通过与热门IP合作,推出限定皮肤,不仅增加了游戏的趣味性和话题性,还激发了用户的购买欲望。此外,《王者荣耀》还积极利用社交媒体平台进行内容营销,发布游戏攻略、赛事直播等内容,吸引了大量关注和讨论。

综上所述,内容与社交交互传播策略不仅能够帮助创业企业以更低的成本、更广的覆盖面实现信息的快速传播,还能够通过个性化的内容和互动性的体验提升用户的黏性和品牌的忠诚度。

四、引流与转化激活传播策略

引流就是获得顾客,转化就是要将流量化为己有。引流与转化激活传播策略是一种系统性的市场营销方法,旨在通过多渠道、多形式的内容营销、社交媒体互动、广告投放等手段,吸引目标用户群体关注并引导其转化为实际消费者,同时激活用户传播,形成口碑效应和病毒式传播。其特点是通过高质量内容吸引关注,利用社交媒体和广告平台实现高效引流,结合个性化推荐和促销活动提升转化率,最终通过用户口碑和社交互动扩大品牌影响力。

以某美妆品牌为例,该品牌通过精准定位年轻女性消费群体,创作了一系列高质量的化妆教程和产品试用视频,发布在抖音等短视频平台上。这些视频内容新颖有趣,且贴近用户需求,迅速吸引了大量粉丝关注。同时,该品牌利用社交媒体广告和与KOL合作,进一步扩大了品牌曝光度。在转化环节,品牌推出了限时折扣和会员专享优惠,结合个性化推荐系统,精准推送适合用户的产品,有效提升了转化率。通过这一系列引流与转化激活传播策略的实施,该美妆品牌在短时间内迅速崛起,成为市场中的佼佼者。

引流与转化激活策略通过精准定位目标受众、创作高质量内容、利用社交媒体和广告平台引流、结合个性化推荐和促销活动提升转化率的综合运用,能够有效吸引并转化潜在客户,形成口碑效应和病毒式传播。

五、留存与裂变增长传播策略

留存与裂变增长传播策略强调不仅要关注如何吸引新用户,更要注重如何留住现有用户,并通过这些用户进一步实现用户的裂变增长。其核心在于通过提升用户的满意度和忠诚度来增强用户留存,同时利用用户的社交网络影响力,通过口碑传播和社交分享实现用户数量的快速增长。这种策略的特点在于其高效性和低成本,能够迅速扩大品牌影响力和用户基础,同时增强用户黏性和品牌忠诚度。

以爱彼迎为例,这家在线短租房平台成功运用了留存与裂变增长传播策略实现了爆发式增长。爱彼迎为用户提供了一种全新的住宿体验,并通过提供优质服务和个性化推荐来增强用户满意度和忠诚度。同时,爱彼迎推出了邀请朋友注册并预订住宿可获得旅行抵扣券的裂变营销策略,充分利用了用户的社交网络影响力,鼓励用户邀请朋友加入平台。这种策略不仅扩大了用户规模,还增加了用户对平台的忠诚度和参与度,使爱彼迎迅速成为行业领导者。

留存与裂变增长传播策略是创业企业实现快速增长的有效途径。通过关注用户体验、设计激励机制、利用社交网络和数据分析等手段,企业可以有效提升用户留存率和裂变效果。因此,创业企业应积极学习和运用留存与裂变增长传播策略,以应对日益激烈的市场竞争。

西少爷肉夹馍:传统行业的互联网改造

西少爷肉夹馍作为一家聚焦于传统小吃的大学生创业型餐饮企业,自创立以来累计融资达1.18亿元,门店数量不断增多,规模不断扩大,一度成为互联网餐饮的代名词。百度指数显示"西少爷"肉夹馍一周时间关注度直线飙升1000%;每天下午店门口都会排起百人长队;甚至有顾客专程从济南坐高铁来这里排队购买。在很多传统老字号逐渐消失的大背景之下,这个"肉夹馍"是怎样走红的呢?它的营销秘诀是什么?

第一,用创业故事打造知名度。西少爷的发展之路从微信朋友圈疯传的创业故事《我为什么要辞职去卖肉夹馍》开始。这个故事是把四位创业者的经历和感受糅合在一起写出的创业故事。四位创业者是百度、腾讯等公司的员工,看似风光无限的大公司员工,其实都承受着巨大工作压力。很多看到故事的人感受到自己久违的梦想,引起共鸣,主动分享到朋友圈。一个好故事的另一个要素就是要有冲突和戏剧性,IT公司的高级白领跟卖肉夹馍的竞争,新奇的人物角色和极富冲突的故事情节启动了人们的好奇心。

第二,善于利用关系链营销。西少爷肉夹馍为什么开业第一天要送1 200个肉夹馍,并且只送给网易、搜狐、谷歌、百度、腾讯、阿里员工呢?首先,容易获得共鸣。所有的促销都要有个门槛,否则就会让人感觉是清仓处理,这是做零售的常识。而且这个门槛让网易、搜狐等公司的员工感觉自己有身份,"不是一般人都送的",就开始向符合条件的朋友转发。其次,传播路径更加精准。由于创业者是IT圈子的,通过自己最亲近的朋友进行转发速度最快,传播路径最精准。

第三,注重用户体验和互动。西少爷的官方微博深谙"先微博、后营销"的道理,经常性发起讨论话题,引发网友对产品和品牌体验大讨论。"我和西少爷的第一个100天"的话题活动一经发起,就获得了60万的网络阅读数量,引起了巨大的网络传播效应。西少爷官微还通过积极回复顾客对产品的点评,发布一系列有特色的宣传广告,让品牌和消费者更加亲近。

西少肉夹馍之所以能获得成功,得益于它的营销传播。传统品牌的传播路径是产品—大众媒体—大众消费者;而西少爷的传播路径是产品—企业自媒体—科技自媒体—新媒体科技博客—大众媒体—大众消费者。互联网颠覆了传统行业,在传播领域,新媒体和自媒体同样在颠覆传统媒体的传播方式。

资料来源:

https://jiameng.baidu.com/content/detail?from=search&id=4162095245.

问题讨论:

1. 西少爷肉夹馍在创业初期运用了哪些营销手段?
2. 分析西少爷肉夹馍获得成功的原因。
3. 新媒体时代的营销手段与传统方式有什么不同?

本章小结

每一个创业企业都面临着激烈的竞争,都期待着能够在市场中脱颖而出,打造属于自己的品牌形象,形成强大的品牌影响力。在互联网时代,创业企业的营销传播方式在被不断创新。

企业在创业初期要积极整合各项营销资源,使用多种传播方式,传播策略主要有整合营销传播策略、传统媒体传播策略、新媒体传播策略以及全域流量运营传播策略。创业企业的整合营销传播策略有数字化整合营销传播、横向整合营销传播策略、纵向整合营销传播策略。创业企业传统媒体传播的类型包括报刊媒体、广播媒体、电视媒体、电影媒体。新媒体传播按照媒体形态和技术手段可以划分为社交媒体、内容平台、新闻网站、在线视频平台以及直播平台;传播策略包括内容营销传播策略、KOL合作传播策略、直播间推广传播策略、短视频传播策略。创业企业若想在激烈的市场竞争中脱颖而出,全域流量运营策略无疑成了其破局的关键。全域流量运营策略包括线上与线下融合、公域与私域流量互通、内容与社交交互、引流与转化激活、留存与裂变增长五大策略。

总之,面对当前激烈的市场竞争环境,初创企业要想在市场中站稳脚跟并脱颖而出,必须紧跟互联网时代的步伐,不断创新营销传播方式。从整合营销传播策略到新媒体传播策略,再到全域流量运营策略,每一步都需精心布局。

复习思考题

1. 创业企业的整合营销传播策略有哪些?
2. 传统媒体传播的特点是什么,可分为哪些类型?
3. 创业企业与新媒体结合的新特点有哪些?
4. 创业企业新媒体传播策略有哪些?
5. 创业企业如何进行引流、裂变、转化与留存?

第十一章 创业营销伦理

学习目标

通过学习本章内容,应该掌握:

1. 创业营销伦理的概念及其存在形式
2. 创业营销伦理的主要理论及失范问题
3. 创业营销的社会责任营销对企业的影响
4. 创业企业 ESG 营销的能力

【开篇故事】

稳 健 医 疗

2003年SARS疫情肆虐,稳健医疗坚持向政府和医护优先供应口罩,无形当中推动了开拓国内市场的步伐;为了解决传统棉纱布会"掉纱头"造成手术切口部位感染的医学难题,稳健医疗促使并成功研发了全棉水刺无纺布;疫情期间原料供应紧缺但又迫切想要保障医护,推动稳健医疗在"全棉三抗"防护服材料的研发上实现了成功的突破。因此,稳健医疗长期发展的核心在于,不把赚钱放在第一位,始终不忘为顾客和他人创造价值,在为国家做出应有贡献的同时,不断根据消费者需求的变化自我调整,从而使自己始终走在"稳健发展"的道路上,通向更大的想象空间。

2020年武汉暴发新冠疫情,口罩、防护服严重紧缺,董事长李建全就动员车间员工,春节不休假,生产车间24小时不停机,尽可能确保向市场供给足够多的口罩及其他防护物资。民众最恐慌的时候,口罩脱销,一只N95卖到120元,但稳健医疗也依旧在销售端保持原价。虽然时间紧、任务重,但稳健医疗依旧将质量放在第一位——武汉疫情期间,多达42 000名援鄂医疗队医护人员使用稳健医疗的防护产品,但没有一例感染病例。

不光武汉疫情,后来的郑州大暴雨、上海复产复工等,稳健医疗都冲在第一线。自2020年至今,稳健医疗捐赠应急物资超过622批次,捐献物资价值5 918.44万元,在这背后是累计 72 亿只口罩和 3.39 亿件防护服的持续生产。为此,稳健医疗收到来自各级政府、社会各界感谢信 36 封,另外还获得了国家颁发的"抗击疫情先进集体"称号。

资料来源: https://wxd.sznews.com/BaiDuBaiJia/20200424/content_377030.html.

营销感悟:

正如《道德经》写道:"天地所以能长且久者,以其不自生,故能长生。"商业经营的本质就是利他,通过成人来达己。在 2003 年那场突如其来的 SARS 疫情中,稳健医疗以可持续营销的理念为指引,不仅向政府和医护人员优先供应口罩,更通过这一行动推动了国内市场的开拓。这种对社会责任的积极履行,不仅体现了企业的担当,而且为稳健医疗的品牌形象注入了深厚的内涵。

第一节 营销伦理概述

创业者在企业营销管理实践中体现出的伦理道德水平,不仅直接影响创业者个人及其创业组织的健康成长,更关系到经济社会的健康发展与创新型国家的建设。毒奶粉、假疫苗等事件就暴露了个别创业者在经济利益驱使下做出的违背创业伦理的错误行为,值得深思。

一、营销伦理的概念

伦理是指人与人相处的各种道德准则。中国古代文献中较早出现"伦理"一词的作品有《礼记·乐记》、苏轼的《论给田募役状》以及郑瑷的《井观琐言》卷一,在这三个作品中伦理被称为"事物的条理"。西方文献中将伦理学定义为对道德的本质和基础的一种探究,其中道德意味着道德判断、标准和行为准则。伦理就是对什么是善与恶、什么是对与错进行探究,进而探究我们应该做什么和不应该做什么。

所谓营销伦理,就是将伦理这一概念应用于营销决策、行为和机构,根据市场营销决策和市场营销情况,对道德判断、标准和行为规则的性质和依据进行探究。市场营销伦理包括营销管理者在对战略制定、实施和控制进行监督时所期望的权利和公平实践的社会及职业标准,其涵盖的主题比较广泛。

从某种意义上说,自从营销活动诞生,营销伦理就以某种形式存在了。自 20 世纪初营销观念产生以来,历经百年发展,先后经历了生产观念、产品观念、推销观念、市场营销观念和社会营销观念等不同阶段,呈现出不同的表现形式。通过这些营销观念的演变轨迹,不难看出随着时代的变迁、环境的变化,人们对营销的认识在不断跃升。营销已经从最初的企业导向变为后来的市场导向,从以我为主转向以顾客为主,从企业和消费者双方的单纯的交易行为转为统筹兼顾企业、顾客和社会三者利益的社会现象。特别是到了社会营销阶段,营销活动中社会视角的引入,更是显示人们已经意识到正确处理企业利益与社会利益、当前利益与长远利益等问题对营销活动的影响。1997年菲利普·科特勒首次提出把"重视伦理营销"视为营销管理的重要发展趋势,认为企业的道德与社会责任营销指标应该被衡量,企业的成功不应仅限于满足企业自身的利益,还必须与顾客和其他相关者的利益紧密结合。绿色消费、理性消费、ESG战略等新的观念的兴起,都直接或间接地体现了人们对营销伦理的新的思考。

二、营销伦理的存在形式

在现实的实践层面,围绕着市场营销,营销伦理具有不同的表现层次和存在形式。

(一)营销人员实施的营销行为

从微观层次来看,营销活动需要具体的营销人员去实施。在实施营销行为时,就会遇到什么能做、什么不能做、应该怎么做等诸如此类的问题。伴随这些问题,会有"良心"的拷问,会有"责任"或"义务"的召唤。不同的人,采取的具体决策和行动存在差异,原因之一就在营销伦理上。一方面,在长期的社会生活和人生经历中,每个人基于自身经验会形成各自的价值观和行为准则。这些价值观和行为准则,因个人经验的差异而具有较强的个体差异性。另一方面,作为社会和组织的成员,社会的价值观念、组织文化、规章制度等也会赋予个人以客观价值,从而对人的行为和决策产生外在的直接影响。

(二)经济组织开展的营销活动

从中观层次来看,营销伦理主要存在于各种类型的经济组织如公司、商家的营销活动中。这些经济组织有各自的目标、利益和行为方式。这些目标、利益,跟个人的目标、利益,跟社会的整体利益,有时基本一致,有时也相互矛盾。当面临矛盾的时候,社会要求企业是一个"道德行为者"而非单一的经济组织,因为今天的企业对社会影响巨大。比如,企业在营销过程中,需要遵循诚信、公平、互利、顾客至上等基本规范,从而树立良好的企业信誉和形象,加强企业竞争能力等。在这个层次上,不同的企业既具有各自不同的企业文化、经营哲学、内部制度规范等方面的差异性,也面临国家、社会、行业等的各种各样的或软或硬的制度约束和道德期待。

(三)政策法规建立的行为边界

从宏观层次看,国家及其管理部门、行业组织等通过制定一系列的政策与法律法规,建立相关制度和行业规则等,为包括营销在内的经营活动建立行为边界。这些市场治理的方式和手段,对引导、规范和约束各类商业经营活动,促进市场营销健康发展具有重要作用。各种规则的建立,既有其现实性(以实践状况作为规则制定的背景和依托),也有引导性(以一定的价值取向体现制度规则的人文关怀、伦理价值)。无论是对消费者与商家利益的权衡取舍,还是国家对相关行业的整顿治理,其实都隐含着内在的治理理念,体现了宏观层次的伦理取向。

三、营销伦理的主要特点和作用

(一) 主要特点

现代企业处于一个复杂的社会大系统中,企业的经营行为在相当程度上是通过产品销售或提供劳务服务活动表现出来。消费者及社会公众通过企业销售产品或服务时的行为来判断其是否符合法律规定和社会道德要求。营销伦理有自己的特点,主要表现在以下五方面。

1. 外观性

企业要想实现自己的目的,获得收益,必须通过营销活动向外输出产品或服务。但能否得到社会承认,不仅是营销技巧问题,而且是营销伦理问题。

2. 广泛性

任何企业的产品都具有一定范围的消费者或中间商。企业规模越大,产品越多,产品占有率越高,其营销伦理的影响面也就越广。

3. 直接性

消费者一旦购买某种商品服务,或经销商经销某种商品,便与该商品的生产者构成了一种权利与责任的关系,即形成了直接的利益共同体,企业的营销伦理就直接维护着这一利益共同体。

4. 互动性

因为消费者与中间商与企业之间有着直接的利益关系,所以营销伦理的作用不是单向的,而是双向的,表现出一种典型的互动性。这种互动的结果要么产生共鸣,要么此消彼长,要么互相抵消。

5. 持久性

一般情况下,企业都会按照一定的营销伦理水平来培养一定层面的消费者或中间商,并极力维护这一利益共同体,保持或扩大市场占有率,实现利润的稳定增长。实践证明,较高的伦理水平能给消费者带来超值的享受,并使消费者或中间商产生一种长期的、由衷的信赖感。

(二) 主要作用

1. 降低交易成本

所有的经济交换行为,例如生产方与供货方、雇主与雇员之间的所有交易,均包含着不确定性和不安全性的因素,交易双方相互信赖,可以起到降低交易成本的作用。伦理在市场经济中的重要性,表现在使交易双方在降低合同中的成本时具有可信性和互相信赖,使经营者在确定价格和履行购货合同或劳动合同中的义务时在市场中具有自由决策的余地。信任、可信、忠诚都是以经营者的道德态度为前提的,早已超出单纯追求最大利益的模式。

2. 树立良好的企业信誉

一个企业信誉的高低与企业获利能力的强弱存在着明显的正相关关系。讲究营销伦理,有助于树立良好的信誉,而信誉能产生效益。企业的信誉是指企业及其产品与服务在社会公众中的受信任程度。一个企业的信誉极高,说明企业在社会公众心目中具有良好的形象,它的产品及服务对公众具有巨大的吸引力。

3. 与利益相关者建立良好的信任关系

伦理观念有助于企业与顾客、投资者、员工、供应商、社区、政府等利益相关者建立起牢固的关系。今天,越来越多的消费者不仅对他们所购买的产品和服务感兴趣,而且对提供这些产品和服务的企业的行为感兴趣。不正当行径会影响顾客的抉择,并将对市场份额产生巨大的、难以挽回的损害。赢得了顾客、员工和供应商的信任,企业也就赢得了收益、效率和灵活性,同时也降低了控制成本和交易成本。此外,如果利害关系各方都相信自己在将来能够得到公平的对待,就没有必要签订极其详尽的合约来预防未来可能发生的意外事件。

4. 加强企业竞争力

道德和竞争力是不可分离的。如果一个社团的人互相侵害,互不信任,任何一点信息都需要公证,任何争端都要靠起诉解决,或者必须靠政府的法规来保持诚信,那么,这个社团就不可能进行长久的竞争并取得成功。不道德是烦恼、低效和浪费的根源。越来越多的企业相信,道德教育与道德文化会创造战略上的优势。营销中营销人员处处为顾客着想,承担相应的社会责任,体现出的伦理水平越高,其产品越能为消费者所认可和接受。可见,忠诚可信、认真负责、顾全大局、顾客至上的营销伦理大大增强了企业的竞争力。

第二节 创业营销伦理理论

随着人类社会进入数字科技时代,很多创业公司在获得商业成功的同时,通过科技创新或商业模式创新解决了困扰世界的难题,展现出无与伦比的社会影响力。在确定创业营销人员应按怎样的准则行事,使其行为合乎伦理道德的问题上,一直存在着两种不同的理论,一种被称为目的论,另一种被称为道义论。在市场营销实践中,企业有时根据目的论,有时则根据道义论对自身行为做出道德判断。下面做一个简要的介绍。

一、目的论

一般而言,目的论主张行为的正当与否,应取决于该行为带来的善的结果是否超过恶的结果。

(一) 利己论

该理论认为,个体行为只是为了自己的利益。例如,一位生产经理推迟改进某个成熟产品的投资,因为其估计随后几个月内将得到提升,因此想使短期利润最大化。基于利己主义的决策,目的是为利益方带去最好的结果,而不管对其他各方的后果如何。这并不意味着决策必会损害其他方。对一个企业或个人有益的决策可能对一个国家或全世界也有益。然而,对利益方以外的人的好处不在利己主义者决策考虑之内。当利益指的是某组织或是某本地社团的利益时,利己主义的概念也适用。

(二) 功利主义

该理论认为,只有当个体和组织的行为能为大多数人谋取最大利益时,这些行为才是正当的。依照该原则,如果一个决策的效用比其他任何选择都大,它就是道德的。

功利主义又可以进一步划分为行为功利主义和准则功利主义。其中,从短期角度来判断的是行为功利主义,考察的是某一行为的总体后果。而准则功利主义是从长期角度来判断,注重的是一系列行为的后果。例如,针对"不要对顾客撒谎"这一准则,在行为功利主义看来,如果说谎的后果对企业来讲收益大大超过说谎带来的成本,那么它就是道德的。然而准则功利主义则会问:谎言对一系列顾客会有什么长期影响?答案是信任、顾客满意度和生意都会受损失。这样一来,说谎没有带来最大净效用。因此就会有一条准则:不要对顾客撒谎。

二、道义论

总体来说,道义论主张行为的某些特性而不是该行为所产生的后果使该行为成为正当或正确。

(一) 权利理论

权利理论的含义是,尊重和保护个人自由和特权,包括隐私权、言论自由等法律规定的各种权利。与这些权利联系在一起的是他人有义务不侵犯你的权利,同样,你也有不得侵犯他人权利的义务。对权利的确切构成并没有一致的意见。这里选择英国学者罗斯(Ross)据此提出的显要义务理论做进一步介绍。所谓显要义务,是指在一定时间、一定环境中人们自认为合适的行为。在大多数场合,神志正常的人往往不需要推敲便明了自己应当做什么,并以此作为一种道德义务。有六条基本的显要义务,即诚实、感恩、公正、行善、自我完善、不作恶。

显要义务论鼓励经营人员在经营活动中重视考虑并决定应当承担哪些道德责任,如实履行那些凭直觉就可以意识到的道德责任。该理论强调的是经营活动中无处不在的义务,而相对淡化对行为结果的预测,从而有助于减少那些从单纯功利观点看某些经营行为似乎可取,而实际上并不符合道德的做法。该理论提醒每一个创业者都要注重对创业团队成员的道德培训,帮助他们提高在经营活动中的道德直觉和判断水平,以减少和避免不道德的经营行为。

(二) 公正理论

公正通常与权利、公平和平等相联系。公正的核心内容是利益分配的公正。我们以美国伦理哲学家罗尔斯(Rawls)的社会公正理论为例做进一步分析。该理论从一种叫作"起始位置"的状态出发,力图构建一个理想的社会公正系统。所谓起始位置,犹如游戏之前的状态,参加者并不知道自己要扮演的角色,也不知道输赢的概率,更不知道最后结局。罗尔斯认为,只有在这样一种假设状态下,人们才可以描绘出一幅纯粹公正的社会图景。

根据这一理论,罗尔斯得出两条基本的公正原则,即自由原则和差异原则。自由原则是指在不影响他人行使同样权利的前提下,让社会每一个成员尽可能多地享受自由。差异原则是指针对社会、经济的不平等应该如此安排:一方面这一安排应普遍适合社会每一成员,另一方面应使社会最底层获得最大的利益。社会公正理论对创业营销带来以下很有价值的思考:首先,每一个消费者有权根据自己的意志选择产品,有权获得关于产品和服务方面的完备信息,有权获得安全可靠的产品。创业公司在日常营销管理过程中应尊重消费者的这些权利,在每一项营销策略实施的过程中维护消费者的这些权利。其次,差异性原则要求企业不能以损害别人的利益换取自身的利益,尤其不能恃强凌弱,对弱者进行剥夺。该理论再一次从道德公正角度肯定了树立创业营销的正确观念。

要判断企业的某一项营销行为是否符合伦理道德,在很多情况下并不像人们想象的那么容易。比如儿童广告、以顾客身份从竞争对手处获得情报、对购货大户实行价格优惠、数量折扣等一系列做法,究竟是否符合道德,站在不同立场、基于不同文化背景,人们的判定容易产生分歧。所以任何理论都不可能就创业营销伦理给出一个标准答案,也不可能成为解决企业道德的万能钥匙。有社会责任心的创业者,在追求利益的同时,应充分考虑企业的社会责任,树立正确的经营观念,以此来指导具体的营销行为,帮助创业企业实现可持续发展。

三、创业营销伦理失范问题

对创业公司来说,其伦理失范行为不能仅仅归结为一般性的企业伦理问题,创业企业的特殊性决定了在创业营销过程中可能引发以下特殊的伦理问题。

(一)利益相关者引发的伦理问题

创业引发的伦理问题与新创企业利益相关者往往交织在一起。创业企业需要利益相关者提供的资源和不断合作才能克服初创劣势、降低企业生存成本和失败风险,这种关系建立于信任的基础上,在处理这个错综复杂的关系时容易遭遇伦理冲突。在复杂的人际关系网络的博弈中,创业者要同时面对个人利益、亲友利益与企业利益之间的多重利益冲突,稍有不慎,就会陷入伦理困境。当企业遇到经营问题和困境时,往往考虑的是主要利益相关者的利益,因为主要利益相关者对企业起到决定性作用,而对消费者、社区、环境等次要利益相关者的伦理需求自动忽略。

(二)新进入缺陷引发的伦理问题

创业阶段是企业成长的关键阶段,关乎企业的生死存亡。相较于发展成熟的企业,资源匮乏是创业企业的根本且普遍的缺陷,而创业企业要承担伦理责任就势必要投入相关资源,这很困难。由于新进入者缺陷,企业在创业阶段更容易发生侵犯股东权益、不履约、转移资产、融资稀释,对顾客销售假冒伪劣产品、价格欺诈,对员工拖欠工资、缺乏人文关怀,对环境造成污染和破坏,对竞争者采取损害声誉、恶性炒作、窃取商业机密等不道德行为。"假装你能行,最后就能行"(Fake it till you make it)曾经是硅谷人心中秘而不宣的创业潜规则。然而过去数年间,创业者们不仅在花钱上愈发大手大脚,而且为了骗取巨额投资进行的欺诈行为也层出不穷。

(三)破坏性创新引发的伦理问题

企业在创业的过程中很大程度上参与了破坏性创新。破坏性创新表现在对原有市场产业结构和秩序造成破坏,直接导致原来同类型的产品可能会全部退出市场。现实中时常看到因创业企业破坏性创新活动引发的恶性纠纷事件,如共享单车在开拓新市场、创造新价值的同时,对原有市场的交通出行行业造成了破坏,尤其是以出租车、摩托车为代表的利益既得者在利益的驱动下对共享单车蓄意损坏、侵占,甚至将共享单车大量投入河中,对企业、消费者、环境都造成了负面影响。所以,创业企业的破坏性创新活动会引发同行竞争者的嫉恨,竞争者很可能会采用剽窃、恶意中伤、恶性低价、散布谣言、侵占、虚假宣传等不道德商业手段进行打击报复。这种恶性商业战直接阻碍了创新创业活动的健康发展,同时对市场环境造成了恶劣影响,最终势必会导致新旧企业两败俱伤。

(四)科技创新引发的伦理问题

科技的进步在给人类带来福祉的同时也引发了特殊的道德困境。由于技术不仅具有价值导向,还带来了对原道德标准的颠覆性的外生性冲击,这种冲击可能会改变创业者或组织的伦理判断,使得企业提前进入了科技未知领域,造成道德伦理标准模糊化。在这种情况下,企业在创业活动中可能会无意识地触及伦理道德的底线;也有些新创企业只顾眼前利益,故意对科技带来的风险性和危险性视而不见。比如,人脸识别技术容易被不法商家利用,侵害消费者的权益,同时让消费者处于被监控的环境下,没有隐私可言,而且使企业存在严重的数据泄露风险,从而面临更严峻的创业伦理风险。现实中的另一个案例是,越来越多的创业企业投入无人驾驶汽车的研发当中。技术的不确定性导致无人驾驶汽车的安全性无法充分保证,目前无人车技术只停留在驾驶辅助阶段,远没有达到理想中的完全自动驾驶,因此,作为无人车研发创业公司有义务告知消费者完整、真实的信息。

第三节 创业企业的社会责任营销

一、社会责任营销及其分类

2021年《财富》中国最具影响力的创业公司榜单重点关注了那些"行善同时追求卓越"(do well while doing good)的公司,榜单上企业的商业路径和业务内容本身包含社会责任的要素,这些创业公司的经营行为本身就是在履行某种社会责任,同时获得利润以及利润的增长。

(一) 社会责任与企业社会责任营销

1. 伦理与企业社会责任

伦理和社会责任是密切联系的。通常,企业有关社会责任的政策、程序等反映了高层管理群体的伦理价值观和决策。"企业社会责任"(Corporate Social Responsibility)一词被用来专门描述企业作为社会活动参与者所应当承担的责任。其具体表现为企业经理在经营管理决策时既要考虑企业长期的最佳利益,又要考虑企业与其所在社会之间的关系。

有学者指出,企业的全部社会责任由四个部分组成,即经济责任、法律责任、伦理责任以及慈善责任。这意味着,企业在追求利润的同时,还要遵守法律;做正确、公平、公正的事情;做一个优秀的企业公民。当然,创业企业的首要任务是生存下来,能够盈利,因此经济责任是其他三个责任的基础。

2. 社会责任营销的含义

社会责任营销是指企业在承担一定的社会责任(如为慈善机构捐款、保护环境、建立希望小学、扶贫)的同时,借助新闻舆论影响和广告宣传,来改善企业的名声,提高企业形象的层次,提升其品牌知名度,增加客户忠诚度,最终增加销售额的营销形式。

致力于普惠金融的创业公司中和农信是一家服务农村小微客户的综合助农机构,提供技术培训、小额信贷、小额保险、农资直销、农品直采和紧急救助等服务。通过无须抵押、上门服务的方式,中和农信打通农村服务最后一百米,帮助有劳动能力和创业激情却难以获得融资支持的农村中低收入群体,通过自身努力摆脱贫困。

对当下的创业公司来说,社会责任不只是一个副产品,而是有效利用自身核心业务,在追求商业效益的同时,创造积极的社会效益。社会责任营销的核心就是信任营销,社会责任营销的目的实质上就是与客户建立信任的纽带,取得客户的信赖,大幅降低企业面临负面乃至毁灭性风险和事件的概率,并最终得到基业长青的回报,达到企业和社会的双赢目的。

(二) 社会责任营销的分类

1. 实践角度

菲利普·科特勒基于实践角度,将企业的社会责任营销分为六种,即社会责任商业活动、社区志愿活动、公益事业促进活动、企业慈善营销、企业社会营销与公益事业营销。

2. 战略角度

部分学者基于战略管理角度细化企业社会责任营销的分类,从营销活动对应的投入力度、企业高层领导关注程度、企业营销活动时间长短、企业主营业务与营销活动的契合度四个方面,细化区分战术型营销与战略型营销。企业战略型营销对应的社会责任营销活动,具有资源投入力度大、高层领导重视程度高、活动持续时间长、企业主营业务高度契合营销活动等特征,而战术型营销则表现出完全相反的特征。

二、社会责任营销对企业的积极影响

(一) 提升公司凝聚力

创业企业积极实行社会责任营销,有助于提升企业凝聚力,为企业实现持续发展奠定坚实基础。企业的凝聚力涉及多种现实影响因素,而社会责任的履行情况属于其中的重要因素。履行社会责任对企业内部工作而言,是保证管理思想能坚持以人为本,为企业内部的每一个员工创设适应其发展与足够安全的工作环境,并为员工提供宽广的发展空间。创业者需要注重公司管理经营中员工合法权益的保护,保证其身心健康与人身安全,在工作保障充足的前提下给予合理的报酬,致力于企业先进管理文化的形成,提升员工工作积极性,使其更富有创造力,为创业营销活动贡献力量。

(二) 塑造良好企业形象

企业发展社会责任营销战略,有利于创业企业塑造自身的良好企业形象。在市场竞争日益激烈的形势下,企业形象直接影响企业的竞争实力与经营发展效果。创业企业想要在市场竞争中获得成功,就需要重视自身对社会责任的履行与对社会责任营销的探索,在多方面实践社会责任营销策略,争取社会与消费者对公司产品与服务的认可,满足企业生存和发展的需求。

(三) 推动社会可持续发展

企业作为我国社会主义和谐社会的重要组成单位,肩负着维护社会稳定、促进社会就业、满足社会需求与创造社会财富的重要责任。创业公司同样需要积极履行自身的社会责任,实施社会责任营销,以此获得长期的利益,比如增加企业销售业绩、助力社会总体财务增加、营造社会和谐氛围等。这些长期利益会为企业提供更多的市场发展机会与更有利的外部环境,使企业在促进自身经营发展的同时,推动社会进步与国家经济发展。

三、实施社会责任营销策略

(一) 结合优势对社会责任进行商业化运作

基于消费者需求导向,企业履行社会责任,实施社会责任营销,需要充分结合自身业务优势对社会责任进行商业化运作,为创业企业自身的社会责任营销策略实施奠定基础。企业商业化需要在明确自身售卖者身份的基础上强调自身的社会责任,联合相关企业,为消费者提供更全面的服务与更高的质量保障,促使消费者进一步了解企业形象,愿意主动参与企业的社会责任创造事业,传递正能量,满足消费者需求与企业发展需求。

(二) 提升产品安全环保层面的质量

1. 注重产品安全性

安全属于消费者对企业产品提出的基本要求,但是大多数消费者并不能充分掌握有关产品安全参数的全部信息,这种情况下就需要企业与政府联合保证产品安全,在消费者群体中大力宣传产品安全信息,阐明产品安全相关系数,在加强消费者对企业产品了解的同时，保证企业履行社会责任与有效开展营销活动。

2. 提升产品质量

企业不断提升产品质量，在满足消费者需求时，需要密切联系当前热点话题，重视环境保护问题，开发与推广社会责任产品，如低碳产品、节水产品、可降解产品等，并在产品包装上致力于环保产品的利用，以此推行企业绿色生产与营销的计划。企业在环境保护层面提升产品安全性与产品质量，是对保护环境社会责任的履行，也是企业提升产品质量与开展社会责任营销的重要策略。

（三）对社会责任产品科学定价

对社会责任产品科学定价，需要降低消费者边际感知成本，提升成本对应的边际感知收益。大多数消费者的消费行为进行过程为消费者在有限的个人资源条件下达成效用最大化目标，在效用最大化这一关键点上，消费者的边际感知成本与边际感知收益相等。

创业企业实施社会责任营销策略，需要在定价的过程中充分考虑消费者的边际感知成本这一影响因素，在多种营销活动中，保证消费者的边际感知成本低于边际感知收益，增加消费者在企业购买产品与消费的行为次数，体现企业社会责任营销在产品定价层面实施策略的成效，为后续营销策略有效实施奠定良好基础。

（四）重视社会责任营销产品的促销

1. 积极借助第三方平台

现阶段，大多数企业已经开始定期发布企业社会责任相关报告，但是这些报告通常存在难以自圆其说的问题，无法赢得消费者的信任，因此，几乎没有消费者会主动查阅这类报告。企业需要积极借助第三方平台公布社会责任信息，以平台的较强说服力加强消费者对企业品牌与产品的了解，刺激消费者支持与购买企业社会责任产品的欲望，达到促销效果。

2. 重视蜂鸣营销和口碑打造

消费者本身的社会资本在其消费行为中起到重要作用，为实现消费者社会资本提升，企业需要在营销社会责任产品的过程中，采用蜂鸣营销方式且重视口碑影响，在消费者对应的参考群体中寻找并培养KOL，以此提升企业社会责任产品的促销实效性，满足企业与消费者的共同需求。

（五）拓展社会责任产品营销的渠道

针对社会责任产品拓展营销渠道，可保证企业对社会责任的履行与对消费者需求的满足。

1. 借助信息技术

企业拓宽营销渠道，需要借助信息技术进行产品直接营销渠道的建立，通过信息技术加强企业与消费者的沟通，利用现代化信息技术手段为消费者提供社会责任产品。例如，消费者在产品销售终端借助二维码扫描了解产品全部信息，有助于产品为消费者提供足够的心理安全感。

2. 联合公益组织

公益组织与企业相比存在一定的优势与劣势，优势是公益组织更容易赢得消费者的信任,劣势是公益组织缺乏资金来源,这种情况为企业发展社会责任营销提供契机。企业可以为公益组织提供资金与技术支持,并以此为前提,设计与组织公益性社会责任项目,联合公益组织建立间接渠道,借助公益组织的影响力实施社会责任营销。

第四节 创业企业的 ESG 营销

随着消费者越来越倾向于那些践行可持续发展和社会责任的品牌,ESG 营销成为一种强大的营销手段,它展示了企业在实现环境、社会和治理(Environmental, Social and Governance,ESG)目标方面所做的努力。越来越多的品牌营销活动都是以 ESG 为底色,并没有过度宣扬自己的品牌理念或者只是基于产品进行传播活动,比如我们熟知的三顿半返航计划、支付宝的蚂蚁森林都是 ESG 策略的营销落地。

一、ESG 理论

(一) 理论简介

ESG 理论中,E 代表环境,S 代表社会,G 代表治理。该理论视角宽广,在强调环境因素的同时,进一步指出可持续发展原则不仅局限于环保一个问题,而应该围绕环境和社会影响的关键要素,关注企业如何修改治理结构以及最大限度地提高利益相关者共同的福祉。此外,ESG 实现了企业社会责任理论和三重底线理论从思想层面到行动层面的转换突破,其他两种理论关注企业的道德责任和伦理思想的进步,而 ESG 关注企业的具体行动和结果测量指标,以及企业的内部治理。

(二) ESG 指标体系

新浪财经-ESG 评级中心发布的富时罗素(FTSE Russel)的 ESG 指标体系(详见表 11-1),详细列明了环境、社会和治理三项支柱及其下的 14 个主题,这些支柱和主题建立在 300 多个独立的评估指标之上,适用于不同行业。ESG 关键指标体系有助于创业公司发现营销伦理失范问题,并找到可具体实施的治理措施,在一定程度上有助于创业公司改善与其利益相关者的冲突,维护这些创业企业发展的长久利益。

表 11-1 富时罗素 ESG 指标体系

三项支柱	14 个主题	300 多个评估指标
E (Environment) 环境	生物多样性	解决生物多样性问题的政策或承诺、披露企业经营范围或邻近的生物多样性栖息地、披露生物多样性行动计划(BAP)审计等
	气候变化	处理气候变化影响的政策或声明、处理能源使用的政策或说明、气候变化识别等

续　表

三项支柱	14个主题	300多个评估指标
E (Environment) 环境	污染与资源	处理污染的政策或说明、披露三年的水（污水）排放、本财政年度环境罚款和处罚的总成本等
	环境供应链	解决能源使用问题的供应商/采购政策或承诺声明、供应商环境问题尽职调查等
	水资源安全	减少用水的政策或承诺、与水相关风险有关的成本的财务量化、水资源紧张地区的年用水量等
S (Social) 社会	客户责任	解决产品负面影响的举措、社会责任营销等
	健康与安全	健康和安全政策或声明、委员会对健康和安全的监督、健康安全风险评估、损失工时的事件率等
	人权与社区	国际人权保护、人权影响评估和缓解、关注儿童权利的政策等
	劳工标准	关于同工同酬的规定、公司政策、劳工标准公司处理欺凌和/或骚扰的方法、全职员工自愿离职率等
	社会供应链	供应商政策、长期投资理念、提供关于ESG披露的指导或培训等
G (Governance) 公司治理	反腐败	打击贿赂的政策或声明、反腐败政策内部传播、反腐政策培训等
	企业治理	独立的非执行董事长和首席执行官、董事会人数等
	风险管理	董事会ESG风险控制、ESG问题的罚款和结算条款等
	税收透明度	有关税收透明度或税收责任的政策或声明、税务合规和公平、全球公司税的披露等

二、ESG营销的概念及关键要素

（一）ESG营销的概念

ESG营销是一种注重环境、社会和治理因素的营销策略，旨在通过展示企业的社会责任和可持续发展承诺来提升品牌形象和消费者好感度。ESG营销不仅关注短期的商业利益，更重视长期的社会影响力和品牌价值的提升。例如，通过实施"商业向善"战略，企业可以获得员工和社会不一样的眼光，从而形成品牌与经济利益的良性循环。

ESG营销是一种全面的品牌战略，它不仅符合现代消费者的期望，而且可以让企业设计出与竞争对手区分开来的独特的销售主张。有效执行的ESG营销策略可以培养信任和信誉，从而吸引消费者喜欢他们的品牌，对企业能否实现长期可持续发展至关重要。

(二) ESG营销关键要素

ESG营销的核心围绕三个基本要素展开：环境、社会和治理。这些支柱在展示品牌对可持续发展、社会责任和道德经营的承诺方面发挥着决定性作用。

1. 环境

环境部分的重点是推广可持续实践、减少碳足迹和保护自然资源。将环境目标有效融入营销战略，创业企业必须重点推广其可持续发展实践和环保项目。这可能涉及促进生态友好型产品开发、尽量减少废物和碳足迹、利用可再生能源以及支持保护工作。

2. 社会

社会部分包括强调企业在支持社区、促进多样性和包容性以及确保公平劳动实践方面所做的努力。通过倡导多样性、包容性和社会事业，将社会目标融入营销战略。创业公司可以通过与非营利组织合作、促进劳动力多元化以及发起高社会影响力的活动来实现。分享品牌对社区产生积极影响的故事，可以引起客户的共鸣，激励他们支持公司的使命。

3. 治理

治理部分强调透明和合乎道德的商业行为、董事会的多元化以及有效的风险管理。在创业营销中播下治理目标的种子，创业企业就必须注重以透明的方式宣传自己的道德价值观、企业价值观以及对负责任经营的承诺。

创业公司需要定期与利益相关者沟通，描述公司的道德决策过程，并实施预防欺诈和腐败的措施。公司可以在品牌建设过程中利用其营销努力，展示其对适当治理和道德行为的承诺，与受众建立信任。

三、实施ESG营销面临的挑战

环境、社会和公司治理营销在带来诸多益处的同时，也面临着一些挑战：

（1）确保企业ESG计划的真实性和可信度可能具有挑战性。

（2）衡量和报告ESG表现可能很复杂。企业可能会在准确量化和报告ESG工作方面遇到困难，尤其是在缺乏健全的数据收集和报告机制的情况下。

（3）企业可能会面临利益相关者的抵制或怀疑，他们会质疑企业在ESG方面的营销努力背后的动机。执行ESG计划需要长期的承诺，其结果可能不会立竿见影。

（4）对于在多个司法管辖区运营的企业来说，跟上不断变化的ESG标准、法规和最佳实践是一项挑战。对于有出海业务及打算出海的创业公司来说，涉足与环境和社会事务相关的复杂的全球法规是一项艰巨的任务。

（5）企业必须谨防"洗绿"行为，即企业美化或歪曲其环境贡献，因为这种行为可能会导致严重的后果并损害品牌声誉。

通过ESG营销战略伙伴与企业合作，可为网络、品牌、视频和数字内容制定有效的ESG营销战略，利用他们的专业知识应对各种挑战，提高品牌的知名度、可信度，并与目标受众建立联系，一起携手打造一个更加可持续的未来。

案例分析

可持续营销推动林清轩快速成长

林清轩是上海本土原创品牌,自 2003 年创立以来,致力于以中国传统草本为原材料,制作出安全的天然化妆品。2020 年初,林清轩踩对"网红直播经济"的风口,依靠硬核的研发创新能力和全产业链布局实现业绩逆袭。林清轩在可持续营销道路上坚定前行,提倡积极开展具有环境责任和社会责任的营销活动。

从促进环境可持续发展的角度来看,成功的可持续营销能有效引领可持续消费,实现品牌的环境价值。

在经济责任方面,林清轩参与了西双版纳勐海县、昭通市的乡村振兴项目,通过扶持当地正能量网红,以文化创新带动乡村经济发展;还借助长三角 G60 科技走廊发起"科创兴农公益计划",在福建永安市、浙江、江西等多地合作设立中国红山茶种植基地,推动落实乡村振兴,帮助当地农户实现增产增收,改善生活状况。林清轩采取的这一企业战略,在保证自身原材料出品的稳定质量与绿色环保的同时,提升了当地百姓的经济收益,使企业和当地农民的经营进入了互利共赢的良性循环。

在社会责任方面,林清轩长期依托核心产品"山茶花润肤油"做公益,在业界和社会中树立了良好的企业形象。林清轩观察到,疫情期间,公众因长期佩戴口罩,导致肌肤屏障受损,引发了皮肤敏感、毛孔粗大等肌肤问题。林清轩通过直播、创意短视频、公益广告等形式向广大消费者分享皮肤屏障修复的护肤知识,呼吁公民关注个人肌肤健康,帮助消费者解决特殊时期产生的"口罩脸"。为助力抗击疫情,林清轩向一线战疫的白衣天使们多次捐赠林清轩山茶花润肤油等物资超过 600 万元,彰显了国产护肤品牌对社会的担当和回馈。

在环境责任方面,林清轩积极响应国家"双碳"政策,在建的上海首家碳中和化妆品科研制造基地通过碳中和能效平台实现绿色生产,有助于能源资源节约和生态环境保护。此外,林清轩通过打造富含天然、环保性质的护肤产品,坚持使用可降解的产品外包装和零胶带设计的"快递包",使产品健康、安全、对生态无害,迎合了购买者日渐强化的环保意识。林清轩还提出了在未来中国的荒山种植红山茶,助力改善生态环境的品牌价值主张。同时,林清轩积极践行了该倡议,在福建永安市 800 米以上的荒山上种植了 330 亩山茶花树苗,努力实现了人和自然和谐共处的可持续目标。

在消费者路径方面,林清轩通过将环保理念融入产品设计、原料种植、研发生产、供应链的全过程,为消费者带来了天然安全、低碳环保的产品。消费者在消费产品的同时,通过关注和参与气候变化与碳排放、物种延续与生态保护等议题,更深刻地感受到了林清轩传递的环保理念,并对此产生情感认同。在为期 10 天的空瓶换购活动中,林清轩通过带动近万名消费者一同践行"减塑"的可持续发展理念,培养了消费者可持续消费的行为方式,从而实现了价值引领。

在供应链路径方面,通过与金风科技集团合作打造"零碳"研发基地、借助长三角G60科创走廊合作共建原料种植基地,林清轩动员了供应链上下游的合作伙伴,形成协同效应,扩大了绿色环保品牌的影响力,引领了可持续消费的风潮。

从推动社会向善发展的角度来看,成功的善因营销通过与公益慈善事业紧密联系,帮助企业提升市场价值,使企业和社会同时受益。

首先,从提升企业形象的角度来看,通过发起护肤知识传授、《回家》故事征集、女性力量致敬等公益传播活动,林清轩向消费者传递了负责、利他的品牌形象。不仅宣传善意,林清轩还积极落实行动,参与慈善捐赠、扶贫项目等,为抗击疫情、乡村发展等社会问题提供了实际的解决方案,在用户心中、社会各界树立起了良好的可持续企业形象,获得了官方媒体《解放日报》及时尚媒体《国际时尚特讯》的认可和表扬。

资料来源: https://www.sohu.com/a/764371587_120879706.

问题讨论:

1. 分析林清轩如何结合ESG开展营销活动。
2. 林清玄是通过哪些手段彰显了国产护肤品牌对社会的担当和回馈?

本章小结

创办一家公司一开始就要了解要承担的责任,为公司负责,为员工负责,为社会负责。创业者在企业营销管理实践中体现出的伦理道德水平,不仅直接影响创业者个人及其创业组织的健康成长,更关系到经济社会的健康发展与创新型国家的建设。

营销伦理包括营销管理者在对战略制定、实施和控制进行监督时所期望的权利和公平实践的社会及职业标准,涵盖的主题比较广泛。在营销实践中,营销伦理具有不同的表现层次和存在形式,具有外观性、广泛性、直接性、互动性、持久性等主要特点。企业有时根据目的论,有时则根据道义论对自身营销行为做出道德判断。

对创业公司来说,其伦理失范行为不能仅仅归结为一般性的企业伦理问题,创业企业的特殊性决定了创业特殊的伦理问题。比如利益相关者、新进入缺陷、破坏性创新等引发的伦理问题。

树立社会责任营销以及ESG营销,有助于创业公司避免营销伦理失范问题,并寻找到可持续发展以及实现长期利益的方法与路径。

复习思考题

1. 如何理解营销伦理的含义及对创业企业实现持续发展的重要性?

2. 简要叙述营销伦理界定的主要理论。
3. 结合实例分析创业企业营销伦理失范的主要表现。
4. 社会责任营销策略主要包括哪些内容?
5. 如何理解ESG营销? ESG指标体系由哪些主题构成?